Ler o Corpo para Entender a Mente

Mona Delahooke

Ler o Corpo para Entender a Mente
Desafios da parentalidade

manole
editora

Título original em inglês: *Brain-Body Parenting – how to stop managing behavior and start raising joyful, resilient kids*
© Copyright 2022 Mona Delahooke Consulting, LLC. Todos os direitos reservados.
Publicado mediante acordo com Harper Wave, um selo da HarperCollins Publishers.

Produção editorial: Retroflexo Serviços Editoriais
Tradução: Lúcia Helena de Seixas Brito
Revisão científica: Fernanda Lee
    Mestre em Educação, Master trainer certificada em Disciplina Positiva para pais e professores, membro e conselheira internacional do corpo diretivo da Positive Discipline Association (PDA), membro-fundadora da PDA Brasil
    www.filosofiapositiva.com.br
Revisão de tradução e revisão de prova: Depto. editorial da Editora Manole
Projeto gráfico: Depto. editorial da Editora Manole
Diagramação: Elisabeth Miyuki Fucuda
Capa: Ricardo Yoshiaki Nitta Rodrigues
Imagem da capa: Istock

CIP-BRASIL. CATALOGAÇÃO NA PUBLICAÇÃO
SINDICATO NACIONAL DOS EDITORES DE LIVROS, RJ

D377L

    Delahooke, Mona
    Ler o corpo para entender a mente : desafios da parentalidade / Mona Delahooke ; tradução Lúcia Helena de Seixas Brito ; revisão científica Fernanda Lee. - 1. ed. - Santana de Parnaíba [SP] : Manole, 2023.

    Tradução de: Brain-body parenting : how to stop managing behavior and start raising joyful, resilient kids
    ISBN 9788520460672

    1. Parentalidade. 2. Crianças - Formação. 3. Pais e filhos. I. Brito, Lúcia Helena de Seixas. II. Lee, Fernanda. III. Título.

	CDD: 649.1
23-82710	CDU: 649.1

Meri Gleice Rodrigues de Souza - Bibliotecária - CRB-7/6439

Todos os direitos reservados.
Nenhuma parte desta obra poderá ser reproduzida, por qualquer processo, sem a permissão expressa dos editores.
É proibida a reprodução por fotocópia.

A Editora Manole é filiada à ABDR – Associação Brasileira de Direitos Reprográficos.

Edição brasileira – 2023

Direitos em língua portuguesa adquiridos pela:
Editora Manole Ltda.
Alameda América, 876
Tamboré – Santana de Parnaíba – SP – Brasil
CEP: 06543-315
Fone: (11) 4196-6000
www.manole.com.br | https://atendimento.manole.com.br/

Impresso no Brasil
Printed in Brazil

À minha mãe, Clara, cujo amor construiu a base
do meu próprio ser.

Durante o processo de edição desta obra, foram tomados todos os cuidados para assegurar a publicação de informações técnicas, precisas e atualizadas conforme lei, normas e regras de órgãos de classe aplicáveis à matéria, incluindo códigos de ética, bem como sobre práticas geralmente aceitas pela comunidade acadêmica e/ou técnica, segundo a experiência do autor da obra, pesquisa científica e dados existentes até a data da publicação. As linhas de pesquisa ou de argumentação do autor, assim como suas opiniões, não são necessariamente as da Editora, de modo que esta não pode ser responsabilizada por quaisquer erros ou omissões desta obra que sirvam de apoio à prática profissional do leitor.

Do mesmo modo, foram empregados todos os esforços para garantir a proteção dos direitos de autor envolvidos na obra, inclusive quanto às obras de terceiros, imagens e ilustrações aqui reproduzidas. Caso algum autor se sinta prejudicado, favor entrar em contato com a Editora.

Finalmente, cabe orientar o leitor que a citação de passagens da obra com o objetivo de debate ou exemplificação ou ainda a reprodução de pequenos trechos da obra para uso privado, sem intuito comercial e desde que não prejudique a normal exploração da obra, são, por um lado, permitidas pela Lei de Direitos Autorais, art. 46, incisos II e III. Por outro, a mesma Lei de Direitos Autorais, no art. 29, incisos I, VI e VII, proíbe a reprodução parcial ou integral desta obra, sem prévia autorização, para uso coletivo, bem como o compartilhamento indiscriminado de cópias não autorizadas, inclusive em grupos de grande audiência em redes sociais e aplicativos de mensagens instantâneas. Essa prática prejudica a normal exploração da obra pelo seu autor, ameaçando a edição técnica e universitária de livros científicos e didáticos e a produção de novas obras de qualquer autor.

Sumário

Sobre a autora ix
Agradecimentos.. xi
Introdução.. xv

PARTE I
Entendendo a parentalidade cérebro-corpo

Capítulo 1
Como entender a fisiologia do seu filho – e por que
ela é importante... 3

Capítulo 2
A neurocepção e a busca pelo sentimento de segurança e amor..... 19

Capítulo 3
Os três caminhos e a avaliação... 40

PARTE II
Soluções

Capítulo 4
Nutrir a capacidade das crianças de se autorregular........................... 71

Capítulo 5
Cuide-se.. 99

Capítulo 6
Decifrar as sensações... 128

Capítulo 7
O primeiro ano 158

Capítulo 8
Crianças pequenas fazendo birra 179

Capítulo 9
Crianças do ensino fundamental I 207

Capítulo 10
O florescimento 239

Glossário 251
Notas finais 253
Bibliografia 280
Índice remissivo 295

Sobre a autora

A Dra. MONA DELAHOOKE, psicóloga clínica e mãe, atende crianças e suas famílias há mais de três décadas. Ela é palestrante, instrutora e consultora para pais, organizações, escolas e entidades públicas. A Dra. Delahooke tem dedicado sua carreira ao fomento do uso de práticas compassivas e de afirmação de relacionamentos em parentalidade, educação e psicologia, por meio da neurociência.

Seu premiado livro *Beyond Behaviors: Using Brain Science and Compassion to Understand and Solve Children's Behavioral Challenges* preconiza uma mudança de paradigma na educação e na psicologia, de modo que o foco nos comportamentos das crianças fosse desviado para as razões subjacentes a esses comportamentos. A autora propõe uma nova estrutura de apoio a crianças com problemas comportamentais. A esse ensinamento, *Ler o corpo para entender a mente* soma a importante compreensão de que a conexão cérebro-corpo fornece um novo fundamento, capaz de ajudar os pais a criar filhos alegres e resilientes.

O popular blog da Dra. Delahooke, www.monadelahooke.com, trata de uma variedade de temas úteis para pais e todos os demais provedores de serviços voltados à infância. Você pode encontrar Mona no Facebook, no Instagram e no Twitter: @monadelahooke.

Agradecimentos

Tenho uma gratidão imensa pelas muitas pessoas cujas vidas tocaram a minha e contribuíram para o nascimento deste livro. Em primeiro lugar, sou muito grata a todas as crianças, bem como a seus pais e familiares, com quem tive o privilégio de caminhar. Com vocês eu aprendi o que é esperança, coragem e amor. Além disso, vocês me ensinaram muito mais sobre relacionamentos e resiliência do que qualquer coisa que eu já tenha aprendido na escola.

De ninguém eu recebi um apoio maior do que de minha mãe. As horas que passamos juntas ao telefone enquanto eu escrevia este livro me deram mais coragem e confirmaram minha convicção de que valeria a pena compartilhar essas ideias com outros pais. Este livro é dedicado a ela.

Meu amigo Tom Fields-Meyer, um sábio orientador e editor de longa data, estimula e acalenta minhas ideias como ninguém. É uma alegria ter um editor que compartilha uma visão de um mundo em que há mais tolerância e compaixão pelas crianças. Teresa Barker, minha primeira tutora de redação, incubou amavelmente meu sonho enquanto me ensinava o funcionamento do processo de publicação. Leah Caldwell, minha editora técnica, organizou com tanta habilidade minhas mais de trezentas notas finais e minha bibliografia interminável que fez a tarefa parecer fácil.

Minha agente literária, Amy Hughes, uma pessoa que "me entendeu" (e também a este livro) desde o primeiro dia, é uma fonte constante de inspiração, orientação, apoio e encorajamento. Não tenho palavras capazes de expressar minha gratidão por sua sabedoria, bem como por seu interesse, não apenas por este livro, mas também por mim como pessoa e como profissional.

A incrível equipe da PESI e da PESI Publishing, liderada por Linda Jackson e Karsyn Morse, publicou meus dois primeiros livros. *Beyond Behaviors* foi a plataforma de lançamento para o *Ler o corpo para entender a mente*, e a organização PESI é como uma família para mim. Zachary Taylor e Livia Kent, da Psychotherapy Networker, têm dado um grande apoio ao meu trabalho, e a corajosa liderança dos dois vem garantindo um benefício inestimável ao setor da saúde mental.

Estou muito satisfeita pelo fato de *Ler o corpo para entender a mente* ter chegado às mãos competentes da equipe da Harper Wave. Foi uma grande alegria trabalhar com minha editora, Julie Will, e minha guia e assistente editorial Emma Kupor, cuja sensibilidade tornou esse processo harmonioso e impecável. Tenho uma gratidão imensa pela Karen Rinaldi, editora da Harper Wave; David Koral, editor sênior de produção; Brian Perrin e Laura Cole, do marketing; Leslie Cohen, da publicidade; Elina Cohen, *designer* do miolo; e Milan Bozic, *designer* da sobrecapa. Todos os membros da equipe contribuíram para o resultado final.

Sou muito grata pela ajuda estratégica e o apoio moral de minha equipe na Zilker Media: Nichole Williamson, Sydney Panter, Macey Pieterse e Melanie Cloth.

Aprendi a exercitar a prática baseada em relacionamento com Serena Wieder, cujo trabalho de valor inestimável deixou uma marca permanente na maneira como atendo crianças e famílias. Jamais me esquecerei de nossos dias no "refúgio", quando estudei com ela e com muitos outros, incluindo Ricki Robinson e Gil Foley. Sou grata a Monica Osgood e a todos os docentes e colaboradores da Profectum Foundation por seu apoio constante e seu esforço de trazer para o mundo as práticas baseadas em relacionamento.

Sempre serei muito agradecida ao Dr. Stephen Porges, cujas descobertas sobre o sistema nervoso autônomo estão mudando vidas e paradigmas para melhor. Não surpreende o fato de que o trabalho dele seja frequentemente chamado de "neurobiologia do amor". Sou grata pelo tempo que ele dedicou ao longo dos anos à leitura de meu trabalho, oferecendo sugestões, bem como por seu respaldo à transposição que fiz de suas teorias para a prática clínica e a parentalidade. E como é grande minha satisfação de fazer apresentações no Zoom com ele.

Por um extraordinário golpe de sorte, os profissionais que compõem as "equipes dos sonhos" da minha atividade profissional (aqueles cujos conselhos eu procuraria nem que tivesse que viajar por todo o país) vivem em meu próprio quintal em Los Angeles. Agradeço à pioneira Connie Lillas por seu trabalho de valor inestimável sobre a estrutura neurorrelacional, por seu estilo ousado e sua coragem de levar a neurociência para a prática clínica. A Dra. Marilyn

Mehr me ajudou a descobrir meu estilo afirmativo enquanto eu trabalhava em um ambiente médico no início de minha carreira. Quando iniciei minha jornada no mundo do desenvolvimento e da saúde mental infantil, Marie Kanne Poulsen me abriu generosamente as portas para o treinamento no Children's Hospital Los Angeles. Diane Danis, pediatra do desenvolvimento, orientou muitas de nossas equipes e, ao mesmo tempo, ajudou-nos a entender o cérebro *e* o corpo de cada criança que tratamos juntas. Amy Johnson, fonoaudióloga; Susan Spitzer, terapeuta ocupacional; Kate Crowley, terapeuta ocupacional; Margaret Mortimore, fisioterapeuta; e Uyen Nguyen, terapeuta ocupacional, foram contatos permanentes na discagem rápida de meu telefone enquanto trabalhamos juntas com inúmeras famílias nas décadas passadas. Serei eternamente grata pelas excelentes atividades baseadas em relacionamento, em nossa área, conduzidas por meus valiosos colegas Diane Cullinane, Andrea Davis e Ben Russell. Agradeço especialmente à minha colega Tina Payne Bryson, outra estrela brilhante de Pasadena, na Califórnia, e do mundo. Gostei demais de nossos almoços e jantares quando ela estava desenvolvendo a clínica de equipe multidisciplinar em Pasadena. Foi uma honra fazer uma apresentação à extraordinária equipe do Center for Connection quando *Beyond Behaviors* foi publicado. Nos últimos tempos, meus amigos do "grupo de interocepção", Ira, Kelly, Annemarie, Amanda, Nanci, Renee e Nina, foram uma fonte de inspiração e alimento intelectual. Como é divertido falar sobre o assunto que está transformando nossa forma de entender o processamento emocional e a autorregulação!

Tenho sorte por contar com meus irmãos e seus parceiros, Glenn, Warren, Hank, Ana, KK e Kevin, cujo amor está sempre presente em minha vida, independentemente do tempo ou da distância que nos separe. Glenn, você é minha mão direita e meu coração; Hank, você perpetua o legado da família sobre generosidade; e, KK, ninguém jamais partilhará de nossa preciosa história e daqueles remotos anos mágicos que passamos juntos. Sou muito grata ao meu "papai" Doug e minha sogra, Jane, que sempre se interessaram em saber como estava indo o trabalho, e à família estendida Delahooke. Agradeço também aos meus sobrinhos e sobrinhas, por quem sou apaixonada, e que estão iniciando as próprias jornadas na vida adulta.

Eu não teria tido energia para fazer este trabalho sem o carinho e a preocupação de meu círculo íntimo de pessoas queridas. São elas com quem desfrutei de jantares e almoços, conversas por telefone, mensagens de texto, miniatura de sapo de presente, frutas secas e amizades, e que me sustentaram ao longo das décadas: Mira, Vincent, Joe, Lisa, Cindy, Garth, Jaime, Jordan, Brigitta, Olga, Mike , Stephen, Sally, Terry, Susan, Beau, Karen, Ron, Leeann, Diane, Fred, Bill, Carmen, Kathy, Ernesto, Jeanne-Anne, Yatidi, Mary, Ray, Lourdes, Lycke e Hanneke.

Para minhas filhas, Nikki, Kendra e Alexa; e meu genro, Tyler. Vocês são meus melhores professores, e eu continuo aprendendo com cada um de vocês. Muito obrigada por serem as pessoas corajosas que vocês são e por continuarem me ajudando a ser a melhor mãe que posso ser, mesmo quando isso é desafiador.

Ao meu amor, Scott, parceiro para sempre, que divide comigo a parentalidade, e ao fiel Sherpa, aquele que sempre me ajuda a encontrar o caminho quando me perco nos saguões dos hotéis. *Este livro pertence a nós dois.*

Finalmente, sou infinitamente grata à pequena luz da minha vida, Skyler. *Oma* te ama muito. Vamos continuar brincando sempre!

Introdução

Personalizar sua parentalidade

Logo que ouvi a voz de Janine ao telefone, percebi sua aflição. Ela tinha perdido a calma com Julian, o filho de 4 anos. Um rotineiro passeio de compras lhe fugiu ao controle e se converteu em um desastre no estacionamento da loja local da Target, provocando em Janine um sentimento de raiva e vergonha.

Na manhã seguinte, sentada no sofá em meu consultório, ela ainda sentia as emoções de forma intensa conforme relatava o incidente. Janine não era novata no trato com crianças. Antes de se tornar mãe, ela deu aula durante dez anos no segundo ano do ensino fundamental, e suas grandes realizações em sala de aula lhe valeram diversos prêmios na área de ensino. Julian, por sua vez, foi uma criança precoce que deu os primeiros passos aos 11 meses e já falava algumas palavras quando completou o primeiro ano de vida. Mas às vezes ele tinha dificuldades para controlar as emoções e obedecer a regras. Mesmo diante de recompensas por bom comportamento oferecidas pela mãe, o menino costumava resistir.

Naquele dia, enquanto mãe e filho esperavam na fila do caixa, Julian de repente pegou uma barra de chocolate da prateleira.

"Coloque isso de volta, por favor!", pediu Janine.

Diante da recusa de Julian, ela adotou instintivamente o procedimento que lhe rendera bons resultados na contenção de manifestações ruidosas em sala de aula: primeiro tentou distrair o filho, mas, não conseguindo, declarou então que, caso ele não devolvesse o doce, ela não lhe daria o adesivo de recompensa que colocava todos os dias no quadro de recompensas do filho. Janine fez o possível para manter a firmeza e a calma. Mas naquele dia, quanto mais ela falava, mais desafiador o menino se tornava.

No fim, Julian esbravejou e atirou a barra de chocolate na cara da pessoa que operava o caixa.

"Julian!", gritou Janine. "Você está sendo um mau menino!" Em seguida, ela pediu desculpas ao balconista e, abandonando o carrinho de compras, carregou o filho, agora aos berros, até o estacionamento. Lá, empurrou-o para dentro do carro e, então, também começou a chorar.

"Eu não me reconheci", Janine me contou no dia seguinte. "Eu me sinto tão culpada." Ela chamara o filho de "mau" quando tudo o que conhecia dele lhe dizia o contrário. Nos momentos de calma, ele era afetuoso, gentil e educado.

Por que os esforços de Janine não conseguiram acalmar o filho? Por que tudo saíra tão terrivelmente errado? E o que ela poderia ter feito diferente? Quase todas as pessoas responsáveis pela criação ou pelo cuidado de crianças já vivenciaram muitos momentos como o de Janine. Em mais de três décadas como psicóloga infantil, conheci inúmeros pais e mães como ela: pessoas atenciosas, compassivas e perspicazes, ansiosas para ver os filhos florescerem e prosperarem, mas que em dado momento se perguntavam onde erraram. Constantemente ouço o mesmo refrão: *estamos fazendo o que recomendam os livros sobre parentalidade! Por que estamos errando?*

Esses pais estão fazendo as mesmas perguntas que mães e pais fazem há gerações – dúvidas que você também deve ter: por que minha filha se recusa a cooperar ou me ouvir? Por que o comportamento do meu filho é tão imprevisível? Por que ele é tão seletivo com a comida? Por que ela não consegue dormir a noite toda? Como podemos estabelecer limites adequados? Como posso saber se a expectativa que tenho em relação ao meu filho está fora do padrão razoável? E, talvez, esta seja a pergunta mais importante que Janine me fez naquela manhã; uma pergunta que já ouvi de inúmeros pais em diversos momentos: por que eu continuo perdendo o controle com meu filho quando sei mais do que ele?

A exemplo dessas questões e preocupações, a maioria dos pais também compartilha profundamente o mesmo desejo: criar filhos que se tornarão pessoas resilientes, confiantes, felizes e independentes. Mas como conseguir isso? Qual recomendação quanto à parentalidade vale a pena ser adotada? Hoje, mais do que nunca, pais e mães são bombardeados com incontáveis orientações nas mais diferentes perspectivas, desde influenciadores nas mídias sociais até vizinhos amigáveis (ou críticos), especialistas em educação escolar, palestras do gênero *TED Talk* e outros tantos tipos de informação obtida em uma pesquisa no Google. É vasta a gama de opções: a filosofia da parentalidade consciente, da parentalidade baseada no afeto ou na liberdade, entre dezenas de outras formas. Qual é a melhor? E qual é a solução ideal para comportamentos desafiadores? Pausa? Apelo à razão? Descaso? Parar e contar até três? Mais alternativas?

Sem dúvida, pais e mães querem o melhor para os filhos, mas a maioria daqueles que atendo em meu consultório demonstra, compreensivelmente, confusão e perplexidade diante dessa questão. Com tantas perspectivas disponíveis, em qual corrente de conhecimento você pode confiar? Em mais de três décadas dedicadas ao trabalho com crianças e suas famílias, percebi que não existe uma abordagem única para o sucesso na criação dos filhos. O mais importante não são as regras, mas sim as crianças. *O fundamental não é entender as diretrizes oferecidas por outra pessoa, mas sim entender como nosso cuidado parental está sendo "assimilado" pelos nossos filhos.* Uma vez que consigamos compreender *como* uma criança está assimilando as interações e circunstâncias que vivenciam, teremos condições de encontrar respostas mais particularizadas e mais eficazes para dúvidas comuns na parentalidade.

O problema é que muitas vezes nos concentramos no *comportamento* de uma criança e não na própria criança. Estamos preocupados em *resolver problemas* em vez de *cultivar relacionamentos e construir laços.*

Neste livro, compartilharei meu entendimento sobre como você pode transferir o foco do comportamento para o que é *subjacente* a ele, de modo a redirecionar seus esforços no sentido de deixar de tentar entender um método de parentalidade para entender seu filho. Meu objetivo é ajudar você a adaptar sua atitude em relação à parentalidade a fim de atender às necessidades individuais de seus filhos e, em contrapartida, gerar uma conexão que os ajude a se tornarem mais resilientes.

Em suma, parentalidade não é uma teoria nem uma metodologia hipotética. Ela diz respeito a você e a seu filho. Este livro ajudará você a deixar de tentar controlar comportamentos e a passar a usá-los como indicativos que ajudarão a compreender a realidade interior de seu filho – as experiências sensoriais, os sentimentos e as emoções da criança.

A maioria dos livros sobre parentalidade apresenta respostas "de cima para baixo" para o comportamento, respostas estas que visam chegar ao cérebro da criança: falar, ponderar, incentivar ou oferecer recompensas ou castigos. Essas abordagens geralmente colocam diante dos pais duas opções: ponderar com a criança ou discipliná-la. Muito embora tais abordagens reconheçam a capacidade cognitiva (de pensamento) da criança, elas negligenciam todo o seu sistema nervoso; em outras palavras, a conexão cérebro-corpo. Afinal, o sistema nervoso percorre todo o corpo e envia um *feedback* ao cérebro. Este livro reconhece a igual importância do *corpo e* do *cérebro* para a compreensão do comportamento da criança. Ele lhe mostrará como educar usando não apenas a *psicologia*, mas também a *biologia*.

É importante observar de antemão que a abordagem apresentada nestas páginas não se baseia apenas em minhas próprias ideias ou observações. Ela é norteada pela neurociência de vanguarda. E é também produto da minha experiência como psicóloga clínica e como mãe.

Quando era estudante de pós-graduação em psicologia, aprendi a concentrar minha atenção no reconhecimento e diagnóstico do que estava errado – atribuindo rótulos a sintomas psicológicos. Depois que me tornei mãe, descobri que as abordagens "de cima para baixo" que aprendera na pós-graduação, os métodos que pretendem alcançar a mente da criança, nem sempre funcionavam. Pelo menos eles não me ajudaram a descobrir como acalmar *minha* bebê, que chorava por horas a fio, ou a convencer minha filha ansiosa de 10 anos de que ela *conseguiria*, sim, ficar bem indo dormir uma noite na casa de uma amiga. Desse modo, depois de uma década de profissão, afastei-me de minha prática e fui buscar respostas mais satisfatórias para os desafios que pais e mães me trouxeram e que eu também enfrentei como mãe. As descobertas alteraram profundamente minha prática e minha visão sobre parentalidade.

Resolvi começar do início. Minha formação tradicional não contemplara muitas perspectivas sobre o desenvolvimento infantil e sobre como lidar com bebês. Assim, matriculei-me em dois programas de formação focados na saúde mental infantil. Passei três anos em hospitais, clínicas e pré-escolas, estudando bebês e crianças pequenas. A experiência me abriu os olhos para o impacto significativo dos primeiros anos no desenvolvimento de uma criança.

Também aprendi como as *diferenças individuais dentro do corpo de cada criança* influenciam o seu desenvolvimento, e também a forma como seus pais e outros adultos interagem com ela. Trabalhando em equipes multidisciplinares compostas por pediatras, fonoaudiólogos, fisioterapeutas, terapeutas ocupacionais, educadores, psicólogos e – acima de tudo – pais e mães, aprendi como a assimilação que um bebê faz do mundo ao seu redor, *amparada na in-*

teração de seu corpo com o ambiente, afetava o desenvolvimento e os primeiros relacionamentos.

Minha formação tradicional em psicologia se concentrou em abordagens do tipo "de cima para baixo", baseadas no cérebro da criança. Mas o único canal de comunicação dos bebês é seu próprio corpo. Assim, a compreensão das experiências "de baixo para cima" (ou "do corpo para o cérebro") que precedem o desenvolvimento do pensamento e da formação de conceitos na mente das crianças me permitiu entendê-las melhor em todos os seus estágios de desenvolvimento.

Na sequência de minha jornada de exploração e aprendizado, tive a sorte de estudar com dois pioneiros no desenvolvimento da primeira infância, o psiquiatra Dr. Stanley Greenspan e a psicóloga Dra. Serena Wieder, cujo modelo clínico foi um dos precursores da incorporação de cérebro e corpo na mediação precoce. Eles partiram da premissa de que é essencial, antes de tudo, buscar a aquietação da criança – o equilíbrio do corpo. Só depois haverá chance de ser bem-sucedido o ato de conversar, ponderar ou oferecer incentivos.

Mais importante, eles basearam seu modelo na ideia de que os relacionamentos harmoniosos, afetuosos e seguros constituem a única maneira de um ser humano equilibrar seu corpo com sucesso. Isso explicava por que as abordagens de cima para baixo da minha formação em psicologia muitas vezes falhavam. Meu aprendizado não levara em conta o papel essencial do *feedback* do corpo e seu profundo impacto nos *relacionamentos*, e como estes, por sua vez, afetam o comportamento das crianças. Por volta da mesma época (a década de 1990), os cientistas estavam descobrindo novas informações sobre o cérebro humano; em um ritmo tão acelerado que esse período ficou conhecido nos círculos científicos como a "década do cérebro".

Como percebi, o que eu estava aprendendo sobre a centralidade dos relacionamentos ganhava respaldo e validação do campo emergente da neurociência relacional. O psiquiatra Dr. Dan Siegel fundou o campo da neurobiologia interpessoal, que estuda o impacto das experiências interpessoais no desenvolvimento do cérebro. E o Dr. Bruce Perry, outro psiquiatra, criou o *modelo terapêutico neurossequencial* (NMT, na sigla em inglês), que refletia o que os doutores Greenspan e Wieder me ensinaram a respeito de como os relacionamentos promovem um corpo calmo e "equilibrado", o que é essencial para a capacidade de aprendizado e desenvolvimento. A Dra. Connie Lillas – enfermeira, terapeuta de casais e de família e pesquisadora – participou do desenvolvimento da estrutura neurorrelacional (NRF, na sigla em inglês), que também destaca a importância central dos relacionamentos capazes de influenciar o amadurecimento do cérebro. Mais recentemente, estudei o trabalho da Dra. Lisa Feldman Barrett, uma neurocientista cuja teoria da emoção construída enfatiza o impacto dos sinais provenientes do âmago de nosso corpo sobre os sentimentos e as emoções fundamentais.

Foi o Dr. Stephen Porges, neurocientista autor de um trabalho pioneiro, quem provocou uma mudança significativa em minha atuação como profissional e mãe. Sua teoria Polivagal, apresentada pela primeira vez em 1994, trouxe uma elegante explicação da evolução humana em relação a como e por que os seres humanos reagem às várias circunstâncias da vida. O trabalho do Dr. Porges nos brindou com uma nova compreensão sobre o modo como o sistema nervoso autônomo — a grande via de informação que conecta o cérebro e o corpo — influencia a fisiologia, as emoções e o comportamento dos seres humanos.

Com esse trabalho, o Dr. Porges estabeleceu uma base teórica da neurociência que, por meio da conexão entre corpo e cérebro, abria espaço para uma compreensão mais abrangente do comportamento das crianças. A teoria Polivagal representou para mim a base científica de tudo o que aprendi sobre a importância fundamental dos relacionamentos afetuosos e harmônicos, que são singularizados em função das diferenças individuais e do sistema nervoso de cada criança. Foi reconfortante descobrir essa perspectiva, que contrastava com minha formação original em gestão do comportamento. O que aprendi com esses cientistas e terapeutas é a base da mensagem central deste livro: que a harmonia no corpo físico de uma criança sustenta os relacionamentos saudáveis e as interações afetuosas, estabelecendo, por sua vez, a infraestrutura que acaba por permitir que a criança use a razão, a abstração e o raciocínio para enfrentar com flexibilidade os desafios da vida. Por meio dessa compreensão sobre a comunicação bidirecional entre cérebro e corpo, modifiquei minha prática, deixando de focar a eliminação do comportamento inquietante das crianças e passando a procurar entender esse comportamento como um modo de o corpo comunicar suas necessidades.

Expus essa guinada em meu livro *Beyond Behaviors*, em que defendia uma mudança na forma como respondemos ao comportamento desafiador das crianças e apresentava uma nova maneira de apoiá-las. Esse livro chamou a atenção de muitas pessoas, e eu recebi mensagens de pais, professores, profissionais de saúde mental e terapeutas de todo o mundo, manifestando que sentiam a necessidade de uma mudança de paradigma na educação e na psicologia. Esse consenso coincidiu com a ascensão do movimento da neurodiversidade e seus apelos no sentido de que as diferenças individuais sejam valorizadas e respeitadas, em vez de serem tratadas como distúrbios patológicos que precisam ser corrigidos. Nesse novo paradigma, eu reconhecia que o ingrediente central e sagrado de todo desenvolvimento infantil é o relacionamento entre mães/pais e filhos.

Assim, adotei essas lições como referência para o *Ler o corpo para entender a mente*, acrescentando a importante percepção de que a conexão cérebro-corpo estabelece uma nova base para a compreensão do comportamento das crianças e conduz a um novo roteiro da parentalidade voltado à formação de crianças alegres e resilientes.

Este livro não é um guia definitivo para as pesquisas e teorias da neurociência, mas sim o que aproveitei da ciência emergente e a maneira como a apliquei na vida real como psicóloga e mãe. Seus capítulos contêm minha própria interpretação da ciência para fins de uso prático. Como tal, minhas descrições *apenas começam* a arranhar a superfície da complexidade dessa ciência emergente, e além disso tomei a liberdade de simplificar conceitos para torná-los acessíveis. A pesquisa em neurociência está evoluindo rapidamente, portanto fique atento às atualizações. Na parte final do livro você encontrará um glossário que inclui alguns dos conceitos científicos relevantes.

A ciência não deve ficar confinada a laboratórios e revistas médicas. Devemos trazê-la para nossas cozinhas e salas de estar, onde ela tem condições de reduzir o sofrimento, melhorar os relacionamentos e nortear nossas decisões cotidianas de parentalidade. (Se você estiver disposto a isso, eu o incentivo a ler as fontes originais, citadas na bibliografia e nas notas finais.)

Com o apoio da neurociência, em vez de me concentrar na tentativa de ajudar pais e mães a mudar o comportamento dos filhos, comecei a trabalhar com eles e as crianças conjuntamente, ajudando-os a entender os filhos – e a si mesmos – de uma forma mais holística, que começa com a compreensão da conexão cérebro-corpo de cada criança.

Quando reconhecemos que o cérebro de uma criança não funciona isolado do corpo, surge uma nova gama de opções de parentalidade. A compreensão da conexão cérebro-corpo subjacente a todo comportamento nos oferece um novo roteiro orientador de nossas decisões parentais, roteiro este que é adaptado para cada criança. Por mais de duas décadas empreguei essa ideia para ajudar pais e mães a entender e solucionar dilemas comuns da parentalidade.

Em vez de recorrer a um diagnóstico psicológico, buscaremos entender a fisiologia da criança, que está contribuindo para seu comportamento. Em vez de procurar fragilidades, ouviremos os sinais do corpo para detectar indícios. A observação do comportamento, das atitudes e das ações de seu filho através das lentes do sistema nervoso infantil ajudará você a *individualizar* sua parentalidade e, dessa forma, obter um roteiro para suas decisões parentais.

Foi isso que comecei a compartilhar com Janine, a mãe de Julian, na manhã em que ela estava demasiadamente frustrada consigo mesma e muito nervosa por não encontrar alguma coisa capaz de acalmar seu filho – ou ela mesma – após a forte reação emocional que tivera na Target. Não era culpa dela o fato de sua formação como professora não a ter dotado de condições para lidar com o impacto que o estresse pode ter sobre o sistema nervoso. Tampouco ela poderia ser responsabilizada pelo fato de o pediatra de Julian atribuir a dificuldade do menino em lidar com a decepção à sua natureza "obstinada" e encorajá-la a usar recompensas e castigos para cessar comportamentos "péssimos" e promover a obediência. De fato, muitos de meus colegas nas áreas de saúde mental e educação ainda recomendam abordagens semelhantes.

Em minha conversa com Janine, expliquei que seu filho não estava testando intencionalmente os limites dela nem sendo não cooperativo de forma deliberada; ele estava reagindo ao estresse. A resposta em tais situações não é disciplinar a criança nem lhe oferecer incentivos, mas sim personalizar sua parentalidade a fim de ajudar a criança a acalmar o sistema nervoso para que ela consiga agir, envolver-se e aprender. Essa é a base da abordagem que apresentei a ela – uma abordagem compassiva, holística e eficaz. É a abordagem que compartilharei neste livro.

Nas próximas páginas, aprenderemos os principais conceitos voltados à personalização de sua parentalidade, incluindo:

- Como usar o comportamento do seu filho como pista para compreender a *plataforma* única dele – meu termo simplificado para a conexão cérebro-corpo.
- Como o conceito de *neurocepção*, termo usado pelo Dr. Porges para o que denomino sistema de detecção de segurança do corpo, nos ajuda a entender as experiências subjetivas de nossos filhos.

Introdução

- Como identificar se determinado comportamento é resultante de uma intenção deliberada ou de um sofrimento fisiológico (baseado no corpo).
- Como uma conexão compartilhada entre pais e filhos pode ajudar a criança a desenvolver a capacidade de autorregulação.
- A importância do autocuidado para pais e mães, e como a presença afetuosa de um adulto pode ajudar a criança a se sentir mais calma e segura fisiologicamente.
- Como a compreensão da *interocepção* – as sensações provenientes do âmago do corpo – pode orientar suas interações e ajudar seu filho a se tornar mais consciente dos sentimentos e das emoções, bem como mais familiarizado com eles.
- Como aplicar uma compreensão da plataforma e de todos esses conceitos para ajudar no desenvolvimento da resiliência e na resolução dos desafios comuns da parentalidade desde a infância até o início da adolescência.

Aliviar, em vez de aumentar, o fardo da parentalidade

Você pode estar pensando: *tudo bem, mas isso parece trabalhoso demais.* Antes de prosseguirmos, quero lhe assegurar que meu objetivo não é aumentar seu fardo parental, mas sim aliviá-lo. Meu desejo não é intensificar o estresse, a pressão, a ansiedade nem a carga de trabalho. Longe disso. Este livro não tem o objetivo de fazer de você uma espécie de pai ou mãe com superpoderes. Trabalhei com várias centenas de pais e mães, e acredito que todos fazem o melhor que podem com as informações que possuem. Pretendo ajudar a iluminar todo o conhecimento que você pode obter ao observar seu filho sob um novo ângulo. Ninguém conhece seu filho tão bem quanto você, e as ferramentas e perspectivas apresentadas neste livro se destinam a ajudá-lo a construir seu relacionamento com seu filho de uma forma natural e admirável. Nosso objetivo não é mudar seu filho, mas ajudar você a individualizar seu relacionamento com ele segundo um método fundamentado no profundo respeito ao cérebro e ao corpo dessa criança, que são únicos e estão em constante desenvolvimento.

Finalmente, eu seria negligente se não reconhecesse a importância de honrar seus próprios valores parentais, influenciados por sua singular formação e suas experiências de vida particulares. Fui criada nos Estados Unidos por pais oriundos de dois continentes diferentes. Na condição de filha primogênita e norte-americana de primeira geração, sou produto das duas heranças, e os valores e as tradições que eles me transmitiram foram influenciados por suas respectivas culturas. Da mesma forma, espero que você adapte as informações expostas neste livro às tradições e aos valores culturais de sua família. Esteja sob sua responsabilidade a criação de um bebê ou de uma criança mais velha, de um único filho ou de muitos, espero que as informações aqui apresentadas deem a você condições de aumentar sua confiança ao enxergar seu filho através de uma lente mais abrangente. Não é fácil a atribuição parental, por isso incluí neste livro mensagens importantes sobre como exercitar a autocompaixão e cuidar de si mesmo ao longo da jornada.

A chave para entender o que está por trás do comportamento das crianças e dos pais é o apreço pelo cérebro *e* pelo corpo. Esse conhecimento mudou minha prática como mãe e como psicóloga, e, quando comecei a compartilhá-lo com as famílias com as quais trabalho, isso transformou a vida delas também. Espero que este livro ajude você a sentir menos preocupação e mais alegria nas suas atribuições de parentalidade e que ele minimize as dúvidas, o autojulgamento e o estresse decorrentes de suas decisões parentais, ajudando a promover a resiliência de seu filho e uma conexão para a vida toda.

PARTE I

ENTENDENDO A PARENTALIDADE CÉREBRO-CORPO

1

Como entender a fisiologia do seu filho – e por que ela é importante

Somos guardiões do sistema nervoso uns dos outros, tanto quanto somos dos nossos.[1]

— Dra. Lisa Feldman Barrett

Quando Leanda e Ross chegaram ao meu consultório, buscavam desesperadamente por conselhos em relação à sua filha Jade. Eles me pareceram bem preparados para serem pais. Leanda era enfermeira pediátrica; e Ross, diretor de escola. Ambos estudaram desenvolvimento infantil e leram sua cota de livros sobre parentalidade. Os primeiros anos de sua filha mais velha, Maria, foram relativamente tranquilos, e também Jade se mostrara feliz e bem ajustada no início.

Então chegou a hora do jardim de infância. Desde os primeiros dias, Jade impôs resistência. Todas as manhãs, quando o pai tentava deixá-la na escola, a menina implorava a Ross que não fosse embora e fazia tamanha gritaria que, no final, era necessária a intervenção de um professor para afastá-la fisicamente do pai.

Quanto mais persistia a batalha diária, mais perturbados e perplexos ficavam os pais de Jade. Seria a resistência de sua filha sinal de algum problema sério? Ela superaria essa dificuldade com a maturidade? Será que eles deveriam continuar seguindo os conselhos dos professores, que os orientavam a deixar Jade e ir embora mesmo diante dos protestos da menina, assegurando-lhes que isso era uma fase bastante comum entre as crianças do jardim de infância? Ou haveria outra estratégia mais propícia? Uma dúvida, acima de tudo, deixava-os perplexos: por que a abordagem parental que tinha funcionado tão bem na criação de sua filha mais velha não estava dando os mesmos resultados com Jade?

Quando os conheci, essa batalha diária já durava quase quatro meses, apesar de seu estilo afetuoso de parentalidade, de sua comunicação aberta e de todos os conselhos que haviam coletado em vários livros sobre parentalidade. Leanda e Ross estavam claramente ansiosos para ver a filha florescer, mas se sentiam estressados e confusos sobre o que fazer. Como poderiam ajudar Jade a se desenvolver?

A orientação que vinham recebendo dos professores de Jade coincidia com o difundido conselho parental que orienta a observar o *comportamento*, não a *criança*. A maioria das abordagens da parentalidade se concentra não na criança como um todo, mas sim no comportamento dela – e na maneira como os pais devem responder a determinados padrões de comportamento. Ademais, elas sugerem respostas ao comportamento destinadas a chegar ao cérebro da criança: ponderar, dar ordens ou oferecer incentivos, recompensas ou consequências.

Essas abordagens reativas têm dois defeitos inerentes. Primeiro, oferecem respostas de tamanho único, baseadas não no *seu* filho, mas em uma versão genérica de uma criança. Em segundo lugar, assumem que determinado comportamento da criança é intencional, ou seja, que ela tem controle sobre si mesma ou, *se fizer esforço suficiente*, conseguirá se controlar.

O conselho específico é muitas vezes orientado por uma filosofia particular: seja positivo (foco no encorajamento), seja solidário mas enérgico (autoridade), deixe seu filho errar mais (menos superproteção), não projete seus próprios problemas em seu filho (torne-se mais consciente), considere as experiências atuais sem julgamento (torne-se mais cuidadoso), ajude seu filho a aprender a falar sobre sentimentos (ensine-o a entender as emoções). Todas essas concepções podem ser úteis, mas não levam em conta as características únicas da criança ou suas necessidades em determinado momento específico. Em outras palavras, não importa quão acertado teoricamente seja o conselho se a criança ainda não estiver receptiva a ser ensinada.

Além disso, há os equívocos comuns no que se refere ao controle deliberado ou intencional das crianças sobre o próprio comportamento. Não muito tempo atrás, assisti a um vídeo na internet que se propunha a explicar como evitar que as crianças pequenas "fizessem" birra. Esse vídeo alcançou mais de um milhão de visualizações no YouTube. Mas há apenas um problema: ao contrário do mito popular, as crianças pequenas geralmente não têm chiliques *de propósito*. Em vez disso, esse comportamento, *em qualquer idade*, é um sinal de que a conexão cérebro-corpo está em estado de opressão, contrariedade ou vulnerabilidade.

Contextualizar o comportamento

Quando pais-educadores e profissionais bem-intencionados sugerem que as crianças fazem birra deliberadamente, revelam uma total falta de compreensão do quanto é limitado o controle que os seres humanos desenvolvem sobre seus impulsos, suas emoções e seus comportamentos. Meu objetivo neste livro é fornecer contexto, por meio de uma compreensão do sistema nervoso humano, a fim de ajudar pais e mães a entender como se desenvolvem o autocontrole e a flexibilidade emocional das crianças, bem como identificar que ações estão ao seu alcance no sentido de promover esse crescimento, considerando a composição singular e a estrutura genética básica de seu filho.

A coisa mais difundida que já postei nas redes sociais foi uma única frase, algo que costumo dizer a pais e mães de crianças pequenas cujas vontades são contrariadas: *"Se a capacidade de controlar emoções e comportamentos não está totalmente desenvolvida até o início da fase adulta, por que exigimos isso das crianças em idade pré-escolar e depois as punimos quando não conseguem?"*. Essas palavras, exibidas sobre o desenho de um sol feito com giz de cera por uma criança, foram vistas por mais de dois milhões de pessoas. Por que essa afirmação ganhou ressonância? Talvez porque a verdade clara nela contida elimine parte da autoculpa e autocrítica que afligem tantos pais e mães. (Na verdade, a capacidade de controlar nossas emoções e comportamentos não é um marco do desenvolvimento, mas sim um processo contínuo que depende da comunicação entre corpo e cérebro, processo este que nos mantém seguros[2] e capazes de fazer, constantemente, um prognóstico acerca do que está acontecendo.[3])

A maioria de nós nunca é ensinada sobre o *contexto* do comportamento das crianças; ao contrário, somos orientados sobre o que fazer para *administrar* esse comportamento. Mas há uma perspectiva mais ampla aí envolvida: as *razões* pelas quais nós, humanos, fazemos o que fazemos. Pense nos comportamentos como a ponta de um *iceberg* – os 10% mais ou menos que são visíveis acima da linha d'água. Certamente, há muito mais gelo além do que isso. Escondida abaixo da superfície está uma porção muito mais vultosa – oculta, porém muito mais significativa. Quando reagimos apenas ao comportamento que observamos, estamos ignorando essa parte oculta, ignorando as informações valiosas que podem nos ajudar a entender o "motivo" do comportamento – as preciosas pistas sobre o que está desencadeando tal comportamento. Nossos antecedentes culturais nos fazem extremamente críticos em relação ao comportamento, especialmente o de nossos filhos. Mas agora, graças às descobertas da neurociência, há uma história nova e emocionante que fala sobre comportamentos, sentimentos e emoções, bem como sobre o que os induz.

Independentemente de qual seja o comportamento, há muito mais acontecendo do que a manifestação exterior nos mostra. Nosso cérebro e nosso corpo estão constantemente conversando entre si[4] – os cérebros não têm vida autônoma! As crianças raramente agem sem motivo ou simplesmente para tornar a vida de seus pais mais difícil (por mais que às vezes assim pareça). O comportamento de nossas crianças é a exteriorização de seu mundo interno, indicativos sobre aquela parte submersa do *iceberg*. Devemos avaliar o comportamento pelo que ele nos diz sobre o corpo e o cérebro da criança. *Em vez de tentar eliminar os comportamentos, devemos nos esforçar para entendê-los, em virtude das ricas informações que nos proporcionam sobre como nosso filho vivencia o mundo.*

Não importa o quanto você tente ponderar, recompensar ou oferecer incentivos, pois a verdade é que você não consegue coagir nem mesmo ensinar uma criança a ter controle sobre algo que ela não tem realmente condições de controlar. O que você *pode* fazer? Em vez de tentar corrigir ou eliminar um comportamento preocupante, tente entender as pistas que ele oferece sobre as experiências internas de seu filho.

A plataforma

Em particular, os comportamentos fornecem pistas sobre o estado do sistema nervoso autônomo da criança, o exclusivo sistema de comunicação bidirecional entre o corpo e o cérebro.[5] *A conexão cérebro-corpo, ou seja, nosso sistema nervoso, funciona como plataforma neural que influencia os comportamentos humanos.*[6] Por meio desse sistema, o corpo e o cérebro da criança estão ligados em um ciclo de *feedback* constante. Portanto, é incorreto separarmos em nossa análise o pensamento ou as expressões emocionais da criança do estado em que se encontra o corpo dela. O estado de nosso corpo influencia nossa maneira de sentir, agir e pensar. Vamos nos referir a esse sistema complexo e extraordinário como a plataforma.

Porque nunca somos apenas um "corpo" ou um "cérebro"; somos sempre as duas coisas.

A todo instante, cada um de nós reage ao mundo em uma alternância contínua entre os estados receptivo e defensivo.[7] Quando interpretamos um desafio como medo ou ameaça, estamos no modo defensivo. Quando nos sentimos seguros, estamos no modo receptivo.[8] Em meu extenso trabalho com crianças, testemunhei que o que influencia seu nível de receptividade é o estado de seu sistema nervoso autônomo,[9] a plataforma. Uma plataforma *robusta* garante suporte a comportamentos ideais e fortalece na criança a capacidade de ser flexível, pensar e tomar decisões. Uma plataforma *vulnerável*, por outro lado, aumenta o grau de alerta, de medo e de necessidade de defesa na criança. Quando a plataforma de uma criança é vulnerável, observamos o tipo de comportamento que confunde e desafia os pais: a recusa em usar meias ou comer qualquer alimento verde, a atitude de agredir um irmão ou atirar o controle remoto na hora de desligar a TV. Esses comportamentos parecem refletir uma natureza opositora, não cooperativa ou mal-educada da criança. No extremo oposto estão aqueles momentos em que nossos filhos se afastam e se desconectam de nós, parecendo nos ignorar. Nesse aspecto, o ponto que vou explicar nos capítulos seguintes é que comportamentos aparentemente defensivos podem, na verdade, ser protetores.

Outro exemplo de vulnerabilidade em uma criança é o estado de hipervigilância, que pode ser uma manifestação de excesso de obediência, um possível sinal de que ela se sente oprimida pela necessidade de agradar aos outros. Muito embora esse comportamento frequentemente leve a uma recompensa, ele pode representar uma plataforma vulnerável. Crianças com plataformas vulneráveis são propensas a se mostrar vigilantes, preocupadas e desagradáveis, bem como a gritar, chorar, fazer birra, fugir, atacar ou até se desligar. Nós, seres humanos, nem sempre estamos controlando nossos comportamentos de forma deliberada – as crianças não estão necessariamente *escolhendo* essas atitudes de modo consciente. Ao contrário, muitas reações e muitos tipos de comportamento servem para proteger a criança contra uma sensação profunda e subconsciente de desconforto ou ameaça.

Neste ponto, identificamos uma ideia notável: podemos entender o nível de vigor ou vulnerabilidade de uma criança rastreando o que é denominado *alostase*,[10] o processo pelo qual mantemos a estabilidade de nossos corpos. Mas você não precisa memorizar esse termo científico! A neurocientista e pesquisadora Lisa Feldman Barrett tem outra palavra para descrever esse equilíbrio contínuo de energia e recursos: *orçamento corporal*.[11] Segundo ela, do mesmo modo que um orçamento financeiro permite controlar a movimentação do dinheiro, os corpos controlam "recursos como água, sal e glicose à medida que você os ganha e perde".[12] Embora nem sempre tenhamos consciência do orçamento metabólico de nosso corpo, *tudo que vivenciamos*, incluindo nossos sentimentos e nossas ações, torna-se depósitos ou retiradas em nosso *orçamento corporal*.[13] Um abraço, uma boa noite de sono, momentos de diversão com os amigos e uma refeição saudável: tudo isso são depósitos. Por outro lado, temos as retiradas: coisas como esquecer de comer ou beber líquidos em quantidade suficiente, ser privado de sono profundo ou ser isolado ou ignorado.

Nas próximas páginas e ao longo de todo o livro, empregaremos o valioso termo da Dra. Barrett, *orçamento corporal*, para nos orientar na tomada de grandes e pequenas decisões de parentalidade. Particularizaremos essas escolhas com base no orçamento corporal de nosso filho – e no nosso.

Os pais são constantemente confrontados com dilemas. Quando uma criança enfrenta um problema específico, devemos encorajá-la a resolvê-lo por conta própria ou é mais apropriado fazermos um "depósito" no orçamento da criança por meio de nossas afetuosas e solidárias interações parentais?

A plataforma da criança reflete seu orçamento corporal e nos ajuda a tomar essas decisões. Nos próximos capítulos, aprenderemos a observar o comportamento de nosso filho, além de outros sinais, o que nos ajudará a descobrir com quais recursos a criança conta no momento e quais já foram acumulados. Fazemos isso conhecendo o que o corpo do nosso filho está nos dizendo por meio de seus sinais verbais e, acima de tudo, *não verbais*.

Esta é a ideia central que estou ansiosa para compartilhar: nossas decisões de parentalidade mais acertadas não estão focadas simplesmente nos comportamentos ou pensamentos de nossos filhos, mas sim *no corpo e na maneira singular como cada criança continuamente processa, interpreta e vivencia seu mundo*.

É por isso que nossa estratégia como pais e mães não deve começar com a tentativa de *eliminar* determinado comportamento. Em vez disso, devemos trabalhar no sentido de fortalecer a plataforma de nosso filho (e a nossa). Devemos começar com estas perguntas essenciais sobre como personalizar nossa abordagem em dado momento: o que esse comportamento está comunicando sobre o que meu filho espera de mim agora? Ele quer ouvir meus conselhos e conversar comigo? Ele precisa de um abraço ou um ombro em que possa chorar? Ele precisa que eu estabeleça limites e o faça lembrar-se das consequências? Ou precisa de algo mais básico para desenvolver uma plataforma forte? Ele precisa de uma abordagem de pensamento "de cima para baixo" – ponderando com a criança – ou uma abordagem corporal mais "de baixo para cima", o que implica a necessidade de fortalecer a plataforma em primeiro lugar? Ou, talvez, uma conjunção das duas abordagens?

Cada criança e cada situação são únicas. A maioria dos programas de parentalidade falha ao não levantar essas questões, que são essenciais. Para que uma criança consiga usar as informações que queremos transmitir, ela precisa ser dotada de uma plataforma robusta. E a atitude de incentivar ou ignorar certos comportamentos, de punir, provocar sentimento de vergonha ou falar com a criança sem ouvir o que ela tem a dizer não colabora para o desenvolvimento de uma plataforma forte. Conseguimos isso estando presentes e alimentando na criança a confiança relacional que vem de nossa presença afetuosa e coerente, adaptada e *particularizada para as necessidades individuais de nosso filho*, tendo em mente que nosso trabalho parental é ajudar nosso filho a crescer com um grau de flexibilidade e resiliência cada vez maior. Fazendo de nossa presença o eixo de referência, podemos obter o que pedimos à criança e ajudá-la a ampliar e suportar novas experiências à medida que se torna cada vez mais autossuficiente.

Eis aqui uma nova maneira de pensarmos sobre os desafios comuns da parentalidade: o que vemos como problemas comportamentais ou emocionais geralmente representa uma resposta adaptativa e subconsciente da criança à sua realidade interna. É a maneira como o corpo da criança está reagindo a mudanças que exige uma adaptação ou resposta[14] – em outras palavras, ao *estresse*. Se entendermos o estresse como uma adaptação natural de nosso corpo às mudanças, conseguiremos interpretar os problemas comportamentais pelo que eles nos dizem sobre a maneira pela qual o corpo e o cérebro de nossos filhos estão lidando com o que deles demandamos. *O que costumamos encontrar é um orçamento corporal esvaziado responsável pela manifestação de comportamentos "abomináveis", que na realidade não são ruins, mas subconscientemente protetores.*

Muitas vezes, essa realidade não é percebida pelos adultos que fazem parte da vida da criança – mascarada pelo aborrecimento que o comportamen-

Ler o corpo para entender a mente

to provoca – até que eles comecem a se perguntar *por que a criança está agindo daquela maneira, e como esse comportamento específico a ajuda a resistir.* Nessa nova forma de pensar, entendemos o comportamento das crianças como evidência do poder de adaptação do ser humano.[15] É útil deixarmos de classificar comportamentos como "bons" ou "ruins". Eles são *adaptativos* – e, para pais e mães, fontes de informações incrivelmente proveitosas.

Os comportamentos oferecem pistas valiosas sobre o estado da plataforma da criança, bem como sobre o que ela precisa de nós. Quando mudamos nossa forma de pensar, conseguimos entender a inadequação de nossa atitude ao nos concentrarmos em eliminar um comportamento em vez de perguntar o que ele pode revelar sobre a plataforma. Quando uma criança está choramingando, em vez de simplesmente dizer para ela parar, podemos considerar que o choro é um sinal de que a criança precisa de mais segurança para se sentir calma. Dizer a uma criança para ficar quieta à mesa de jantar não ajuda quando ela sente necessidade de movimentar o corpo para controlar seu estresse. Se uma criança sente medo de algo que não parece ameaçador, como ir ao treino de futebol ou escutar o som de um brinquedo em particular, não ajuda simplesmente dizer: "Não há nada a temer". Precisamos ouvir o que esse medo está nos revelando. *O comportamento oferece pistas sobre o que está acontecendo no íntimo da criança; assim, esse é um momento essencial para fazermos uma pausa a fim de refletir sobre o que está ocorrendo em um nível mais profundo.* Uma vez que entendemos como o corpo e o cérebro de nossas crianças estão administrando os grandes e pequenos desafios da vida, temos condições de ajudá-las a usar as novas experiências para o crescimento e não para ser sobrecarregadas por elas.

A plataforma como um roteiro para o desafio na medida certa[16]

Queremos ver nossos filhos prosperarem com cada nova aptidão que desenvolvem, seja ela a amamentação bem-sucedida, a deglutição das primeiras colheradas de comida, os primeiros passos, o primeiro dia de aula ou a primeira experiência em um acampamento de verão. É buscando encontrar um equilíbrio que ajudamos as crianças a lidar com essas novas experiências e situações. *Precisamos ter certeza de que elas são suficientemente estimuladas a ponto de conseguirem desenvolver nova solidez, mas que não sejam sobrecarregadas pelo que delas demandamos.* Para tanto, precisamos encontrar o que tem sido denominado *desafio na medida certa.* Eu chamo isso simplesmente de *zona de desafio,*[17] aquela em que nossas crianças adquirem nova solidez (porque é aí que o crescimento acontece), aprendem coisas novas e atingem seu potencial com o adequado nível de apoio. Como identificar essa zona? Seguimos os muitos sinais que o corpo da criança nos comunica.

Uma criança com um orçamento corporal esvaziado geralmente está funcionando fora da zona de desafio. É importante a definição dessa zona para cada criança, porque elas não terão condições de desenvolver resiliência enquanto crescem se suas plataformas estiverem constantemente sobrecarregadas *ou* se for excessivo o suporte oferecido por adultos que quase sempre as cercam e as protegem do contato com desafios saudáveis. Ao longo de todo este livro, apresentarei ideias e exemplos sobre como você determina a melhor zona de desafio para seu filho, dependendo das circunstâncias. Com esse objetivo, abordarei questões como:

- O que faço quando meu pequeno (ou criança de qualquer idade) faz birra?
- Como administrar a rivalidade entre irmãos?
- Como podemos ajudar nosso filho a dormir a noite toda?
- O que fazemos quando nosso filho é desobediente ou desafiador?
- O que fazemos quando nosso filho se vê diante de problemas com professores ou colegas?
- Como sabemos se um limite que estabelecemos é rígido demais ou não é suficientemente rígido?

Quando descobrimos a zona de desafio de uma criança, obtemos as respostas para essas e outras dúvidas e sentimos confiança nas decisões de parentalidade que são particularizadas para a plataforma de cada criança. Ademais, o trabalho dentro da zona de desafio de uma criança promove *tolerância à frustração,*[18] a capacidade para lidar com sua frustração em vez de desistir ou ter um ataque de fúria. Uma criança com tolerância à frustração consegue adiar a gratificação[19] e esperar pelo que deseja, mantendo a calma ao se deparar com obstáculos.

No desempenho de sua atribuição parental, você tem um papel fundamental na formação e no fortalecimento da plataforma de seu filho. Tal realidade não precisa aumentar o estresse que essa atribuição já lhe causa. Como veremos, nunca é tarde para fortalecer a plataforma. Cada interação que você tem com seu filho pode desenvolver nele a receptividade e a resiliência. *A ja-*

nela de oportunidades para ajudar nossos filhos a prosperar está sempre aberta. E não precisamos ser perfeitos nesse exercício. Felizmente, há muito espaço para erros; trata-se de um processo de aprendizagem. O que importa não é exercermos com perfeição nossa parentalidade. É impossível! Em vez disso, devemos reconhecer quando erramos e, então, corrigir o erro e aprender com ele. Agindo assim, nós e nossas crianças nos tornamos mais fortes.

Quanto mais compreendemos a conexão entre corpo e cérebro, mais percebemos que o estado do sistema nervoso da criança deve ser o principal elemento norteador de nossas decisões de parentalidade a cada instante. Qualquer abordagem à parentalidade precisa considerar três fatores fundamentais: (1) o estado de seu filho e a sua plataforma (de robusta a vulnerável), (2) as aptidões de desenvolvimento de seu filho e (3) as qualidades singulares de seu filho – as *diferenças individuais* que afetam a maneira como as crianças processam informações por meio dos sentidos e a partir do âmago de seus corpos. Ao longo deste livro, empregaremos esses três conceitos para explorar formas de personalizar a parentalidade de acordo com as necessidades específicas de seu filho – como Leanda e Ross aprenderam quando a filha Jade mostrou tanta resistência ao jardim de infância.

Como a compreensão da plataforma ajudou uma criança

Diante da grande resistência de Jade, que implorava sem parar ao pai para não deixá-la na escola, ele e a mãe, inicialmente, assumiram que essa batalha diária refletia um esforço consciente e intencional por parte de Jade para evitar a escola. Eu não tinha tanta certeza assim. Depois de conversar com a professora da menina, descobri que na maior parte dos dias ela ficava triste e quieta por cerca de uma hora, mas depois disso, geralmente se juntava a um amigo na cozinha de brinquedo na sala de aula. Rindo ao lado do amigo e brincando de fazer comida para os colegas, Jade era uma "criança diferente", relatou a professora.

Foi o que eu vi quando passei algum tempo observando-a na sala de aula. Era evidente que Jade gostava de alguns elementos da escola, mas isso exigia dela um grande esforço. A atitude da menina, que se virava, tentando fugir, agarrava-se ao pai ou gritava, demonstrava que a chegada ali tinha um custo pesado para seu orçamento corporal. Na maioria das vezes, nenhuma tentativa de persuasão por meio de bajulação ou promessa de incentivos (como colocar adesivos em mapas ou oferecer outra forma de recompensa) conseguia amenizar tais situações. O que *pode* ajudar é procurar entender como a plataforma da criança funciona dependendo de cada circunstância.

Depois de várias sessões demoradas observando Jade e ouvindo os pais, sugeri que eles interpretassem a atitude da menina não como reflexo de um *sistema nervoso de controlar o estresse que seu corpo estava experimentando*. Expliquei que nossa tarefa não seria simplesmente mudar o comportamento, mas ajudar Jade no nível em que o comportamento era gerado e, desse modo, fortalecer sua plataforma cérebro-corpo – para ajudá-la a sair de uma posição defensiva e vulnerável para uma receptiva e robusta. Quando o comportamento cessasse por si só, esse seria o sinal de que tínhamos ajudado sua plataforma.

Nós nos encontramos com a professora de Jade e elaboramos um plano personalizado para as experiências da menina. O primeiro passo era que seus professores deixassem de afastá-la do pai à força todas as manhãs. Em vez disso, precisávamos transformar a rotina de modo que a entrega deixasse de ser "insensível" para ser "afetuosa". Em vez de deixar Jade no caos da área de desembarque no momento em que um bando de alunos estava chegando, Ross começou a deixá-la quinze minutos mais cedo em um local tranquilo do lado de fora da sala de aula. Ali a professora podia se ajoelhar e cumprimentar Jade com sua voz calorosa e ritmada. A professora conversava com o pai, a fim de dar alguns minutos para que a plataforma de Jade se ambientasse, e, depois disso, esperava que a menina indicasse quando *estava* pronta para se despedir do pai e entrar na sala de aula a fim de se preparar para o dia. A professora buscou os indícios na própria aluna, respeitando e valorizando a plataforma da menina. Em cerca de uma semana apenas, Jade parou de implorar ao pai para não deixá-la, um indicativo de que ela estava pronta para entrar sozinha.

Em somente três semanas de adoção do novo plano – que contemplou *não* haver qualquer menção a incentivos ou consequências – Jade confessou ao pai que estava pronta para voltar a ser deixada na área de desembarque estabelecida. O que motivara tanta diferença? Em vez de simplesmente lhe oferecer recompensas para não ficar transtornada, reconhecemos que precisávamos, em primeiro lugar, *fortalecer sua plataforma*.

A compreensão da importância de fortalecer a plataforma da menina ajudou seus pais a saberem o que fazer em outras situações semelhantes. Jade adorava dançar, mas, quando se tratava de ter aulas de dança em um centro comunitário local, ficava imobilizada pelo medo de entrar na sala e implorava à mãe que ficasse com ela. Movida pelo desejo de ser protetora, a mãe tentava técnicas habitualmente usadas para ajudar crianças a lidar com o medo: enco-rajá-las a dar nome à emoção, falar sobre o medo e a maneira de combatê-lo com pensamentos calmantes, lembrar que Mamãe estava logo ali do lado de fora da porta. Sem dúvida, essas são ferramentas que se mostram eficazes quando a fisiologia da criança está suficientemente calma para que ocorra a conexão entre o corpo e o cérebro; mas, a exemplo da situação na entrada da escola, Jade simplesmente ainda não atingira esse estágio.

O problema? O emprego prematuro de uma abordagem "de cima para baixo" para lidar com um problema "de dentro do corpo para o cérebro". A solução? Foco na plataforma! Como os pais não tinham permissão para entrar no estúdio de dança e eram obrigados a esperar em uma sala próxima, a mãe de Jade decidiu contar à professora o que havia funcionado no caso da escola. A professora de dança passou então a se encontrar com Jade pouco antes da aula e lhe atribuía a tarefa de ajudante especial. Alguns minutos de conexão (percebidos como um grande depósito em seu orçamento corporal) foram su-ficientes, e Jade, de mãos dadas com a professora, entrava na sala de aula sem a mãe. Esse simples contato humano ajudou a estimular a plataforma da me-nina e permitiu que ela participasse da experiência e se divertisse.

Sem dúvida, cada criança tem suas particularidades únicas, mas a com-preensão de seu sistema nervoso ajuda a revelar como ela reagirá às interações conosco e ao que estamos exigindo dela. E a capacidade de identificar o mais cedo possível a necessidade que a criança tem de apoio emocional acaba capa-citando-a a desenvolver amizades, a se destacar na escola e, no final, tornar-se independente e resiliente, apta a administrar as batalhas que a vida nos reser-va. Esse processo leva tempo e é influenciado pela forma como os relaciona-mentos na vida da criança alimentam sua biologia. Quando consideramos em primeiro lugar a plataforma da criança, antes de pedirmos a ela que atenda às nossas demandas, abrimos novos horizontes para a parentalidade.

Calma aí! Isso não é excesso de mimo?

Os pais acostumados a abordagens parentais mais tradicionais podem se per-guntar se a perspectiva cérebro-corpo não seria uma forma de parentalidade permissiva ou paparicante demais. Personalizar sua parentalidade? Isso signi-fica estabelecer expectativas muito baixas ou pavimentar o caminho e tornar as coisas fáceis demais para a criança? Os pais não deveriam ter algumas expectativas?

Essas perguntas são excelentes. É importante entender que o objetivo *não é* pavimentar o caminho para que seu filho aja sem incorrer em consequências ou evitando sair da zona de conforto. Na verdade, nosso objetivo é exatamente o oposto. A maioria dos pais deseja contribuir para que seus filhos sejam resilientes e independentes no futuro. Ao permitir que o sistema nervoso da criança sirva de roteiro, você consegue entender melhor quando é apropriado recuar e acalmá-la, mudar os planos para fazê-la se sentir mais segura ou então deixá-la enfrentar um desafio. Os seres humanos não se fortalecem sem experimentar algum grau de estresse ou mesmo de desconforto. *O ponto fundamental é que o apoio deve ser adaptado à criança e às circunstâncias.* Caso contrário – como mostra a experiência de Jade –, muitas abordagens baseadas na mera tentativa de alterar o comportamento da criança ficam aquém do esperado ou até mesmo produzem resultado oposto ao desejado.

Agentes da parentalidade também têm suas plataformas

É desnecessário dizer que todos nós temos um sistema nervoso – adultos também. A plataforma de nossas crianças exerce influência sobre nós; e a nossa, sobre elas. Como veremos, nossas próprias plataformas são importantes quando se trata de parentalidade. (O Capítulo 5 nos mostrará como podemos nutrir nosso próprio orçamento corporal e nele fazer depósitos, para termos condições de equilibrar as constantes retiradas que o processo de parentalidade exige.) Muitos de nós podemos não ter tido pais que, em vez de rotular ou julgar nossos comportamentos e nossas emoções, nutriram nosso sistema nervoso de modo a atender às nossas necessidades emocionais.

Muitos de nós nos lembramos de nossos próprios pais dizendo coisas como: "Não chore – não é tão ruim" ou "Muitas crianças estão em situação pior do que a sua" ou "Ei! Não há nada para você ter medo!" A mensagem bem-intencionada tinha uma consequência não pretendida: ignorar os sinais e as sensações de angústia de nosso corpo, deixando até mesmo de considerar os sentimentos subjacentes ao nosso comportamento. Ainda hoje, nossas culturas parentais e educacionais geralmente não dão o devido valor para o significado mais profundo de emoções e comportamentos "negativos", e para o que eles podem nos dizer sobre o estresse que o corpo de uma pessoa está enfrentando. Com o tempo, ignorar e subestimar essas esperadas respostas humanas ao estresse pode causar diversos problemas de saúde decorrentes da *carga alostática*[20] ou dos efeitos do estresse de longo prazo. Tais disfunções incluem inflamações, elevação da pressão arterial, doenças cardíacas, distúrbios alimentares, ansiedade ou depressão. As gerações anteriores fizeram o melhor que puderam com as informações de que dispunham. Agora, no entanto, conhecemos mais sobre as manifestações do estresse no corpo humano. *Quando consideramos o corpo e o cérebro de forma mais integrada, o benefício é sentido na saúde e no bem-estar, tanto de nossos filhos como de nós mesmos.*

Tenho muitas lembranças de momentos dolorosos na criação dos filhos, momentos estes decorrentes de uma eventual debilidade de minha própria plataforma. Uma dessas lembranças em especial se destaca em minha mente. Eu fui buscar meus filhos na escola depois de um dia particularmente estressante no escritório. O que eu não percebera era que o estresse havia degradado minha própria plataforma. Quando cheguei, minha filha de 4 anos decidiu que não queria entrar no carro, e começou a pedir para ficar e continuar brincando com um amigo. Depois de alguns minutos de conversa e argumentação sobre por que precisávamos ir embora *imediatamente*, minha plataforma se rompeu. De repente, perdi o controle sobre as emoções, agarrei minha filha e gritei com ela com toda a força dos pulmões. Naquele momento, olhei para cima e me deparei com uma mãe que eu conhecia olhando surpresa para mim. (Até hoje, depois de todos esses anos, ainda me lembro da expressão no rosto dela!) Sentei-me no carro, sentindo uma pontada no estômago. O que eu tinha feito? Meus filhos, então já no banco de trás, estavam calados. Eu os assustara e me sentia cheia de arrependimento e, acima de tudo, de vergonha. *Que tipo de mãe*, pensei eu, *ainda mais uma psicóloga, apavora os próprios filhos?*

À noite, pedi desculpas e tentei fazer as meninas falarem de seus sentimentos e lembranças sobre o evento. Elas entenderam, mas não quiseram conversar a respeito. No dia seguinte, visitei um estúdio de arte perto do meu escritório, onde às vezes eu ia fazer pintura em peças de cerâmica – uma atividade relaxante para mim. Naquele dia, pintei em um porta-copos quadrado estas três palavras: "Trate com cuidado", e os nomes das minhas três filhas. Enquanto estava sentada no estúdio, prometi a mim mesma nunca mais "perder a cabeça" daquela maneira com as meninas. Depois de todos esses anos, ainda mantenho aquele porta-copos na minha mesa de cabeceira, um lembrete visual de minha vulnerabilidade e minha intenção. Essa lembrança não me deixa esquecer de tratar minhas filhas e a mim mesma com amor e compaixão.

Na verdade, essas duas forças poderosas – amor e compaixão – estão no centro desta abordagem da parentalidade. *Deixar de tratar comportamentos para tentar entender suas origens e seus gatilhos significa deixar de controlar nossos filhos para entendê-los profundamente.* Podemos nos abrir para a parentalidade com uma ideia de reflexão e curiosidade, observando a nós mesmos e a nossos filhos de uma nova maneira. *Podemos deixar de apagar incêndios e de reagir a situações para fazer uma pausa e questionar o que o comportamento de nossos filhos está nos dizendo sobre seu corpo e seu cérebro.*

A mudança inovadora no foco da parentalidade: do comportamento ao sistema nervoso

Em resumo, precisamos mudar nosso foco, passando do comportamento das crianças para o cuidado com seu sistema nervoso – e também com o nosso. É necessário nutrir a fisiologia e a psicologia de nossos filhos (plataformas) prestando atenção aos seus orçamentos corporais e àquilo que está causando o comportamento que observamos. *Na qualidade de psicóloga, não trabalho mais com comportamentos. Meu trabalho agora é no sentido de apoiar o sistema nervoso e buscar as fontes subjacentes dos problemas.*

Quando compreendemos que os seres humanos se desenvolvem de dentro do corpo para cima, todo um novo horizonte de ferramentas parentais positivas baseadas no reconhecimento do cérebro e do corpo se torna disponível para nós. Construímos plataformas fortes por meio da maneira como *nutrimos a natureza de nossos filhos*[21] e à medida que nos esforçamos para adaptar nossa parentalidade às necessidades mutáveis da criança de que temos a graça de ser pais. Por sua vez, aprenderemos a encontrar respostas personalizadas para os desafios da parentalidade com que nos deparamos.

O fator mais importante para o fortalecimento da plataforma neural de uma criança é entender a mecânica por trás de como os seres humanos aprendem a se sentir seguros em seus corpos e no mundo. Para compreender isso, veremos no Capítulo 2 como nosso sistema nervoso detecta se uma situação é segura ou perigosa, reconfortante ou ameaçadora para a vida – um fenômeno chamado neurocepção.

> **Dica para o desenvolvimento da resiliência:** o comportamento das crianças (e o nosso) é um reflexo do complexo mecanismo de conexão cérebro-corpo, a plataforma. Quando fazemos uma pausa a fim de entender o que esse comportamento está nos dizendo sobre sua plataforma, temos a primeira pista para o desenvolvimento da resiliência.

2

A neurocepção e a busca pelo sentimento de segurança e amor

Para conseguir incorporar uma mudança de comportamento duradoura, eles precisam se sentir seguros e amados.[1]

– Dr. Bruce Perry

Lester e Heather tinham acabado de se mudar para o outro lado do país quando seu filho de 8 anos começou a apresentar dificuldade para dormir. Randy se mostrara animado por ter um quarto só seu, pois na casa antiga dividia um quarto com a irmãzinha. Ele até escolheu as cores da pintura e um edredom com tema de super-herói para sua cama. Mas logo após a mudança começou a acordar angustiado no meio da noite e a procurar o quarto dos pais.

Randy também começou a se mostrar inexplicavelmente obcecado com a limpeza do chão; ele passava o aspirador no tapete sempre que a irmã derrubava migalhas – ou sem motivo algum. No início os pais acharam divertido o novo hábito de limpeza do menino, mas, quando ele começou a externar um novo comportamento – passar longas horas organizando ritualmente os brinquedos de sua irmã –, eles me procuraram para pedir ajuda.

Lester e Heather tentaram conversar com Randy sobre a questão, encorajando-o a expressar seus sentimentos e ponderando com ele o problema dos medos noturnos. Eles instalaram uma luz noturna e lhe ofereceram como recompensa passeios a uma loja de *frozen yogurt*, na tentativa de induzi-lo a dormir no seu quarto. Nada disso ajudou. O filho, uma criança anteriormente feliz, passou, em apenas alguns meses, a não sair de perto dos pais, e aparentava ter regredido em termos de maturidade.

Às vezes nossas ferramentas usuais de parentalidade – ponderar, estabelecer limites, encorajar – ficam aquém do desejável. Isso geralmente ocorre porque o agente motivador do comportamento da criança é uma necessidade mais profunda, que transcende o nível da consciência: a pulsão fundamental do ser humano, de se sentir seguro no mundo. De fato, desde o momento em que nascemos, estamos constantemente em busca do sentimento de segurança,[2] uma busca programada em nossa fisiologia básica.

Como vimos, quando uma criança tem uma plataforma forte, ela é mais propensa a ser cooperativa e a ter capacidade de responder a uma ampla gama de demandas. Mas, se essa plataforma for vulnerável, a abrangência do que a criança é capaz de administrar se estreita, às vezes em uma proporção tamanha que ela pode se sentir sobrecarregada até mesmo por uma tarefa simples. Isso explica o que aconteceu com Randy. Após a mudança da família, ele parecia mais dependente dos pais e menos capacitado a desfrutar de coisas como seu próprio quarto ou da possibilidade de fazer novos amigos ou conhecer a nova vizinhança.

Assegurei a Lester e Heather que havia boas razões para o comportamento que observaram em seu filho, e que trabalharíamos juntos para encontrar respostas. A plataforma de cada criança é determinada pela experiência única que ela tem no mundo, e não é raro que enfrentemos desafios, especialmente em situações de mudanças significativas em nossa vida. Esses obstáculos temporários nos oferecem a oportunidade de entender melhor a criança e descobrir o que pode levá-la a se sentir segura. No final, esse conhecimento nos permitirá ajudar a criança a se adaptar às demandas da vida.

O sentimento de segurança permite que as crianças operem no ápice de suas *funções executivas*[3] emergentes. (Pense nas coisas que os executivos bem-sucedidos precisam fazer para administrar os negócios: manter o foco, enfrentar desafios, ter autodisciplina e adaptar-se com flexibilidade à constante mudança das circunstâncias.) Sem dúvida, queremos que nossos filhos desenvolvam essas capacidades essenciais para a independência e o sucesso no futuro. Mas é importante lembrarmos que as crianças desenvolvem esse potencial ao longo de anos – até mesmo décadas. Durante toda a infância e no início da idade adulta, as crianças desenvolvem e fortalecem a capacidade de controlar suas emoções e seu comportamentos, bem como de pensar e planejar, além de se adaptar às transformações e às circunstâncias. Não é incomum que desafios, como mudanças familiares, convertam-se em adversidades temporárias. Como expliquei a Lester e Heather, eles provavelmente entenderiam a alteração no comportamento de seu filho quando considerassem o modo como as crianças se adaptam aos desafios e ao estresse.

Conforme aprendemos no Capítulo 1, o cérebro monitora constantemente nosso orçamento corporal para certificar-se de que estamos em equilíbrio – ou, em termos científicos, mantendo a alostase.[4] Não precisamos ordenar que nosso coração pulse, nossos pulmões respirem ou nosso trato digestivo processe os alimentos. Nosso sistema nervoso[5] se encarrega disso, monitorando constantemente as informações que chegam do ambiente e de nossos órgãos internos, fazendo os ajustes necessários para nos mantermos saudáveis e seguros.

Nosso corpo é dotado de um notável sistema de monitoramento[6] que determina se nos mostraremos receptivos ou defensivos, cooperativos ou não cooperativos. A compreensão desse esquema pode nos ajudar a personalizar a maneira de lidar com as reações de nossos filhos. Já uma atitude contrária pode nos levar a exigir mais das crianças do que elas têm condições de oferecer.

Para começar, precisamos entender como os seres humanos assimilam e compreendem o mundo. Uma vez que tenhamos entendido como uma criança está reagindo a determinada situação, podemos tentar fortalecer sua plataforma (dar um abraço, acalmar) ou manter nossa demanda ou expectativa e incentivá-la a enfrentar um desafio com mais independência. Tal atitude nos ajuda a reconhecer: estou pedindo demais ao meu filho neste momento? Para entender qual é a resposta a essa dúvida, precisamos entender o sistema de detecção de ameaças e segurança do cérebro e do corpo.

A percepção da segurança

Neurocepção, interocepção e sistema de detecção de segurança

Nas profundezas de nosso sistema nervoso, fora da esfera de nossa consciência, nós, humanos, contamos com um processo inato que detecta situações de segurança ou ameaça.[7] Essa faculdade oculta garantiu que nossos ancestrais – os que sobreviveram – se mantivessem vivos por muitos milhares de anos, permitindo, por exemplo, que eles fugissem instintivamente de um animal selvagem ou de um incêndio iminente, escapando com rapidez e efetividade.

O Dr. Porges cunhou uma expressão para denominar essa habilidade de perceber ameaças e segurança: neurocepção.[8] Ela descreve a maneira como nosso sistema nervoso monitora constantemente o ambiente externo (fora de nosso corpo), o ambiente interno (dentro de nosso corpo) e nossos relacionamentos com outras pessoas, para garantir que estamos seguros; e instintivamente impele o corpo à ação quando não estamos. A neurocepção descreve a maneira como nosso cérebro reconhece de maneira automática e subconsciente[9] as sensações e as avalia como seguras ou não seguras. Muito embora os sinais sensoriais que desencadeiam a neurocepção sejam externos à nossa consciência, frequentemente identificamos o *impacto* da neurocepção como sensações em nosso corpo (p. ex., aumento da frequência cardíaca ou dos batimentos cardíacos). Essas sensações surgem por meio de outro processo, denominado *interocepção*,[10] por meio do qual sinais provenientes do âmago de nosso corpo nos alertam sobre como nos sentimos internamente. Isso é chamado de consciência interoceptiva. Palavras complicadas, não é mesmo? Se você nunca ouviu falar de neurocepção e interocepção, não se preocupe. Deixe-me explicar de modo simplificado o que tudo isso significa, porque assim você poderá entender sob um novo prisma as reações de seu filho (e também as suas) às experiências da vida.

Como funciona a neurocepção? A neurocientista Lisa Feldman Barrett explica que nosso cérebro é basicamente uma máquina de previsões dotada de extrema rapidez.[11] Fora da esfera de nossa consciência, diferentes partes do cérebro conversam entre si, avaliando constantemente o fluxo de sensações recebidas, em relação ao conjunto de todas as experiências passadas, para, desse modo, orientar o corpo sobre o que fazer em seguida. "Seu cérebro está sempre fazendo previsões, e a missão mais importante que ele tem é prever as necessidades de energia do seu corpo, para que você possa se manter vivo e bem-disposto",[12] escreve ela. Isso é o que acontece quando você ouve o som de um carro que se aproxima e, antes que você perceba, seu corpo já pulou para fora do caminho. Você não planejou conscientemente a ação; foi seu cérebro que fez isso por você, para protegê-lo. Esse grande salto teve um custo para o seu orçamento corporal, mas pode ter salvado sua vida.

A compreensão de como nosso cérebro interpreta as informações provenientes de dentro e de fora de nosso corpo é essencial para entendermos as emoções e o comportamento de nossos filhos, bem como os nossos, ajudando-nos a perceber as relativas receptividade e acessibilidade da criança. Tal compreensão proporciona uma base neurocientífica para a noção de que a segurança e a confiança são fundamentais para o desenvolvimento humano. *E ajuda pais e mães a entender como a criança está percebendo seu mundo e como podemos adaptar nossas interações com base nessa informação.*

Entenda a neurocepção como um programa de computador que roda permanentemente em segundo plano e é projetado para nos estimular à ação (ou inação) a fim de nos manter seguros. Usarei os termos *sistema de detecção de segurança* e *sistema de segurança* em lugar do termo mais científico *neurocepção.* O trabalho em tempo integral do nosso sistema de detecção de segurança é determinar se as sensações que experimentamos, provenientes de dentro de nosso corpo, do ambiente ou de outras pessoas, representam segurança ou ameaça e, caso identifique ameaça, dizer ao corpo que ação tomar com rapidez e efetividade.[13]

Como? Nós examinamos e interpretamos o mundo por meio de nossos *sistemas sensoriais* – o que sentimos, vemos, ouvimos, cheiramos, saboreamos e tocamos, entre outros sentidos. Nossa assimilação do mundo, incluindo sensações internas (como pontadas de dor ou fome por meio da interocepção), o ambiente imediato (como ruídos ou aromas) e sinais de outras pessoas (sua aparência ou como falam conosco), acontece sob a vigilância do nosso sistema de detecção de segurança – nossa neurocepção. No Capítulo 6 abordaremos em detalhes a forma como seu filho absorve informações sensoriais, porque esse entendimento é fundamental para a compreensão de suas emoções e seu comportamento. Por enquanto, contudo, o que importa é saber que o que *você* percebe como desafio pode não ser o que seu *filho* percebe como desafio ou ameaça. *Isso decorre das diferenças individuais, do impacto de nossas experiências passadas, de nossa genética, nossa constituição e da grande diversidade de experiências humanas.*

A neurocepção é única para cada pessoa. Cada um de nós experimenta sensações internas e externas por meio do próprio sistema exclusivo de *feedback* cérebro-corpo. Algumas pessoas tomam um Tylenol® logo ao primeiro sinal de dor de cabeça e ficam imediatamente ansiosas sobre a piora ou melhora do quadro. Outras, contudo, enfrentam sem aflição uma dor de cabeça de mesma intensidade. Uma pessoa pode ter uma experiência intensa ou dolorosa em uma circunstância específica, enquanto outra consegue tolerá-la com facilidade.

Isso vale também para nossos filhos, e é por esse motivo que uma criança pode se recusar a assistir a determinado tipo de filme (porque seu sistema de detecção de segurança interpreta sons altos como desagradáveis ou assustadores e ameaçadores) enquanto outra implora para assistir ao mesmo filme (porque seu sistema de segurança considera agradáveis e seguros esses mesmos sons). Em outras palavras, é a *percepção* de segurança e não a circunstância objetiva que determina se nos sentimos seguros ou não, e que tipo de comportamento decorre do sistema de vigilância subconsciente do nosso corpo.[14]

Pais e mães costumam me relatar que o comportamento perturbador de seus filhos parece surgir "do nada". No entanto, o conceito de neurocepção nos mostra que tal noção é imprecisa. As crianças estão sempre reagindo a alguma coisa, mesmo que essa coisa seja invisível para nós, os pais – e para elas também. A neurocepção explica o "motivo" pelo qual a criança apresenta uma reação negativa ou positiva aos eventos da vida, sejam eles grandes ou pequenos, e mostra que os comportamentos raramente acontecem "do nada".

Por exemplo, seu filho ouve o barulho de um helicóptero ao longe e o corpo dele registra esse som como desagradável. Ele começa a chorar (neurocepção de ameaça). Você não percebe isso, e fica confuso sobre o motivo pelo qual ele está chorando. No final, você acaba ouvindo o barulho do helicóptero e percebe que a criança está perturbada com o som. Você conforta o pequeno e, minutos depois, o corpo dele passa a captar todos os seus sinais de segurança. Ele volta a correr e sorrir novamente, recuperado (neurocepção de segurança).

Compreender a neurocepção ajuda a responder rapidamente a muitas dúvidas de parentalidade. Quando fazemos uma pergunta essencial: *"A criança está percebendo segurança em seu sistema nervoso?"*, a resposta oferece um roteiro a ser usado naquele momento. Muitas vezes a criança não consegue responder à pergunta com palavras, mas podemos observar os sinais de angústia no corpo dela – por exemplo, a forma como a criança reagiu ao barulho do helicóptero. Começamos pela tentativa de identificar quais sinais de ameaça a criança pode estar vivenciando, bem como a origem de tal ameaça e por que ela se sente vulnerável.

Assegurei a Heather e Lester que o comportamento aparentemente estranho de seu filho Randy – não dormir sozinho e limpar as coisas de forma obsessiva – era um indicativo de que seu sistema de segurança estava detectando ameaças e orientando-o a reagir de uma maneira que o ajudasse a se sentir mais seguro. Nosso trabalho era ajudá-lo a transformar em *percepção* essa sensação subconsciente de desconforto,[15] algo que ele conseguiria controlar e expressar em palavras por meio da consciência. Desse modo, poderíamos ajudar

A neurocepção e a busca pelo sentimento de segurança e amor

Randy a expandir sua caixa de ferramentas a fim de administrar o estresse, proporcionando a ele uma forma de se sentir melhor, além de limpar e organizar. *Acima de tudo, poderíamos ajudá-lo a desenvolver a capacidade de reconhecer a necessidade de apoio sentida pelo seu corpo, bem como aprender a verbalizar seu desconforto e a se conectar mais diretamente com os pais em momentos estressantes, uma ferramenta muito útil para todos nós.*

Cada um de nós tem sua própria estrutura de detecção de segurança e ameaça porque cada um de nós vive uma experiência única do mundo desde o nascimento – e até mesmo ainda no útero. Uma das minhas crianças, por exemplo, nasceu prematura e, desde o início, respondia ao menor estímulo, captando sinais de ameaça que percebia em seu ambiente. Seus sistemas simplesmente não estavam prontos para enfrentar luzes, sons, cheiros e movimentos que ela encontrava fora do útero. Desse modo, quando recém-nascida, seu sistema de segurança percebia ameaça em experiências corriqueiras, como acender uma luz ou até mesmo em minha maneira dinâmica de falar com ela. Ela ficava facilmente amedrontada porque seu cérebro e seu corpo não estavam prontos para lidar com os estímulos recebidos do ambiente ou, às vezes, de seus pais ansiosos e amorosos. O corpo dela tinha dificuldade em se adaptar às experiências; e só mais tarde meu marido e eu descobrimos que estávamos, inadvertida e precipitadamente, perturbando-a com nossa animação e o excesso de movimento, de sons e tipos de estímulo físico. *Pensávamos que estávamos fazendo depósitos no sistema dela, mas, na verdade, estávamos fazendo saques irrefletidamente!* Não tínhamos ideia de que, muitas vezes, interações bem-intencionadas desencadeavam sensação de perigo no sistema nervoso dela.

Minha filha tinha *hiper-reatividade sensorial* – ou reações desproporcionais às sensações cotidianas. Seu sistema de segurança detectava ameaças mesmo quando ela estava objetivamente segura. Os resultados eram reações exageradas a situações aparentemente inócuas, como quando a movimentávamos ou cantávamos e falávamos muito alto, muito rápido ou muito perto dela. Na ocasião, anos antes de integrar à minha prática de psicologia as *reações e necessidades do corpo*, eu ainda não entendia que o som da minha própria voz poderia desencadear sofrimento no corpo da minha bebê.

Por que o sistema nervoso de uma criança detectaria erroneamente uma ameaça quando ela está segura do ponto de vista físico? Por diversas razões. Fatores genéticos ou constitucionais podem tornar uma criança suscetível a reagir exageradamente às experiências sensoriais. Experiências anteriores influenciam as crianças e as ajudam a prever[16] o que acontecerá em circunstâncias futuras semelhantes. Foi o caso de minha bebê prematura. A base de suas reações era sua própria genética, juntamente com suas primeiras memórias subconscientes de procedimentos médicos, que desempenharam um papel fundamental no modo como ela interpretava as sensações e em como seu corpo tentava protegê-la – graças aos instintos de sobrevivência do corpo.[17] Às vezes, experiências remotas, como procedimentos médicos invasivos ou dolorosos, estresse excessivo no ambiente da criança ou perdas e separações, podem induzir o cérebro dela a pressentir perigo ou ameaça com mais frequência, causando estresse ao seu sistema. *Outras vezes, é simplesmente a maneira como seu filho está recebendo informações e reagindo a elas.*

Como veremos com mais detalhes no Capítulo 6, cada ser humano tem reações particulares a informações sensoriais e outras informações provenientes de *dentro* do corpo, como batimentos cardíacos acelerados ou sensação de fome, bem como a circunstâncias ou mudanças que ocorrem *fora* do corpo, como morar perto de uma rodovia movimentada, mudar-se para uma nova casa ou perder um ente querido.

Todos nós conhecemos bem a reação de choro de crianças quando entram no consultório de um pediatra, reação esta desencadeada pela memória de uma agulha de vacina. Nossas primeiras experiências formam memórias subconscientes do corpo que podem ser estimuladas por determinadas características do ambiente capazes de despertar no sistema nervoso a lembrança de algo que o sistema de detecção de segurança inicialmente codificou como ameaçador.[18] Nem sempre temos condições de evitar que as crianças enfrentem muitas dessas experiências, mas podemos usar as reações delas como indicativos que nos ajudem a apoiá-las emocionalmente.

Sem dúvida, o sistema de detecção de segurança funciona da mesma forma em adultos. Quando minhas filhas eram pequenas, em momentos nos quais eu me sentia muito cansada e estressada, eu facilmente perdia a paciência com coisas simples. O equilíbrio de meu orçamento corporal costumava estar precário por causa das constantes retiradas decorrentes do cuidado parental a três filhas, somado ao trabalho de psicóloga. Se estivéssemos atrasadas para sair de manhã, ou em um lugar público onde eu ficava preocupada com a possibilidade de minhas crianças se afastarem de mim, eu lhes dava ordens aos gritos. Quando meu orçamento corporal estava deficitário, eu às vezes dizia coisas das quais me arrependia depois, projetando em minhas filhas minha própria escassez de recursos internos: "Rápido! Vocês estão nos atrasando!" (Mensagem: deixem de ser indolentes.) Meu estado de esgotamento fazia aumentar minha humilhação por estar atrasada – um problema meu –, e eu descontava isso nas minhas filhas. A falta de sono, o estresse no trabalho, as múltiplas tarefas e a administração da vida delas e da minha frequentemente me transformavam em uma mãe autoritária e controladora, muito diferente daquela que eu era com elas quando meu sistema nervoso se sentia seguro e protegido. (Naquela época eu não conseguia conectar as palavras *sistema nervoso* e *parentalidade* de maneira significativa.)

Muitas vezes, passado o calor do momento, eu me sentia mal com minha conduta parental, e me perguntava por que eu perdera o controle. Não significava que eu não adorava minhas filhas, mas sim que eu não sabia o preço que a sobrecarga de minha própria vida estava me cobrando. Eu nunca tinha ouvido falar de alostase nem de orçamento corporal, mas a prova estava bem diante de mim: eu geralmente perdia a paciência com minhas filhas quando estava com carência de sono, de alimentação ou de tempo para ficar sozinha a fim de me recuperar e recarregar minhas baterias.

A leitura do sistema de detecção de segurança determina a força da plataforma

A leitura contínua de nosso ambiente interno e também do externo orienta nosso corpo a se envolver em ações que tragam novamente a sensação de segurança. Se o sistema de segurança da criança detectar uma ameaça, provavelmente observaremos comportamentos decorrentes dessa leitura. A criança pode se recusar ou resistir a fazer algo, ou ter dificuldade para se adaptar a uma situação, como ocorreu com Randy depois da mudança da família. Atividades sobre as quais ele tinha controle anteriormente, como dormir sozinho, de repente passaram a ser codificadas como desagradáveis ou ameaçadoras. É nessas situações que os pais podem sentir que estão constantemente "pisando em ovos" em relação às reações de seus filhos. É quando o sistema nervoso da criança luta para manter seu orçamento corporal que testemunhamos o que podemos interpretar como comportamentos "negativos": não cooperar, ser excessivamente controlador, agitado, reclamador. Tais reações podem evoluir para reações mais sérias: gritar, bater, fugir ou atirar objetos.

Acredito que esteja ficando evidente o quanto o estresse pode debilitar a plataforma. Mas nem todo estresse é ruim. De fato, na ausência de estresse, o desenvolvimento fica estagnado, porque o aprendizado e o crescimento exigem a vivência de mudanças. Como vimos no capítulo anterior, o estresse envolve o corpo e o cérebro na reação aos desafios e às mudanças da vida. Precisamos de certa dosagem de estresse para que o cérebro consiga perceber[19] que há algo novo merecendo atenção. É assim que aprendemos coisas novas.

O estresse *previsível*, *moderado* e *controlado*[20] promove a resiliência. Pense em uma sala de aula do jardim de infância, onde o estresse brando das crianças, provocado pela distância de seus pais, mistura-se com a novidade de aprender novos fatos e fazer amizades. Isso está dentro da zona de desafio da maioria das crianças e, ao longo de suas experiências educacionais, elas continuam aprendendo por causa desse estresse "bom", tolerável, moderado e previsível. A capacidade de enfrentar tensões ao longo do tempo, sem ficar sobrecarregado, é o que desenvolve a resiliência.

Um nível tolerável e previsível de estresse é o que ajuda as crianças a crescer e desenvolver nova resistência. Mas, quando esse estresse é *imprevisível*, *intenso ou duradouro*,[21] ele ameaça a resiliência, e tanto as crianças como os adultos começam a sofrer as consequências da ativação crônica da resposta ao estresse.

Se cuidamos bem de nosso corpo e nossa mente, contribuímos para o equilíbrio de nossa saúde física e mental. Mas, quando o seu estresse – ou o de seus filhos – ocorre com muita frequência, é muito intenso ou se mantém por muito tempo, o orçamento corporal pode se tornar deficitário.[22] Quando o estresse aumenta dia após dia, ano após ano, o impacto cumulativo – conhecido como carga alostática[23] – pode ser prejudicial. O custo físico aumenta ao longo do tempo e pode contribuir para o surgimento de doenças com forte relação ao estresse,[24] incluindo pressão alta, doenças cardíacas, obesidade, diabetes tipo 2, depressão, ansiedade e outras enfermidades prevalentes em adultos mais velhos. Nos capítulos subsequentes, veremos as muitas maneiras pelas quais nós, pais e mães, podemos fazer depósitos no orçamento de nossos filhos – e também no nosso –, para que eles tenham um bom equilíbrio. Mas a forma mais importante pela qual todos os seres humanos podem manter seu orçamento corporal é a quantidade suficiente de sono.[25] O sono estabelece a base[26] necessária para a bem-sucedida administração da vida em todos os níveis e para todas as idades.

As crianças que experimentam desafios comportamentais ou emocionais prolongados e extremos podem precisar de ajuda para administrar sua carga de estresse. Raramente o que perturba uma criança é um incidente isolado. Em geral é uma combinação de fatores ocultos embaixo da ponta do *iceberg* – as experiências da criança nos últimos dias, uma quantidade inadequada de sono, o modo como ela se sente fisicamente e quanta energia ela despendeu em decorrência de estresses sem que você tenha conhecimento. *Os comportamentos que observamos refletem a carga de estresse acumulada de uma criança – ou a nossa.*

O sistema de detecção de segurança nos ajuda a entender por que a mesma experiência pode fazer seu filho desabar em um dia, mas parece administrável em um momento seguinte. A diferença está no ponto em que tal experiência chega a seu filho e no equilíbrio de seu orçamento corporal, baseado no *acúmulo* de experiências que ele costuma considerar seguras ou ameaçadoras.

A percepção de ameaças e de segurança é única para cada um de nós. A mesma experiência que uma pessoa considera estressante ou ameaçadora pode se revelar segura para outra pessoa. Cada indivíduo responde ao mundo à sua maneira, dependendo de *inúmeros* fatores que incluem a forma como recebemos as informações do mundo por meio de nossos sentidos, todas as nossas experiências passadas e o estado do nosso orçamento corporal. Isso justifica a importância de personalizarmos nossa parentalidade de acordo com as reações únicas de nossos filhos. Para ilustrar como a percepção de segurança é única para pais e filhos, vamos examinar a maneira bastante diferente como duas famílias lidaram com situações desafiadoras, e em seguida retomaremos a história de Randy e o modo como sua família o apoiou após a mudança para o outro lado do país.

Duas crianças e duas famílias com experiências diferentes

Parker

Nos primeiros meses de vida de Parker, os médicos descobriram que ele tinha um problema cardíaco que mais tarde exigiria uma cirurgia corretiva. Quando completou 3 anos, seu pediatra sugeriu que os pais conversassem comigo para discutir uma forma de preparar emocionalmente a criança – e eles mesmos –

para a operação. Em nosso primeiro encontro, sem a presença do filho, os pais descreveram como o diagnóstico havia abalado seu mundo. Mas eles também falaram sobre a força de sua família e uma tradição de fé que lhes dava a convicção de que um poder superior estava guiando a trajetória médica de Parker.

Embora a situação tenha causado estresse ou até mesmo trauma para muitos pais, para os de Parker a experiência não estava acarretando tal impacto danoso. Certamente eles experimentaram medo e choque, mas, ao mesmo tempo, foram amparados por muitas camadas de apoio – da família, de amigos, de médicos, de sua fé e também entre si. Parece que eles tinham encontrado uma forma de se fortalecer – bem como a seu filho – para a cirurgia e o período de recuperação. Em vídeos caseiros que fizeram com Parker – e que compartilharam comigo –, vi um garotinho cheio de vida brincando com seus afetuosos pais no quintal de casa. Depois disso, nós nos encontramos apenas algumas vezes para discutir sobre como falar com Parker a respeito da cirurgia.

Três meses após o bem-sucedido procedimento, os pais trouxeram Parker para uma visita. Feliz, alegre e conectado, ele pediu aos pais que fossem com ele conhecer as salas de jogos do meu consultório e então, sorrindo, tirou algo da bolsa de sua mãe. Era um álbum de fotos colorido em cuja capa estavam gravadas as palavras A JORNADA DO HERÓI DE PARKER. Ele me mostrou alegremente fotos de si mesmo no hospital usando uma bata cujo tecido era estampado com seus super-heróis favoritos. Folheando as páginas, ele parecia visivelmente orgulhoso de exibir as fotos e compartilhar lembranças, enquanto conversava com sua mãe e comigo. Era evidente que ele se lembrava da cirurgia como uma aventura e não uma experiência traumática. Seus pais não trataram a situação como uma ameaça incontrolável, portanto não era de surpreender que o filho tampouco o fizesse.

Para ser clara, os pais de Parker não negavam que fora um evento estressante, e a família não tentara esconder a gravidade do fato. Parker enfrentou muitos momentos de medo e angústia, mas seus pais estiveram sempre presentes, ajudando-o a lidar com esses sentimentos fortes e demonstrando segurança (sorrisos, abraços, palavras de conforto) que o ajudaram a enfrentar o problema. Esse apoio permitiu que ele modulasse suas reações e interpretasse a situação como *administrável*. A prova estava no comportamento despreocupado da criança e no álbum de fotos que o menino ostentava com orgulho. Os pais, amparados por um forte sistema de apoio, vivenciaram como uma experiência tolerável e fortalecedora para o filho e para eles mesmos uma situação que poderia ter sido traumática para muitas famílias. Eu lhes mostrei que eles haviam cumprido todos os itens da lista de requisitos da resiliência.

Rana

Rana era outra criança que estava enfrentando um problema médico. Sua mãe, Greta, descobriu um caroço na virilha da filha durante o banho quando esta tinha 2 anos. O sistema de segurança da mãe detectou uma ameaça, o que ela sentiu como se fosse um soco no estômago. Conforme Greta me relatou depois, imediatamente sua mente apontou para o prognóstico mais sinistro possível: câncer.

Mas foi constatado que Rana não tinha um problema médico tão sério. Os médicos diagnosticaram uma hérnia inguinal – facilmente corrigível por meio de cirurgia ambulatorial. O cirurgião pediátrico de Rana encaminhou a família para mim porque ficou preocupado com o estado emocional de Greta durante a consulta pré-operatória de Rana e em razão do relato de que a mãe havia desmaiado durante a coleta rotineira de sangue da filha. Muito embora as informações dos profissionais médicos fossem tranquilizadoras, os sensores de segurança dessa mãe registraram como uma séria ameaça a condição médica relativamente tranquila de sua filha.

Um rápido procedimento corrigiu a hérnia, e Rana logo estava recuperada. Eu a observei várias semanas depois, brincando alegremente com outras crianças no parquinho de sua creche. Greta, por outro lado, continuava sofrendo, permanentemente preocupada com a possibilidade de que algo mais pudesse acontecer com Rana. Depois de assegurar a Greta que a filha estava bem, sugeri que ela e eu continuássemos nos encontrando. Durante vários meses, tentei ajudar Greta a entender as intensas emoções e o medo que o episódio ocorrido com Rana havia despertado nela. Demorou um certo tempo, mas acabei descobrindo que, quando criança, ela perdera uma tia muito querida para o câncer, e as lembranças dessa experiência a predispuseram ao medo e à vulnerabilidade em relação a questões médicas. *Com o passar do tempo, ela compreendeu que suas experiências anteriores induziam seu sistema nervoso a detectar ameaças sempre que a saúde e o bem-estar de Rana mexiam com suas emoções.*

Como exemplificam bem as experiências dessas duas famílias, o impacto do estresse em cada pessoa é determinado pela forma como nosso sistema nervoso *interpreta* os eventos da vida – e não necessariamente pelos próprios eventos. Se nossa sensação de segurança fosse ditada apenas pelos eventos, então, a lógica nos diz que os pais de Parker – e o próprio Parker – teriam vivenciado mais estresse do que a mãe de Rana. A cirurgia a que o menino foi submetido era muito mais arriscada. Mas o oposto era verdadeiro – porque a sensação de segurança percebida por um ser humano é influenciada por suas experiências passadas e presentes.[27]

Essa é a razão por que não devemos julgar irrefletidamente as reações de nossos filhos, mas sim estar atentos a fim de identificar, com compaixão e sem censuras a eles – e a nós mesmos –, onde as experiências os estão atingindo. Quando as crianças têm uma forte reação negativa a determinada experiência, podemos ajudá-las a recuperar sua plataforma forte, lidando com a fonte da ameaça que elas estão vivenciando.

Duas etapas para lidar com a sensação de segurança

Agora que compreendemos a importância da percepção de segurança, descreverei uma ação em duas etapas para ajudar seu filho a se sentir seguro nas situações em que o comportamento dele indicar que sua plataforma está precisando de um incremento de segurança. Essas duas etapas são (1) *eliminar ou reduzir* os sinais da ameaça detectada que estão suscitando a reação da criança (se possível e adequado à situação) e (2) *proporcionar* sinais de segurança[28] benéficos para a criança, a fim de contrabalançar o estresse.

Às vezes é possível e aconselhável ficar aguardando e observando se a criança consegue ir em frente e resolver o problema por conta própria. Outras vezes, porém, é mais conveniente buscar identificar o sinal de ameaça que ela percebe e ajudá-la a enfrentar o problema. Eis alguns exemplos de como atender com sucesso às necessidades de segurança da criança.

Sua filha de 1 ano começa de repente a chorar no carrinho durante uma caminhada. É o tipo de choro cuja sinalização você conhece. Ele indica que ela está angustiada e não apenas cansada ou impertinente. Como você acabou de alimentá-la e de trocar a fralda, uma dúvida a intriga: o que acionou o sensor de segurança dela? Observando mais de perto, você vê que ela está virando a cabeça em sua direção, mas o guarda-sol do carrinho a impede de ver você. O motivo da inquietação é o fato de ela não conseguir ver você. Ajoelhando-se ao lado do carrinho e sorrindo, você a tranquiliza com uma voz serena: "Estou aqui, querida. Está tudo bem!". Ela logo começa a sorrir. Você puxa o guarda-sol e percebe que a cada poucos minutos a menina olha para você, com um largo sorriso.

Lidar com a ameaça: você puxou o guarda-sol para que ela pudesse vê-la e, assim, ajudou-a a reduzir a incerteza. A principal maneira pela qual bebês e crianças pequenas se sentem seguros é olhando para as suas pessoas queridas.

Introduzir sinalizadores de segurança: você sorri para ela, usa sua voz para acalmá-la e depois fala com ela de vez em quando, em um tom reconfortante, a fim de aumentar o fator segurança. Esses são os sinais que ajudam o corpo da criança a registrar segurança novamente.

Seu filho de 5 anos começa a gritar e reclamar minutos depois de experimentar o novo uniforme da escola – o primeiro da sua vida. Ele diz que odeia o uniforme e que não quer ir para a escola. Consciente da aversão do garoto por roupas feitas com certos tecidos ásperos, você gentilmente diz que entende o motivo do desconforto e espera pela resposta dele. O garoto confirma e começa a chorar. Você o envolve na solução do problema, perguntando se ele consegue pensar em alguma solução. Ele responde que prefere usar uma camiseta velha para ir à escola. Ciente de que essa não é uma opção, você se lembra de uma caixa de uniformes usados que está na garagem e pergunta se ele gostaria de experimentar um daqueles, mais macio, que algum pai compartilhou com você. O corpo do menino fica visivelmente relaxado enquanto ele experimenta a roupa usada, e, então, ele pergunta com ansiedade quantas "noites" ainda faltam para o primeiro dia de aula.

Lidar com a ameaça: percebendo a genuína reação do menino ao contato físico com o uniforme, você leva a sério as reações do corpo dele, atenua o processo e permite que ele seja parte da solução: um uniforme alternativo mais macio.

Introduzir sinalizadores de segurança: em vez de passar para a crítica, você se acalma e valida, observando a reação do corpo do garoto, a súbita experiência negativa que ele sentia. *Você percebe que foi uma reação do corpo para fora e não uma escolha consciente por ser birrento.* Por meio do tom empático de sua voz, de sua expressão facial e de sua presença resoluta, bem como pela sugestão de uma opção razoável, você introduz indicadores de segurança.

Sua filha de 10 anos se torna repentinamente reclusa e retraída. Depois de alguns dias, ela admite que alguns colegas começaram a intimidá-la na escola. Você a elogia por ter lhe contado e pede sugestões para a criação de um plano que a ajude a lidar com o problema. Ela sugere enviar um e-mail para o professor ou se reunir com o professor e você para conversar sobre soluções. Depois, diz que quer convidar alguns amigos próximos para passar o fim de semana em sua casa e planejar algumas atividades divertidas com esses amigos nos quais confia.

Lidar com a ameaça: sentindo que alguma coisa estava incomodando sua filha, você dá a ela tempo e espaço para que venha conversar com você sobre a questão. Seu tom complacente permite que ela explique o problema e encontre soluções para tratar dele proativamente com você.

Introduzir sinalizadores de segurança: você sabe que ela tem um grupo de amigos nos quais confia e que nada ajuda mais os seres humanos a se sentirem seguros do que a presença de outros que os amam. Sua disposição para receber os amigos no final de semana introduz poderosos sinalizadores de segurança ao sistema nervoso da menina, pois ela espera com ansiedade o apoio dos amigos.

Prestar atenção, sem críticas, para saber onde as experiências aportam

Quando prestamos atenção para saber onde as experiências atingem emocionalmente nossos filhos, ajudamos a expandir seu campo emocional e a desenvolver sua tolerância a situações estressantes. Nós conseguimos fortalecer a plataforma das crianças ao nos sintonizarmos com suas *interpretações únicas* dos eventos da vida, em vez de assumirmos como verdade o que *achamos* que suas reações devem ser. Temos então condições de responder com base em uma compreensão compassiva de que muitas vezes é o sistema nervoso da criança, e não um capricho dela, que provoca reações e comportamentos aparentemente negativos. *Podemos ver que uma criança que nos enfrenta não está necessariamente escolhendo ser difícil, mas está experimentando uma resposta ao estresse.* Essa adaptação nos ajuda a evitar fazer julgamentos, silenciosos ou em voz alta (p. ex., "Eles estão exagerando", "Supere isso!" ou "Aguente firme!").

Devemos também ser cuidadosos a fim de não julgar uma criança pela forma como ela expressa suas emoções. As expressões manifestadas externamente podem não ser um reflexo preciso dos sentimentos internos. Por exemplo, você pode entender como "inadequada" a maneira como uma criança ri de algo sério. Do mesmo modo, uma criança com o semblante carrancudo pode estar brava, frustrada ou concentrada – ou estar vivenciando alguma outra emoção ou sensação.[29] *A interpretação que fazemos do comportamento das crianças atribui a ele um significado que pode não ser preciso, e nossa própria reação à expressão delas pode nos impedir de oferecer suporte às suas necessidades subjacentes.* Essa é a razão por que é tão importante entendermos como o sistema nervoso das crianças está percebendo a situação.

A chave aqui é entendermos o variado leque de respostas adaptativas que as crianças apresentam às experiências que seu corpo está vivenciando do mundo. Em vez de julgar essas reações como apropriadas ou inapropriadas, podemos entender esses comportamentos difíceis como sinais de que nosso filho precisa de depósitos de empatia (um olhar compreensivo, uma voz suave e carinhosa ou um abraço) e não de saques (um castigo, um sermão ou uma punição). Isso contraria nosso costume cultural de classificar os comportamentos em "bons" ou "ruins", compatíveis ou não. *É uma guinada de paradigma na forma como vemos e julgamos os comportamentos.*

Todos os dias nos oferecem oportunidades para ajudarmos a desenvolver o senso de segurança e confiança da criança no mundo. Uma das coisas mais relevantes que nós, pais, podemos fazer é *reconhecer as emoções e as reações automáticas da criança como significativas.* Muitos de nós não fomos criados assim. Em situações nas quais consideravam que estávamos demonstrando um medo irracional, nossos pais bem-intencionados podem ter dito coisas como "Não precisa ter medo, querido". Em vez disso, o que podemos comunicar às crianças é a compreensão de sua angústia e a validação de sua segurança. Podemos dizer: "Vejo que você está tendo dificuldade com isso. Estou aqui com você. Você não está sozinho" – simplesmente reconhecendo, sem julgar, que percebemos sua dificuldade e estamos ali para ajudar.

Outra maneira de gerar uma sensação de segurança é incorporar previsibilidade e flexibilidade à estrutura da vida familiar. Não há nada que prepare melhor o corpo e o cérebro para se sentirem seguros do que saber o que esperar. Nós, humanos, adoramos padrões e nos sentimos seguros quando a vida apresenta um padrão de previsibilidade, no qual nossas expectativas são atendidas. Adoramos padrões reconfortantes, porque eles eliminam a incerteza, coisa que a maioria das pessoas considera inquietante. Pense na última vez em que seus planos sofreram uma mudança repentina e em como seu filho reagiu. Se a reação foi negativa, a causa provável foi o fato de o padrão que a criança esperava ter mudado e, consequentemente, ter provocado estresse. Rotinas simples, como os rituais da hora de dormir, um aconchego, a leitura de um livro, histórias – o que quer que seu filho considere calmante e com o que possa contar –, ajudam a desenvolver uma sólida plataforma cérebro-corpo. A hora das refeições é outra oportunidade para fomentar a previsibilidade, e não requer um tempo adicional. Conseguimos promover mansidão antiestresse quando combinamos a previsibilidade com uma conexão descontraída, alegre e uma conversa em torno da mesa de jantar. Certamente, a vida não pode ser previsível o tempo todo – e é bom que não seja, pois desenvolvemos resiliência ao responder a desafios e mudanças. É possível termos previsibilidade e flexibilidade ao mesmo tempo. Quando a vida se contrapõe ao previsível e você mostra ao seu filho que consegue lidar com a mudança repentina, a criança também recebe uma lição de resiliência.

A família de Randy

Foi a perda das coisas previsíveis em sua vida que impôs árduos desafios a Randy. Ele teve muitas dificuldades depois de se mudar para o outro lado do país junto com os pais, Lester e Heather, e a irmã. O garoto, que anteriormente dormia muito bem, agora precisava do apoio tranquilizador dos pais nas primeiras horas da madrugada quase todas as noites. Antes bem adaptado ao seu ambiente, ele agora pegara o hábito de passar o aspirador de pó e organizar os brinquedos de sua irmã. Essa espécie de *comportamento que revela uma busca de controle* geralmente indica que o senso básico de segurança da criança está em xeque.

O afastamento de tudo o que lhe era familiar cobrou um alto preço de seu orçamento corporal. Seu comportamento indicava uma corajosa batalha do corpo e do cérebro para controlar seus recursos cada vez menores. Eu sabia que a primeira coisa de que Randy precisava era a ajuda de seus pais para o fortalecimento de sua plataforma vulnerável. Inicialmente, para comprovar a sabedoria do corpo e a lógica do plano de tratamento, pedi a Lester e Heather que observassem Randy de perto para tentar identificar sinais de estresse em seu corpo quando ele acordasse à noite. Sugeri que um deles colocasse a mão nas costas ou no peito de Randy para ver se sentia batimentos cardíacos acelerados, ou segurasse delicadamente uma de suas mãos para ver se a palma estava molhada de suor. Eles, sem dúvida, observaram as duas situações. O corpo do menino estava estressado e trabalhava horas adicionais para reencontrar o equilíbrio.

Expliquei a Lester e Heather que os comportamentos de Randy poderiam ser considerados adaptativos: o mecanismo que leva os humanos a prosperar é a rotina; assim, quando a mudança privou Randy de seu ambiente e das atividades previsíveis e familiares, sua plataforma o compeliu a buscar segurança. Agora que ele se via longe dos amigos, de casa, da escola e da comunidade, que compunham seu antigo mundo, seu comportamento evidenciava o esforço de seu sistema para neutralizar a ansiedade. *Expliquei que, como somos criaturas sociais, podemos ajudar nossos filhos a se sentirem seguros; conseguimos isso por meio de nossos relacionamentos afetuosos e atenciosos.*

A necessidade de Randy de buscar um estreito contato com os pais, mesmo no meio da noite, era uma clara evidência de que o sistema nervoso estava fazendo seu trabalho, ou seja, respondendo à necessidade de segurança do menino. Quando as crianças sentem uma ameaça, é realmente saudável e desejável que elas se aproximem de suas pessoas queridas, suas figuras de apego. *Quando nos sentimos inseguros, a atitude mais propícia à adaptação que nós, humanos, podemos adotar para conseguirmos reencontrar a segurança, é buscar refúgio nos relacionamentos e aconchego junto àqueles em quem confiamos.* Sem dúvida, noites sem dormir não são favoráveis a ninguém, então precisávamos encontrar uma solução melhor, mas elas eram compreensíveis, considerando o abalo que a mudança havia causado na vida dele de muitas maneiras.

Como eu disse aos pais de Randy, havia também uma boa razão para a obsessão dele de passar aspirador em tudo. *Quando as crianças se sentem fora de controle, muitas vezes procuram controlar partes simples de sua vida sobre as quais acreditam ter domínio.* Observar as pequenas partículas de sujeira do chão serem eliminadas pelo aspirador de pó parecia algo agradavelmente previsível para Randy. Tal ação enviava sinais temporários de alívio, permitindo que a criança se concentrasse em *alguma coisa* em vez de apenas se sentir angustiada. O exercício com o aspirador de pó também respondia à necessidade do corpo de Randy por sinais de segurança – outro sinal de que ele precisava de apoio adicional.

Ao compreender a busca de seu filho por segurança, Lester e Heather passaram a demonstrar mais empatia e compaixão por ele e sentir menos preocupação. Eles começaram a entender o comportamento de Randy como parte de sua busca subconsciente por mais segurança. Usando juntos o método de duas etapas (lidar com a ameaça e introduzir sinalizadores de segurança), elaboramos um plano para ajudar Randy a acalmar seu sistema de detecção de segurança.

Lidar com a ameaça: Heather e Lester conversaram compreensivamente com Randy sobre todas as mudanças e perguntaram a ele de quais coisas da antiga casa ele mais sentia falta. A resposta foi: seus amigos, seu professor e o quarto que ele dividia com a irmã. Timidamente, Randy admitiu que não gostava de ter o próprio quarto; estar sozinho à noite o fazia sentir medo.

Introduzir sinalizadores de segurança: sentindo o desejo sincero dos pais de entendê-lo, Randy se abriu e tinha muito para compartilhar. Em uma sessão, perguntei ao menino o que poderia fazê-la se sentir mais "em casa" na nova casa. Ele acabou perguntando se poderia voltar a dividir um quarto com a irmã. Diante da alegre concordância dos pais (e da irmã), o rosto de Randy se iluminou e ele sugeriu com entusiasmo que o outro quarto poderia se tornar uma sala de jogos.

Também sugeri que todos da família desfrutassem juntos de um tempo relaxante durante a rotina da hora de dormir, lendo livros ou fazendo outras atividades tranquilizadoras no período de mais ou menos uma hora antes de irem se deitar. Depois de uma semana de adoção das mudanças, Randy passou a dormir a noite toda novamente. Uma enorme vitória para todos! Ele também entrou para uma liga de futebol e rapidamente começou a fazer amizades. Após alguns meses, Randy perguntou se poderia voltar a ter seu próprio quarto. O aumento dos sinalizadores de segurança provou ser eficaz para ajudar o menino a relaxar e desenvolver maior senso de independência.

Como os pais de Randy aprenderam, outro benefício significativo de compreender a necessidade humana fundamental por segurança é que isso nos ajuda a ser menos críticos e a sentir menos temor diante do comportamento de nossos filhos. Em vez de culpar o "capricho" da criança, passamos a reconhecer como o comportamento delas é significativo no nível cérebro-corpo. Nós incentivamos a autorreflexão e a compreensão das emoções. *Passamos a entender os comportamentos das crianças como reações protetoras, em vez de julgá-los ou considerá-los uma patologia.* Desse modo, ajudamos nossos filhos a desenvolver um forte senso de identidade, fundamentado no respeito pelas reações de seu corpo, em vez de serem autocríticos implacáveis.

Quando encaramos o comportamento de nossos filhos através das lentes da segurança relacional e entendemos como funciona o sistema de detecção de ameaças do corpo, passamos a ver nossos filhos com outros olhos. Podemos aprender muito quando o comportamento de nossos filhos (ou o nosso) muda de *receptivo* para *defensivo*, ou de calmo e cordato para inflexível, exaltado ou fora de controle. Essas informações nos ajudam a direcionar os esforços no sentido de ir além da simples análise do comportamento de uma criança para procurar entender, antes de tudo, o que o desencadeia. Tal mudança de foco introduz uma nova forma de avaliarmos o comportamento de nossos filhos através da lente da busca de segurança com compaixão e empatia. *Essa profunda sensação de segurança é um substrato da saúde mental para todos os seres humanos.*

Conclusão: a percepção do estresse é subjetiva e única para cada um de nós. Além do mais, ela determina se uma plataforma é resistente ou vulnerável. A neurocepção,[30] ou aquilo que denomino sistema de detecção de segurança, é a maneira como o cérebro e o corpo trabalham juntos para nos manter seguros e garantir nossa sobrevivência. Com esse entendimento, a pergunta seguinte é *onde* a sensação de segurança ou insegurança está aportando em uma criança em particular. No próximo capítulo, analisaremos como você pode aprender a desconstruir o que o comportamento impermanente de seu filho representa no sistema nervoso dele.

Como veremos, existem caminhos no sistema nervoso que influenciam o comportamento das crianças dependendo do nível de segurança e esperança que elas sentem (ou não sentem) no cérebro e no corpo. Agora que entendemos o impacto que a segurança tem sobre o equilíbrio do orçamento corporal, descobriremos maneiras de coletar informações por meio da leitura do comportamento da criança e conheceremos sinais não verbais que podem orientar suas decisões de parentalidade.

> **Dica para o desenvolvimento da resiliência:** entenda o comportamento e as emoções das crianças como um reflexo de sua percepção subjetiva de segurança, desafio e ameaça. Os seres humanos precisam se sentir amados e seguros. Não há presente maior que possamos dar aos nossos filhos do que atender a essas duas necessidades essenciais, que ajudarão a formar o alicerce da resiliência para toda a vida.

3

Os três caminhos e a avaliação

Como a compreensão do cérebro e do corpo pode
nos ajudar a dar respostas aos nossos filhos

Nosso corpo está sempre fazendo o que considera melhor para nós.[1]

– Dr. Stephen Porges

Como a maioria dos pais, muitas vezes eu ficava perplexa diante de uma atitude desafiadora das minhas filhas, ou quando elas não atendiam meus reiterados pedidos ou davam empurrões umas nas outras. O que havia desencadeado esse comportamento? Deveria eu lançar mão de ações disciplinadoras? Discutir as consequências daquele comportamento? Ignorar o comportamento e esperar que elas o superassem?

Na qualidade de psicóloga, eu conhecia muitas escolas de pensamento, muitas abordagens diferentes, mas quase sempre isso me deixava ainda mais confusa.

O que finalmente me ajudou a esclarecer minhas decisões de parentalidade foi entender como o corpo e o cérebro interagem entre si[2] para criar as respostas que se manifestam no comportamento de nossos filhos. Em vez de interpretar como afrontas as atitudes desafiadoras de minhas filhas, aprendi a avaliar suas súbitas explosões ou perda de controle por meio das informações que esses eventos me forneciam sobre a criança. Quando consegui entender o quanto os comportamentos são adaptativos, adquiri mais confiança em meus instintos parentais.

Parte dessa confiança decorreu da compreensão do conceito que discutimos no Capítulo 2, a neurocepção – a maneira como nosso sistema nervoso detecta e interpreta uma ameaça. Mas isso não é tudo: o que nosso cérebro e nosso corpo *fazem* com essa informação depende fundamentalmente de como ela aporta em nosso sistema nervoso. Neste capítulo, examinaremos três "caminhos" fundamentais do sistema nervoso autônomo e explicaremos como o entendimento de tais percursos pode nos ajudar a agir de modo ainda mais deliberado e objetivo em nossa parentalidade. Vamos começar com um típico problema de comportamento: a resistência às mudanças. As crianças muitas vezes têm dificuldade quando pedimos que abandonem uma atividade autodirigida por outra que delas demandamos. Mas existem maneiras de ajudarmos a atenuar essas transições.

Quando as crianças opõem resistência

Lucas tinha 11 anos quando seus pais notaram uma mudança em seu comportamento. O menino, que era um estudante talentoso e normalmente bem-comportado, começou de repente a resistir a se sentar à mesa do jantar. Na maioria dos dias, o pai ia buscá-lo na saída de suas atividades extracurriculares. Lucas fazia a lição de casa, depois passava meia hora jogando *videogame* no computador da família e parava – às vezes com relutância – na hora do jantar.

Certo dia, então, essa relutância se converteu em animosidade. Quando seus pais o chamaram para a mesa, ele se recusou a ir e começou a gritar, xingar e saiu enfurecido da sala. Sem saber o que desencadeara essa mudança abrupta, os pais tentaram, sem sucesso, perguntar o que estava errado. Em um esforço para incentivá-lo a acatar as determinações, eles criaram um diagrama de comportamento e prometeram dar recompensas se o menino conseguisse administrar melhor seu tempo. Isso também não ajudou. Eles advertiram Lucas de que, se ele não se adaptasse, perderia o privilégio de jogar *videogame*, mas as reações extremas do garoto continuaram inalteradas. Finalmente, a família entrou em contato comigo para pedir ajuda.

Por mais desafiadora que fosse a resistência de Lucas, tratava-se exatamente do tipo de comportamento que tem condições de oferecer aos pais perspectivas úteis para orientar suas decisões de parentalidade. Neste capítulo, analisaremos formas de interpretar o que nos dizem o corpo e o comportamento de nossos filhos, bem como o nosso próprio sistema nervoso, de modo a obtermos pistas valiosas. Veremos a notável adaptabilidade de que nós, seres humanos, somos dotados e também abordaremos um modo de otimizar a plataforma de nossos filhos a fim de ajudá-los a enfrentar desafios, grandes e pequenos.

O comportamento como bússola

Podemos aprender bastante por meio da simples observação do comportamento de uma criança. Como vimos, o sistema nervoso está constantemente interpretando um grande volume de informações. Lembre-se de que o cérebro e o corpo da criança leem continuamente o ambiente interno e externo e as interações com outras pessoas[3] e, depois, desencadeiam comportamentos compatíveis com essa leitura. Em palavras mais simples, estamos sempre ouvindo, vendo, movimentando, cheirando, provando, tocando e absorvendo sensações emanadas do *interior* de nosso corpo. No capítulo anterior, tratamos da *interocepção*, as sensações internas do corpo. Por meio de todos esses expedientes, nosso corpo interpreta o maravilhoso turbilhão cotidiano que se manifesta dentro e fora dele, e dessa interpretação resultam nossos sentimentos e comportamentos.

A percepção geral de como você se sente ("manifestação") tem duas características principais: a *sensação de agradável* ou *desagradável* (conhecida como "valência") e o grau de *calma* ou *agitação* (conhecido como "excitação").[4] A maneira como uma pessoa se sente é "sempre uma combinação de valência e excitação".[5] Obtemos informações valiosas ao avaliar o grau de agitação ou de calma em que uma criança se encontra, e também ao observar se esse estado de agitação ou calma é experimentado em um *continuum* de prazer ou desconforto. Uma criança que chora e joga seu jantar fora da mesa está dominada por um elevado grau de excitação e uma valência desagradável – em outras palavras, alto nível de angústia. Em outro momento, essa mesma criança pode estar dançando pela sala, mostrando-se cheia de energia e sem qualquer sinal de angústia, pois experimenta uma valência positiva e agradável e uma elevada excitação.

Os comportamentos também são um valioso indicador do estado de equilíbrio do orçamento corporal da criança; e uma das coisas mais importantes que fazemos por nossos filhos em seus primeiros anos é contribuir para o equilíbrio de seu orçamento corporal por meio de nossas interações afetuosas.[6] Precisamos nos tornar observadores perspicazes a fim de entender por que a criança está manifestando determinado comportamento – que necessidade do corpo dela esse comportamento traduz. Assim sendo, como podemos determinar o custo das experiências para nossos filhos? Nós os observamos com o objetivo de fazer uma suposição fundamentada a respeito do estado de seu sistema nervoso e de descobrir quanta energia eles estão gastando para conseguir manter o corpo tranquilo.

Sistema nervoso supersimples 101: fisiologia

O corpo humano tem diversos "sistemas nervosos". A maioria de nós sabe da existência do *sistema nervoso central*,[7] que é formado pelo cérebro e pela medula espinal. Temos também o *sistema nervoso periférico*, que contém o *sistema nervoso somático* – envolvido no movimento de nossos músculos esqueléticos[8] – e o *sistema nervoso autônomo*. A função deste último é regular automaticamente os órgãos internos – como os vasos sanguíneos e as glândulas sudoríferas – e suas funções, para que nosso corpo consiga manter a homeostase.[9] O sistema nervoso autônomo, como o nome indica, atua de forma autônoma, ou seja, automática, e não está submetido a nosso controle voluntário, além de responder às nossas percepções de segurança e ameaça, disparando ações cujo grau depende dessa leitura. Por fim, o sistema nervoso autônomo está dividido em dois ramos principais: o *simpático* e o *parassimpático*, que produzem efeitos diferentes em nossos órgãos.[10] O foco deste capítulo é o sistema nervoso autônomo. Ele supre com informações o roteiro para personalização de sua parentalidade de acordo com as experiências cérebro-corpo de seu filho (e também das suas).

Estamos acostumados a definir os comportamentos como "bons" ou "ruins" e as crianças como "bem-comportadas" ou "malcomportadas", "educadas" ou "mal-educadas". Mas, certamente, as crianças são muito mais complexas do que qualquer uma dessas dualidades. Nem todos os comportamentos são deliberados ou voluntários. Quem já teve uma explosão repentina com o filho ou o cônjuge entende o que estou falando. Mas alguma vez você já se perguntou *por que* você ou seu filho perderam o controle? Como explicamos, isso acontece quando o cérebro e o corpo detectam elevados níveis de desafio ou ameaça, fazendo as pessoas se movimentarem e agirem de uma forma bem diferente daquela que praticam quando se sentem seguras e no controle da situação. É fundamental a avaliação da diferença entre *mau comportamento proposital* e um comportamento motivado por uma mudança repentina do sistema nervoso autônomo. Essa compreensão nos ajuda a fundamentar nossa resposta de acordo com a plataforma da nossa criança.

Os caminhos cérebro-corpo que influenciam os comportamentos

De acordo com a teoria Polivagal,[11] para nos manter seguros, nosso corpo responde continuamente às nossas experiências por meio de três vias dos dois ramos do sistema nervoso autônomo, o *simpático* e o *parassimpático*. Duas dessas vias se encontram no ramo parassimpático, a *via vagal dorsal* e a *via vagal ventral*. A terceira delas é denominada *sistema nervoso simpático*.[12] Cada via coordena instintivamente – ou seja, de forma automática – as respostas internas e o comportamento do nosso corpo de acordo com o grau de ameaça ou segurança que detectamos em determinado momento. Cada uma delas tem sua própria escala de receptividade e acessibilidade, bem como o próprio espectro de reações que vão da aceitação à defesa. A capacidade de compreender esses caminhos e também de perceber em qual deles você e seu filho estão em algum momento é essencial para que você consiga dar uma resposta adequada e solidária às necessidades da criança. E não se preocupe em memorizar esses termos científicos. Nas próximas páginas, apresentarei uma alternativa fácil para ajudar você a se lembrar dos conceitos-chave.

Como todos os seres humanos – adultos e crianças – são dotados dessas vias, elas são úteis como instrumento para análise de nossas próprias reações, bem como as de nossos filhos. A ferramenta mais importante para nós, pais e mães, é o poder da observação. Frequentemente agimos *antes* de avaliar o significado subjacente do comportamento de nossos filhos, concentrando-nos em administrar ou corrigir o comportamento, em vez de refletirmos sobre o que ele significa e quais indícios ele contém. *Quando atuamos como observadores, sem fazer julgamentos, conseguimos avaliar de modo diferente o comportamento de nossos filhos e evitamos as decisões de parentalidade tomadas impulsivamente, as quais, muitas vezes, têm consequências negativas.*

Podemos observar, por exemplo, com que grau de rapidez e urgência as crianças movimentam seu corpo (ou sua boca) e, assim, fazermos inferências baseadas no tom de voz, nos movimentos musculares, na atividade cardíaca e pulmonar, nos gestos corporais e comportamentos[13] dessa criança, elementos estes que nos fornecem sinais valiosos, cuja leitura pode direcionar nossos esforços de parentalidade. Conseguimos fazer suposições fundamentadas quando procuramos identificar comportamentos que se relacionam e fornecem pistas sobre o estado da fisiologia da criança[14] (o que chamei de plataforma). Agora examinaremos as três principais vias autônomas que nos protegem e veremos como usar essas informações para embasamento de nossas decisões de parentalidade. Podemos nos valer do que observamos em uma pessoa – o ritmo de seu movimento corporal, suas expressões e seus gestos, bem como o tom de sua voz – para inferir qual é o *estado de seu sistema nervoso autônomo*. Toda criança é única, e precisamos descobrir os sinais que revelam o estado de seu sistema nervoso. Resumindo, você está conhecendo seu filho (e a si mesmo) de uma nova maneira – de dentro para fora.

Em um futuro não muito distante, disporemos de tecnologia para medir nossa fisiologia autônoma, do mesmo modo que um Fitbit ou relógio inteligente mede a frequência cardíaca. Os pesquisadores desenvolveram *sensores vestíveis*[15] que detectam medidas como a variação do intervalo entre os batimentos cardíacos (conhecido como variabilidade da frequência cardíaca, ou VFC) e mudanças na condutância da pele em decorrência do suor (atividade eletrodérmica, ou AED), que oferecem informações sobre a ativação do sistema nervoso autônomo. Uma empresa chamada Empatica criou o primeiro dispositivo clinicamente validado e aprovado pelo FDA que fornece indicativos valiosos para indivíduos que sofrem de epilepsia, e seus cuidadores.[16]

Mas certamente não precisamos de tecnologia sofisticada para saber como apoiar nossos filhos – precisamos apenas estar presentes e atentos em nossas interações com eles. Assim, vamos ver tudo o que podemos aprender com as vias de cores, começando pelo caminho verde.

O caminho verde:[17] seguro e confiante, aberto e receptivo

Vamos começar com a via vagal ventral do sistema nervoso parassimpático, que a teoria Polivagal descreve como *sistema de engajamento social*, e que chamaremos simplesmente de *caminho verde*. Nesse caminho, a pessoa se sente segura e sociável, conectada com os outros e com o mundo ao seu redor.[18] Quando o corpo tem percepção de segurança, estamos no caminho verde.

Esse caminho ajuda a manter o corpo em estado de calma, permitindo que nos conectemos prontamente com os outros. Quando estamos no caminho verde, enviamos às outras pessoas sinais de conexão e comunicação.[19] Esse caminho promove o aprendizado e o crescimento da criança, além de uma forma mais acertada de parentalidade, porque favorece nossa capacidade de sentir alegria e nos divertir, bem como de pensar para planejar nossas ações, e – quando atingimos certa capacidade de desenvolvimento – também de controlar nossas emoções e nosso comportamento.

Quando nos encontramos no caminho verde, nosso comportamento fornece pistas sobre o estado de nosso sistema nervoso. O caminho verde reflete um orçamento corporal saudável e uma disposição à receptividade. Quando nele, nós e nossos filhos estamos mais abertos a um relacionamento positivo. É importante frisar que as palavras e os comportamentos que descrevo aqui são um guia geral e refletem o que observei em meu trabalho clínico. Sua atenção não deve ficar concentrada apenas em palavras ou comportamentos isolados, mas se voltar a descrições agrupadas que o ajudarão a entender melhor o grau de ativação do sistema nervoso de seu filho (e a fazer suposições fundamentadas).

Palavras que descrevem seres humanos no caminho verde:

- Seguro e confiante, calmo, contente, feliz, alegre, cooperativo, brincalhão, atento, alerta, focado, receptivo, aberto, tranquilo, engajado.

*Em nosso **corpo**, podemos observar:*[20]

- Atenção focada.
- Postura relaxada, sem expressão de nervosismo ou ansiedade.
- Respiração e frequência cardíaca regulares e rítmicas.
- Variados tons de voz (sem monotonia).
- Reações corporais adequadas e equilibradas (com movimentos nem muito rápidos nem muito lentos).
- Sorrisos, músculos faciais neutros ou relaxados.
- Olhos alertas, radiantes ou brilhantes.
- Risos ou outras expressões de alegria.

Quando nossos filhos estão no caminho verde, eles são receptivos a nós e ao ambiente que os cerca. Nesse caminho, as crianças se sentem seguras, abertas e disponíveis. Elas se mostram dispostas a brincar e abertas a experimentar e aprender coisas novas. *Se você deseja estimular seu filho a ir além da zona de conforto, o melhor momento para tentar é este: quando a plataforma da criança está nessa condição de máxima receptividade.*

Quando nós, pais e mães, estamos no caminho verde, demonstramos mais propensão a confiar em nossos instintos e a nos mostrarmos presentes e pacientes com os filhos. Somos mais capazes de controlar nossas próprias emoções. Em vez de nos deixarmos guiar por preocupações, ideias fixas ou um coração acelerado, conseguimos tomar decisões ponderadas. Sentimo-nos mais esperançosos, alegres, disponíveis, positivos e encorajadores com nosso filho e com as outras pessoas. Somos mais propensos a socializar e a estar perto de outras pessoas (se isso for algo que nos agrada). Lembre-se: trata-se de reconhecermos nossas diferenças individuais.

O caminho verde é um pilar para a segurança, a alegria e o brilho no olhar

Uma parentalidade afetuosamente harmonizada e sensível desenvolve a plataforma da criança desde bem cedo, e seus benefícios continuam durante toda a infância, e além dela. As crianças se sentem seguras nesse caminho, que as estimula naturalmente a fazer o que toda criança adora fazer: comunicar-se e brincar.

Pense em um recém-nascido olhando em seus olhos, ou em uma criança de 1 ano descobrindo a alegria de caminhar e procurando você com os olhos em busca de seu apoio sorridente. Ou uma criança em idade pré-escolar que faz um desenho e o mostra orgulhosamente para você. Ou ainda uma criança de 8 anos que espontaneamente lhe fala sobre um problema na escola enquanto vocês caminham juntos. Essas coisas acontecem quando a criança se sente segura e o caminho verde está funcionando como suporte para o engajamento social.

O psiquiatra infantil Stanley Greenspan descreveu crianças e adultos que se envolvem em brincadeiras alegres como tendo um "brilho no olhar".[21] Quando, independentemente da idade de seu filho, você percebe nele esse brilho, um olhar calmo ou um sorriso no rosto, e um corpo que não se movimenta rápido nem devagar demais, mas se mostra pronto para brincar, você sabe que ele está no caminho verde. E há uma boa chance de que, quando existe esse brilho nos olhos de seu filho, existe nos seus olhos também. Nesse caminho, nós experimentamos alegria, segurança e conexão.

Atividade: pense em alguns dos momentos mais aconchegantes, prazerosos e alegres que você compartilhou com seu filho. Concentre-se nos sentimentos que essas memórias evocam. Que espécie de atividade ou circunstância gera momentos nos quais você ou seu filho têm brilho nos olhos ou um sentimento mais tranquilo de conexão? (É possível que você tenha dificuldade para recordar esses momentos, e, se isso acontecer, tudo bem. Nos capítulos seguintes, discutiremos formas de torná-los mais frequentes.)

Todos os caminhos são adaptáveis, mas o vermelho e o azul são mais onerosos

Naturalmente, ninguém vive permanentemente no caminho verde. Nós, humanos, somos criaturas reativas e instintivas. A vida está em constante mudança. Ela é imprevisível, cheia de obstáculos e desafios, aos quais precisamos responder a todo instante. Portanto, não devemos pensar no caminho verde como "bom" e nos outros como "ruins". *Todos os caminhos são adaptáveis.* À medida que nos deparamos com dilemas e desafios ao longo do dia, podemos entrar e sair de cada um dos caminhos,[22] muito embora o gasto de energia associado ao caminho vermelho (elevada ativação) e ao azul (imobilidade) seja mais custoso para o orçamento corporal.[23] O importante é sabermos entender quando nossos filhos precisam de nossa ajuda para encontrar a via de retorno à serena estabilidade do caminho verde, e quando é melhor recuarmos para deixar que eles o encontrem por conta própria. Isso envolve a busca de equilíbrio, mas vamos examinar um pouco mais esse assunto antes de apresentar a fórmula que nos permite saber como e quando ajudar.

Como veremos agora, o objetivo é termos um sistema nervoso *ajustado*, de modo que sejamos capazes de reconhecer quando saímos da segurança e conexão do caminho verde e conseguimos encontrar maneiras de voltar a ele a partir dos outros dois caminhos do sistema nervoso autônomo.

O caminho vermelho: mexa-se!

Quando nosso sistema de segurança detecta um excesso de desafios ou ameaças, passamos instintiva e automaticamente da calma do caminho verde para o caminho vermelho, mais protetor. Na terminologia da ciência do cérebro, uma reação *biocomportamental*[24] nos incita a agir de modo a procurar proteção contra a ameaça detectada. Isso quase sempre se traduz em algum tipo de *movimento* – desde mover a boca até movimentar o corpo inteiro. Alguns exemplos: gritar palavras raivosas com fala compulsiva, bater, empurrar ou até mesmo fugir. Quando detectam ameaças, os seres humanos são ativados por dentro e sentem a necessidade de se *movimentar*[25] para sentir segurança.

Quando nosso sistema nervoso detecta uma ameaça,[26] saímos do caminho verde e, nesse processo, podemos perder o controle sobre nosso comportamento e nossas emoções. Entramos então, automaticamente, no caminho vermelho, denominado sistema nervoso simpático, que induz *comportamentos de luta ou fuga* – o tipo de comportamento que Lucas apresentou quando começou a xingar em voz alta e saiu da sala pisando duro, frustrado com o pedido de seus pais para que parasse de jogar *videogame* e fosse para a mesa de jantar.

Palavras que descrevem o comportamento humano no caminho vermelho:

- Irritado, agressivo, hostil, perturbador, desobediente, desafiador, malcomportado, com ataques de birra, hiperativo, provocador, questionador, estressado.

*Em nosso **corpo**, podemos observar:*[27]

- Foco restrito e intenso ou movimento contínuo com atenção dispersa.
- Fuga, movimento constante ou uma necessidade crescente de se movimentar ou fugir.
- Movimentos rápidos, erráticos ou impulsivos.
- Tendência a bater, atacar, chutar, cuspir, pular ou arremessar objetos.
- Padrões respiratórios superficiais, rápidos ou irregulares.
- Aumento da frequência cardíaca.
- Tom de voz agudo, alto, hostil, rude ou pungente; risada fora de controle.
- Olhos bem fechados ou bem abertos.
- Músculos faciais ou mandíbula tensos e cerrados.
- Uma multiplicidade de expressões faciais ou um sorriso forçado.

Uma criança no caminho vermelho não é receptiva à ponderação nem a uma ampla gama de solicitações, e geralmente seu comportamento revela descontrole. Em casos brandos, a criança experimenta uma dificuldade moderada e pode, simplesmente, começar a fazer estardalhaço, a choramingar, reclamar ou se recusar a fazer o que lhe é pedido. Em casos mais extremos, ela pode se mostrar birrenta, tornar-se agressiva com outra criança ou adulto ou fugir. Muitas vezes a alteração de humor e comportamento acontece rapidamente, pois o caminho pode passar de verde a vermelho em questão de instantes.

A maioria de nossos momentos difíceis de parentalidade acontece no caminho vermelho. É nele que subitamente um gatilho é disparado em nós e "perdemos o controle", fazendo e dizendo coisas das quais nos arrependemos depois. Quando estamos no caminho vermelho, é comum que palavras hostis, desdenhosas ou ofensivas escapem de nossa boca antes de percebermos, e também podemos nos sentir compelidos a impor uma disciplina severa. Podemos fazer ou dizer algo incompatível com nossa personalidade, ou mesmo começar a sentir sintomas físicos como uma onda de calor por todo o corpo, coração acelerado, palmas das mãos suadas ou um aperto no estômago. O neurocientista Bessel van der Kolk resumiu o fenômeno no título de seu livro *O corpo guarda as marcas*.[28] Uma sensação de estresse é experimentada ao mesmo tempo no corpo e na mente.

O caminho vermelho é o caminho da "mobilização",[29] que ajuda os seres humanos a lutar ou se movimentar rapidamente e, assim, fugir de situações perigosas, como ser atacado por animais. (Daí a expressão "lutar ou fugir".[30]) Esse é o caminho que se manifesta quando o sistema de detecção de segurança envia um sinal indicativo de que estamos diante de uma ameaça. O acionamento ou não do sistema de detecção de segurança *depende da reação particular do indivíduo*, portanto há momentos em que a criança pode experimentar um comportamento de luta ou fuga mesmo quando está objetivamente segura, como aconteceu com Lucas. Isso ocorreu também com Randy – caso que apresentamos no capítulo anterior. Ele passou a ter dificuldade para dormir em seu próprio quarto após a mudança da família. A mente do menino sabia que ele estava seguro, mas seu sensor de segurança demorou a registrar essa realidade. O que nos indica o tipo de apoio de que uma criança necessita não é necessariamente a avaliação objetiva que fazemos de uma situação, mas sim a forma *como o corpo dela está reagindo a essa situação e o preço que está cobrando do orçamento corporal da criança*.

Atividade: pense em uma ocasião em que você ou seu filho (ou ambos) entraram no caminho vermelho. Tente se lembrar das expressões corporais e faciais da criança durante essa experiência. Agora tente relembrar a sensação que se manifestou em *seu* corpo enquanto você tentava controlá-la. Não se atenha a essa lembrança por um longo período, apenas pelo tempo suficiente para recordar a sensação física provocada; e tente não julgar seu filho nem a si mesmo. A observação das reações do nosso corpo é essencial para conseguirmos ajudar a criança a voltar ao caminho verde; e a simples recordação desses momentos é o primeiro passo para entendermos o que fazer quando tais sensações e sentimentos afloram.

Todos nós passamos por momentos em que pensamos, fazemos ou dizemos coisas decorrentes do fato de termos entrado no caminho vermelho. Faz parte de nossa condição de ser humano. Todos nós enfrentamos situações nas quais somos provocados e perdemos o controle de nossas emoções ou nosso comportamento. A solução é o reconhecimento compassivo do que está acontecendo, seguido do correspondente ajuste do curso para encontrarmos nossa rota de volta ao caminho verde, assim que isso for conveniente e possível.

Comportamentos do caminho vermelho: protetores, não "ruins"

É importante nos lembrarmos de que, quando uma criança está dentro do caminho vermelho, ela provavelmente não conseguirá modular nem controlar seu comportamento com muita efetividade. Pelo contrário, o corpo e o cérebro estão tentando proteger a criança. O comportamento resultante pode parecer negativo, mas ele também é protetor, se analisarmos por essa perspectiva.

A compreensão desse fato nos ajuda a mudar a forma como percebemos os comportamentos profundamente perturbadores das crianças. Em vez de interpretar os comportamentos do caminho vermelho como "ruins", podemos vê-los como sinalizadores da *vulnerabilidade* dessas crianças. São comportamentos *instintivos* e não *deliberados* ou rudes, sendo a forma que elas têm de se proteger.[31] Esses são os comportamentos de autopreservação, de dentro do corpo para fora, descritos no Capítulo 1. Quando uma criança "fica vermelha", precisamos ajustar nossas técnicas de parentalidade. No caminho vermelho, elas não conseguem pensar e funcionar bem porque estão muito agitadas. Esse é o motivo pelo qual punir uma criança quando ela está nesse caminho é contraproducente. Na via vermelha ela não é receptiva, mas sim defensiva. Uma criança no caminho vermelho está, na verdade, consumindo os recursos de seu orçamento corporal em um ritmo acelerado. Esse caminho é custoso e atende a um propósito. *Mas, ao contrário do que assumem muitos educadores e também aqueles da minha área que se concentram no controle do comportamento, esse propósito não é sair de algo ou obter algo.* É manter a segurança – e sobreviver. As punições servirão apenas para fazer a criança penetrar ainda mais no vermelho (ou, possivelmente, no terceiro dos caminhos fundamentais, que descreveremos mais adiante neste capítulo).

É importante reiterar que o gatilho que aciona o sistema de segurança de uma criança nem sempre é um perigo genuíno oferecido pelo ambiente. Às vezes o sistema nervoso da criança registra algo inofensivo como ameaçador naquele momento. *Como vimos na apresentação do caso de Lucas, ocasionalmente a criança registra como ameaça um pedido razoável – por exemplo, interromper uma atividade para ir jantar.* Muito embora ela esteja objetivamente segura, seu corpo entra em um estado de ativação, no qual, em geral, não conseguimos alcançá-la por meio de uma conversa e de nossa lógica.

Existem razões que dependem do corpo para essa reação. Fisiologicamente, as crianças têm dificuldade para distinguir os sons da voz humana[32] quando estão no caminho vermelho. Nessa via, com o sistema nervoso simpático em plena atividade, os músculos do ouvido médio da criança deixam de distinguir as nuances das vozes humanas[33] e passam a ouvir sons de baixa frequência e agressivos. Isso explica por que, quando crianças – ou mesmo adultos – estão em um estado de elevada ativação, muitas vezes parecem não escutar. Sua capacidade de ouvir a voz humana fica comprometida. Nesse estado de gatilho, os seres humanos também podem interpretar erroneamente os sinais faciais. Quando uma criança está no caminho vermelho, ela pode registrar uma expressão facial neutra como zangada,[34] e então seu sistema de detecção de segurança ativa suas defesas. É por isso que, quando Lucas "ficou vermelho", seus pais não conseguiram ponderar com ele nem conversar sobre a situação. O corpo do menino estava pronto para se movimentar, não para raciocinar ou ouvir.

Observe novamente a lista de palavras que descrevem os comportamentos do caminho vermelho. Muitos podem ser facilmente interpretados como "maus comportamentos" deliberados. Quando presumem que uma criança agiu sob influência de seu controle consciente, muitos pais tendem a castigar ou, em geral, repreender a criança. Nosso instinto nos orienta a corrigir a criança o mais rapidamente possível. Não queremos que nossos filhos se comportem mal; queremos criá-los bem.

Certamente eu me senti assim em uma das primeiras vezes em que me deparei com os comportamentos de zona vermelha de minha filha. Eu estava descontraída no piquenique de aniversário de um parente quando, de repente, vi minha filha de 3 anos morder o ombro de um primo de 5 anos. Horrorizada e envergonhada, levantei-me de um salto e gritei com ela, o que a levou a cair no choro. Fiquei perplexa, pois estava certa de que minha filha sabia que não deveria morder outra criança, e eu não conseguia entender por que o fizera.

O que eu não percebi foi que ela – e depois eu – havia entrado no caminho vermelho. A mordida não foi intencional, mas sim uma resposta-padrão de seu sistema de segurança que detectara ameaças. Na época eu não entendia que o sistema nervoso de minha filha "escolheu" subconscientemente esse comportamento, que não foi um mau comportamento premeditado, mas sim uma *reação ao estresse* automática. O que eu ainda não percebera era que o corpo dela tinha uma propensão a reagir de maneira muito exagerada às alterações em seu ambiente e também a certos sons e volumes sonoros. Assim, o alvoroço da primeira grande festa de aniversário de que ela participava simplesmente assoberbou seu caminho verde, fazendo-a entrar no vermelho. O resultado? O corpo de minha filha atacou a coisa mais próxima, que por acaso foi o inocente priminho. Ao presenciar tal ato, também entrei no caminho vermelho. Se naquela época eu tivesse conhecimento da conexão cérebro-corpo, não teria gritado com ela, o que a envergonhou e também fez seu sistema de detecção de segurança identificar uma ameaça ainda maior. Nós duas estávamos confusas.

Entramos em um novo domínio de profícuas estratégias de parentalidade quando entendemos que muitos comportamentos do caminho vermelho refletem a vulnerabilidade da criança e uma resposta protetora do tipo luta ou fuga, e não uma desobediência deliberada. Eles sinalizam que a criança necessita de ajuda, não de mais disciplina.

O caminho azul: desconexão e distanciamento

Enquanto o caminho vermelho está associado a movimento, a via *vagal dorsal*, ou caminho azul, é o oposto. Quando se sente oprimida, a pessoa se desconecta do mundo a fim de conservar energia.[35] Quando alguém está no caminho azul, podemos ver, ouvir e sentir essa falta de contato e envolvimento. Em certos momentos, Lucas entrava no caminho azul. Ele dizia a seus pais que se sentia "aéreo" e ficava deitado na cama durante horas, sem querer se conectar nem responder a qualquer pergunta.

Algumas palavras que descrevem pessoas no caminho azul:

- Triste, desacelerado, vazio, distante, desconectado, desanimado, paralisado, ausente, desinteressado, cabisbaixo, sem esperança.

*Em nosso **corpo**, podemos observar:*[36]

- Pouco ou nenhum movimento, andar desengonçado, perambulação.
- Sonolência aparente ou aspecto de esgotamento.
- Ausência total ou parcial de interesse, atividade ou curiosidade.
- Frequência cardíaca e respiração mais lentas.
- Lentidão nos movimentos ou até mesmo aparência de imobilidade.
- Voz monótona, com pouca entonação e/ou com sons glaciais, fracos ou tristes.
- Olhos vidrados, voltados para o chão, ou que evitam contato com outras pessoas.
- Rosto inexpressivo, sem sorriso.

Todos nós experimentamos momentos de desconexão ou esgotamento. Às vezes, por um bom motivo, a criança quer ficar sozinha, encontrar tranquilidade e recarregar as energias. Podemos esperar esse tipo de comportamento, porque, como vimos, todos eles são adaptáveis à plataforma mutável da criança, e nós temos necessidade de solidão em diferentes níveis. Como todos os caminhos são adaptáveis, a maioria de nós estará, em determinado momento, no caminho azul, mas não permanentemente. No limite, contudo, o caminho azul indica que o sistema nervoso da pessoa está detectando níveis muito elevados de ameaça e procura conservar sua energia como forma de proteção.[37] Nesse caminho, crianças e adultos podem se sentir exauridos, deprimidos, sem esperança ou perdidos, e necessitam de vultosos depósitos em seu orçamento corporal.

É importante observarmos que nem sempre as pessoas associam esse caminho com o estresse, porque a criança pode estar com aparência de excessiva autossuficiência ou calma – pode parecer verde quando na verdade é azul. A maneira mais simples de identificarmos se uma criança está calma ou está no caminho azul é observar se ela demonstra conexão com você, se está explorando o mundo em torno dela e brincando.

A maioria das pessoas, vez ou outra, se sente deprimida ou momentaneamente paralisada, mas devemos ficar preocupados se a criança se mostrar desconectada por longos períodos de tempo e parecer aprisionada em seu mundo. Esse é um sinal de que ela precisa de apoio adicional para sentir conforto e se ligar em uma conexão humana novamente.

Quando nós, pais e mães, estamos no caminho azul, podemos nos sentir exauridos, desconectados dos outros, confusos, esgotados, incapazes de pensar ou agir, ou até mesmo imobilizados. Esse é um sinal de que você precisa fazer alguma coisa depressa para se conectar consigo mesmo e com os outros. Também indica que seu orçamento corporal está significativamente carente de recursos. Nossos filhos precisam que nossa mente tenha condições de pensar e nosso corpo consiga atender às necessidades deles. Caso perceba que você ou seu filho estão desconectados ou se sentem sem esperança ou perdidos durante semanas ou meses, é fundamental procurar apoio profissional capaz de ajudar na busca por maneiras de reconexão com a mais importante fonte de energia que os seres humanos têm: uns aos outros.

Atividade: pense em um momento em que você ou seu filho se sentiram desconectados ou "azuis". Você se lembra dos sentimentos que seu corpo experimentou ou dos pensamentos que ocuparam sua mente? Pode ser emocionalmente difícil recordar de forma consciente esse tipo de sofrimento, mas ao fazê-lo, mesmo que por um momento apenas, você poderá entender o que precisa procurar. Essa espécie de sentimento faz parte da experiência humana, mas, felizmente, para a maioria das pessoas não é um estado permanente.

Lucas, por exemplo, raramente se retraía por muito tempo. Em geral, a plataforma dele escolhia ações – como gritar e correr para o quarto – em vez da imobilidade. Para os pais, os comportamentos vermelhos são difíceis de administrar, mas mesmo quando frustrada a criança não perde a conexão com os outros. Já os comportamentos do caminho azul parecem mais uma desistência. Na próxima vez que você perceber que seu filho está "perdendo o controle" no caminho vermelho, pode ser útil respeitar a maneira como o sistema nervoso da criança responde ao estresse com tanta robustez. *Em vez de considerar "ruins" os comportamentos perturbadores, devemos avaliar o que eles nos dizem sobre a forma de resposta ativa do sistema nervoso da criança ao estresse percebido, com muito gasto de energia na tentativa de enfrentar a situação.*

Caminhos de experiências mistos ou combinados

Muito embora os diferentes caminhos indicados por cores sejam descritores úteis dos três estados do sistema nervoso autônomo,[38] sem dúvida a realidade é mais complexa. Alguns pesquisadores estão investigando a maneira como os diversos caminhos se misturam ou se sobrepõem.[39] Um estado meditativo, por exemplo, representa uma combinação dos caminhos azul e verde: uma pessoa pode estar relativamente imobilizada, mas também se sentindo segura. Assim, a meditação seria um exemplo de quietude sem medo.[40] As pesquisas nos ensinam que esse estado de tranquilidade e segurança é saudável e reduz o estresse no corpo físico: entre as várias formas de quietude mental no caminho da segurança estão a atenção plena, a oração e a ioga.

Provavelmente, também, uma situação de diversão envolve um estado combinado,[41] no qual os caminhos verde e vermelho operam juntos. No Capítulo 8 descreverei como o ato de brincar pode ser um exercício para o cérebro, bem como uma forma de ajudar as crianças a superar desafios emocionais. *Além disso, uma criança que externamente aparenta quietude ou imobilidade pode estar em seu interior acelerada, com aumento da frequência cardíaca e outras características do caminho vermelho em operação.* Observei esse estado em muitas crianças que, na escola, exibiam níveis variados de ansiedade e hipervigilância. Elas podem aparentar ser "bons" alunos, mas por dentro são bastante ativas e inquietas e, desse modo, têm plataformas vulneráveis, mesmo aparentando estar bem. É possível que essas crianças só exibam comportamentos perturbadores em casa, por exemplo, e os pais fiquem intrigados com o comportamento "excelente" de seus filhos na escola, conforme relatado pelo professor.

Algumas vezes, muito embora os pais saibam que seu filho não se sente internamente seguro na escola, os professores ficam surpresos ao tomar conhecimento disso. O estado interno dessas crianças hipervigilantes de caminhos "mistos" passa despercebido porque elas podem parecer bastante obedientes. Não devemos confundir crianças "bem-comportadas" ou obedientes com crianças que se encontram em um caminho verde e se sentem seguras. Elas podem estar detectando uma ameaça, mas são incapazes de falar sobre seu sentimento ou demonstrá-lo. Elas sentem o desafio por dentro e nós não o percebemos. Precisamos observar atentamente a criança como um todo – seu rosto, seu tom de voz, sua postura e sua disposição para brincar. Também é útil conversarmos com elas a fim de ajudá-las a se sentirem suficientemente seguras a ponto de nos falar sobre as sensações que experimentam em seu corpo. Embora não seja necessário entender as complexas nuances das vias autônomas mistas, o simples fato de sabermos que existem combinações prováveis pode ser de grande valia para nos ajudar a entender melhor as necessidades de nossos filhos. No futuro, os pesquisadores farão outras descobertas, mas, por enquanto, o importante é conhecer os gatilhos de estresse de seu filho. Quando identificamos fortes indicadores dos caminhos vermelho e azul, ou de uma combinação deles, esse é um sinal de que a criança precisa do apoio de nossa presença para ajudá-la a encontrar uma zona de desafio mais adequada. É possível que ela esteja precisando que você lhe transmita um pouco de força e estabilidade emocional (ou faça um ajuste na condição geral em que ela se encontra) para ajudá-la a desenvolver a flexibilidade e a capacidade de lidar com o estresse.

Esteja preparado para todo e qualquer caminho

A interpretação de comportamentos "negativos" como reflexos externos da fisiologia da criança nos permite ter mais compaixão. Podemos mudar o foco da frustração de lidar com situações desafiadoras para a compreensão daquilo que nosso filho está precisando – e, na verdade, do que nós precisamos – para sentir segurança. Quando entendemos que a principal função do cérebro é manter o orçamento corporal[42] e que esse processo baseado na sobrevivência é subjacente a *todos* os caminhos, conseguimos encará-los com equidade. No entanto, é importante estarmos conscientes de que os caminhos vermelho e azul exigem mais do orçamento corporal, e não queremos que as crianças permaneçam muito tempo nesse processo.

Reconhecemos que o sistema nervoso humano – o de nossos filhos e também o nosso – é fluido e dinâmico, e espera-se que ele transite pelos diversos caminhos, embora o mais provável é que todos nós tenhamos o melhor "funcionamento" no caminho verde. A compreensão de que todos esses caminhos atendem a um propósito em nosso sistema nervoso pode nos ajudar, enquanto pais, a entender por que algumas vezes fazemos ou dizemos coisas em relação às quais depois sentimos arrependimento ou culpa. Às vezes nossos instintos nos conduzem a direções que não parecem certas. *Se você sente que está agindo reativamente e não de modo deliberado, tenha compaixão por si mesmo. Em seguida, tente ver além de seu próprio comportamento, procurando entender o que pode estar desencadeando suas reações explosivas.* No Capítulo 5, abordarei as maneiras de compreendermos nossos gatilhos. O sentimento parental de culpa pode ser devastador, e a sensação de mal-estar em relação a nós mesmos certamente não nos ajuda a sermos pais melhores, tampouco contribui para o aumento de nosso orçamento corporal. Minha esperança é que a compreensão da conexão cérebro-corpo alivie o sentimento de culpa e capacite você a lidar com mais sucesso com momentos desafiadores de parentalidade.

Prática: ao acordar pela manhã, preste atenção à cor do seu caminho. Você está se sentindo ansioso e estressado (vermelho), desconectado (azul) ou muito bem e pronto para enfrentar o dia (verde)? Não julgue seu estado; apenas o observe. O primeiro passo é reconhecer o estado do seu sistema nervoso sem fazer julgamentos. Isso pode ajudá-lo a planejar sua próxima hora: do que seu corpo precisa? Quais são as maneiras práticas de atender a essas necessidades?

Usando as cores para medir o equilíbrio do orçamento corporal da criança

Podemos usar as cores como guias para determinar a carga de estresse que nossos filhos estão carregando e, assim, ajudá-los a descobrir sua zona de desafio ideal. Para ajudar as crianças que estão sujeitas a muito estresse – cujo sistema entra no vermelho e no azul com muita frequência ou neles permanece por muito tempo –, fazemos depósitos de nosso próprio sistema nervoso no delas, por meio de nossas interações afetuosas. Se o orçamento corporal de uma criança está deficitário, isso é um sinal de que o adulto deve oferecer apoio e não castigos nem repreensão. E *não* é um bom momento para pedir a ela que enfrente um novo desafio ou aprenda algo novo – qualquer uma das alternativas seria metabolicamente custosa.[43]

Idealmente, queremos que durante a maior parte dos momentos em que estão despertas as crianças estejam no caminho verde, e não no modo defensivo, de luta ou fuga (vermelho), ou em modo de desconexão (azul). Se uma criança passa muito tempo nas vias de tons vermelho, azul ou misto, podemos intervir oferecendo conexão e apoio, a fim de ajudá-la a voltar à segurança do caminho verde assim que possível. É interessante registrarmos em uma tabela quanto tempo a criança passa em cada caminho.

Como lembrete, eis um resumo das cores de caminho que acabamos de discutir:

- **Verde:** calmo, alerta, cooperativo.
- **Vermelho:** movimentando-se muito, lutando ou fugindo de você.
- **Azul:** desconectado, perdendo contato, sem comunicação, possivelmente desligado.
- **Mistura de vermelho e azul:** hipervigilante, ansioso, pode parecer calmo externamente, mas está ativado e instável por dentro.
- **Todas as outras combinações:** você pode inferir por meio da observação.

Além de determinar em qual caminho de cor seu filho está, é possível avaliar três fatores que nos fornecem mais detalhes sobre a maneira como o cérebro e o corpo dele estão lidando com as demandas impostas pela vida. Podemos registrar em uma tabela *com que frequência, com que intensidade* e *por quanto tempo*[44] ele permanece em estado de estresse.

Por quê? Intensidade, frequência e duração são condições importantes na avaliação do nível de aflição de uma criança, e fornecem indicativos sobre como podemos ajudá-la. Considere a diferença entre uma criança irrequieta e chorona e outra dominada por um ataque de raiva. O que varia é o nível de sofrimento subjetivo que o sistema nervoso dela está experimentando. Uma criança chorona provavelmente não está em um caminho todo vermelho, mas talvez em um cor-de-rosa ou vermelho claro. O corpo de uma criança irrequieta está se sentindo atormentado e talvez começando a se cansar, mas ainda aguenta firme. Ela não se encontra em estado de angústia profunda. Mas, uma vez que essa criança, ou qualquer pessoa, começa a perder o controle e fica com o rosto em brasa, gritando, esgotada e inconsolável, seu nível de angústia é mais elevado e mais custoso para seu orçamento corporal.

Atividade: podemos observar os padrões apresentados por bebês, crianças pequenas e crianças mais velhas para investigar *quais atividades ou circunstâncias conduziram aos diferentes caminhos, e também quando isso aconteceu, quanto tempo durou e qual foi sua intensidade.* Esse procedimento ajudará você a entender como deve adaptar e dosar o apoio que oferece ao seu filho, bem como compreender melhor o que se passa sob a ponta do *iceberg.* Elabore um registro semanal[45] com três ou mais colunas, de forma a anotar os caminhos verde, vermelho e azul e quaisquer outras combinações que observar.

Data/dia da semana:
Horário de início:
Horário de término:
O que estava acontecendo?
Em qual caminho de cor estava a criança? _____ Qual era o nível de angústia, de 1 a 5? (1 é sofrimento leve e 5 é sofrimento extremo.) _____
Em qual caminho de cor você estava? _____ Qual era o nível de angústia, de 1 a 5?[46] _____

O tempo de permanência de uma criança em cada um dos caminhos varia de acordo com a idade e a fase em que ela se encontra. Sem dúvida, os bebês passarão mais tempo no vermelho e também mais tempo dormindo, pois são totalmente dependentes de nós para regular seu orçamento corporal, e as crianças pequenas estão em pleno desenvolvimento. Embora exista a necessidade de mais pesquisas de cunho fisiológico para estabelecer diretrizes adicionais, no caso de crianças de 5 anos ou mais, espera-se que durante as horas em que estão acordadas elas passem cerca de 30% do tempo,[47] no máximo, no caminho vermelho, no azul ou em uma combinação deles, de acordo com o contexto.

Mau comportamento *versus* comportamentos de plataforma vulnerável

Quando analisamos o comportamento das crianças através das lentes das vias do sistema nervoso, para entendê-lo sob uma nova perspectiva, começamos a perceber a diferença entre o mau comportamento intencional e os comportamentos que sinalizam a vulnerabilidade e a necessidade de apoio da criança. Nossa cultura geralmente interpreta o comportamento das crianças como "bom" ou "ruim", "obediente" ou "desobediente". O emprego dessa lente limitada nos deixa poucas opções além de tentar conter a criança ou punir seu comportamento.

O problema é que o ato de punir ou controlar a criança não faz com que ela se sinta segura. *A distinção entre um comportamento decorrente do estresse, que emerge do centro do sistema nervoso, e um mau comportamento deliberado pode nos ajudar a ser mais compassivos com nossos filhos.* A compreensão dessa diferença abre uma nova gama de opções de parentalidade que ajudam no caso de comportamentos desafiadores.

Certamente, quando uma criança testa os limites, faz algo perigoso (como quando mexe em uma tomada elétrica), comporta-se mal de forma deliberada (levar furtivamente um telefone para a escola, contrariando as regras) ou precisa de corretivos, devemos colocar limites claros e afetuosos. Nós somos os mais importantes professores e orientadores de nossos filhos. Mas quando o comportamento da criança decorre dos caminhos vermelho ou azul, a plataforma dela está vulnerável, e nossa principal prioridade deve ser ajudá-la a voltar ao caminho verde, por meio de conexão e não de punição. A esperança é que a observação do comportamento da criança através da lente cérebro-corpo ajude você a saber quando deve tentar estabilizar seu filho e quando resistir, quando seu filho precisa de instrução e redirecionamento e quando ele precisa se reconectar com o senso de segurança e confiar em você.

A avaliação é o novo castigo

Como minhas filhas agora crescidas podem atestar, recorri a castigos tanto quanto qualquer pai ou mãe. Décadas atrás, esse procedimento era o orgulho e a alegria dos métodos comportamentais. Mas, depois que estudei o sistema nervoso e a neurociência relacional, percebi que essa técnica não melhora a plataforma da criança nem a dos pais, tampouco ajuda a criança a passar do caminho vermelho ou azul para o verde.

O castigo reflete uma abordagem de parentalidade direcionada aos comportamentos superficiais, em vez das causas subjacentes. Ele se baseia na suposição de que a criança que acabou de exibir um mau comportamento (e pode estar profundamente contrariada ou agitada) é receptiva ao ensinamento e, de alguma forma, aprenderá estando isolada. Sem dúvida, agora sabemos que o estado da plataforma da criança pode impossibilitar que ela aprenda com tal experiência ou dela se beneficie.

Então, vamos examinar a avaliação que é uma alternativa ao castigo.

Roteiro da avaliação: um barômetro do orçamento corporal

1. Verifique seu estado emocional observando a cor do seu caminho.
2. Verifique o estado emocional de seu filho observando a cor do caminho dele.
3. Prossiga com a aplicação de estratégias personalizadas para seu filho, trabalhando compassivamente de modo a começar de dentro para fora do corpo. O objetivo desta terceira etapa é promover a *harmonia emocional*, por meio da sintonia com aquilo que o sistema nervoso de seu filho precisa para conseguir voltar ao equilíbrio do caminho verde.

Os pais – ou qualquer adulto que cuida de uma criança – são o elemento-chave capaz de ajudar a criança com dificuldades a se sentir calma. Assim, a avaliação começa com a checagem do nosso próprio estado emocional. Iniciamos com essa averiguação porque, quando nos comunicamos com uma criança, ela sente segurança ou ameaça primeiramente em um nível *não verbal*.[48] Inicialmente, *nossa forma de expressão* é mais importante do que *aquilo que dizemos*. A maioria dos pais sabe que, quando um adulto descontrolado tenta interagir com uma criança descontrolada, o resultado tende a ser um desastre. Portanto, começamos com a verificação de nossa própria cor, que reflete nosso nível de receptividade ou vulnerabilidade. A avaliação é frutífera porque, quando começamos procurando a sintonia, ajudamos a desenvolver a tolerância à frustração e a zona de desafio da criança. Com os castigos, a provável lição que a criança aprende é que seus comportamentos ou emoções são intoleráveis e devem cessar para que possamos ficar juntos. *Por meio da avaliação, chegamos ao cerne do problema: uma criança fora do equilíbrio.*

Primeiro passo: verifique seu estado emocional (como me sinto?)

Em primeiro lugar, verifique a cor do seu próprio caminho – sem fazer julgamentos ou sentir vergonha, e com o conhecimento de que pode ser qualquer um dos três caminhos. A cor do seu caminho é um indicativo de seu orçamento corporal e do que você tem (ou não tem) para oferecer ao seu filho nesse momento. Você se sente calmo, agitado ou está em algum ponto intermediário? Tente não julgar o que está sentindo, apenas reconheça o que seu corpo já sabe.

No caminho verde, nós nos sentimos seguros e protegidos e emanamos segurança e proteção. É por esse motivo que começamos aqui. *Compartilhamos nossa própria sensação de calma e segurança por meio da expressão de nosso rosto, do tom de nossa voz e dos movimentos do nosso corpo.* Quando você está no caminho verde, tem mais condições de escolher a reação apropriada ao comportamento de seu filho, em vez de explodir ou se desconectar.

Isso não significa que você tem que estar no caminho verde. O objetivo não é a perfeição, mas sim a consciência.

Faça uma análise: você está se sentindo no caminho verde, vermelho ou azul? *No verde, você sente que tem controle da situação e está pronto para ter uma atitude de parentalidade ponderada.* Se é assim que você se sente, então prossiga para o **Segundo passo**.

Caso contrário, é possível que você se sinta provocado, irritado (vermelho), sentindo o estresse agir em seu corpo, o que pode causar aceleração do ritmo cardíaco ou pensamentos exaltados, mãos suadas, respiração rápida ou superficial e a probabilidade de falar algo negativo para o seu filho ou de tomar uma atitude contraproducente. Seu corpo demonstra uma reação de estresse. Basta dizer isso para si mesmo. Você percebe que está no caminho azul? Os sinais podem incluir sentir-se desconectado, afundando, paralisado ou imobilizado. Tudo bem também; apenas diga isso para si mesmo. Talvez você esteja sentindo alguma combinação dos vários caminhos. O importante é determinar se você tem controle suficiente para exercer sua parentalidade. Se não tiver, não tem problema; é hora de parar e observar.

Em seguida, pare um pouco, respire, certifique-se de que seu filho esteja seguro e tente responder a esta pergunta: "Do que eu preciso neste momento?". Dentro das condições da situação, descubra o que você precisa fazer para recuperar o controle, encontrar o caminho de volta para a via verde e interagir positivamente com seu filho. O Capítulo 5 apresentará muitas ferramentas e técnicas capazes de nos ajudar a reencontrar o centro, recuperar o controle e evitar momentos dos quais poderemos nos arrepender – ou de nos recobrarmos deles. Mas, por enquanto, vou apenas dizer que, para muitas pessoas, um dos métodos mais fáceis e rápidos é respirar fundo, estendendo um pouco a expiração, se possível. (Faça isso algumas vezes, se ajudar, mas esteja ciente de que esse expediente não funciona para todas as pessoas – somos todos diferentes.) A ideia geral é cuidar de si mesmo nesse momento. Se for possível, você acha que precisa se afastar? Talvez dizer à criança que vai se afastar por um momento e que depois voltará. Certifique-se de que seu filho esteja seguro e então encontre um espaço e uma perspectiva por um breve momento. Talvez tomar um gole de água, escovar os dentes ou ir para outro cômodo por um ou dois minutos a fim de conseguir se recuperar o suficiente para ter condições de se envolver de forma produtiva.

Atividade: quando puder ficar algum tempo sozinho, pense e anote o que ajuda a trazer mais calma nesses momentos. Um determinado tipo de respiração? Falar para si mesmo qual é o sentimento? Algum tipo de movimento, colocar a mão sobre o coração ou apertar os dedos dos pés? Repetir uma frase ou um mantra tranquilizador?

Segundo passo: verifique o estado emocional de seu filho (como ele está se sentindo?)

Em seguida, verifique a cor do caminho do seu filho. Se ele estiver no caminho verde, você pode tentar interagir ou conversar com ele para que, juntos, vocês procurem entender a situação. Esse expediente funciona bem se seu filho for uma criança maior e souber se comunicar por meio de palavras, pois o caminho verde é aquele no qual podemos conversar com a criança para começar a resolver problemas em conjunto. (Em capítulos posteriores, trataremos do que fazer em função da idade e do nível de desenvolvimento de seu filho).

Evidentemente, se você se deparou com um momento em que, como norma, recorreria a um castigo, então é provável que a criança *não esteja* no caminho verde. *Estará ela no caminho vermelho* (gritando, agitada, agredindo ou precisando se movimentar)? *Ou no azul* (desconectada, desmotivada ou sem responder às suas tentativas de comunicação)? *Ou talvez em um misto dos dois caminhos* (choramingando, suplicante, vigilante, aparentando ansiedade)? Qualquer um desses indica que seu filho está vulnerável e precisa de fortalecimento da plataforma em vez de repreensão ou castigos. Prossiga para a próxima etapa, a fim de conhecer maneiras de ajudar a criança a voltar ao caminho verde.

Terceiro passo: prossiga com a aplicação de estratégias compassivas personalizadas para seu filho

A terceira etapa da avaliação é escolher sua resposta com base no caminho em que a criança se encontra para, assim, entrar em sintonia com seu filho e voltar ao caminho verde com ele. Se a criança estiver no caminho vermelho ou no azul, ou em uma combinação deles, a primeira coisa que devemos fazer é identificar a angústia de nosso filho sem fazer julgamentos. *Esse é um primeiro passo crucial, porque os seres humanos se sentem melhor quando suas lutas internas são testemunhadas com aceitação e amor, fazendo-os sentir que não estão sozinhos.* A simples presença compassiva começa a acalmar o sistema nervoso. Em seguida, tente descobrir o que o sistema nervoso de seu filho está lhe dizendo. Tal atitude envolve estarmos presentes para a criança – física, mental e emocionalmente – em um processo denominado corregulação, que se traduz, fundamentalmente, em depósitos feitos por nós no orçamento corporal da criança de acordo com as necessidades dela naquele momento. Descreverei esse processo em detalhes no próximo capítulo. Basicamente, esse terceiro passo nos oferece uma ideia geral do que fazer a seguir.

Algumas vezes, o próximo passo envolve ponderar com a criança se ela estiver pronta; outras vezes, pode consistir em acalmá-la para que consiga raciocinar; e há ocasiões em que é possível manter uma postura firme porque você acredita que a criança está em condições de lidar com o desafio. Tudo depende da situação, do caminho em que seu filho estiver no momento e de outros elementos que descreverei na Parte II, na qual aplicarei aos estágios da infância desde bebê. Você encontrará uma fórmula baseada naquilo que funciona melhor para seu filho.

Este é o cerne da parentalidade cérebro-corpo: atender à *plataforma* da criança, em vez de simplesmente reagir aos comportamentos. Conseguimos isso oferecendo sinais de segurança específicos para o sistema nervoso dela, transmitidos por meio da conexão que você tem com ela. A parentalidade praticada dessa maneira – de dentro para fora – não só é mais gentil e terna do que as abordagens disciplinares de cima para baixo como também ajuda a desenvolver e apoiar a plataforma de seu filho. Agindo assim, os comportamentos preocupantes se resolvem, em geral, naturalmente, porque ajudamos a criança a sair de seu estado defensivo (protetor).

Lições aprendidas com Lucas

Tendo em mente nossa nova compreensão dos três caminhos, vamos voltar ao caso de Lucas, que tinha dificuldade para conter suas emoções quando os pais lhe pediam para deixar o *videogame* e ir jantar.

Como expliquei aos pais dele, era necessário entendermos o que fazia Lucas mudar tão rapidamente de um estado calmo e controlado (verde) para o de lutar ou fugir (vermelho). Parece que o que desencadeava nele essa reação era especificamente fazer a *transição* de uma atividade que ele claramente apreciava para o momento com a família. Em geral, as crianças têm dificuldades com esse tipo de transição, porque têm dificuldade em mudar seu modo de funcionamento. Para algumas delas, é estressante passar a fazer algo novo que não seja autodirigido. O que vemos então é uma criança que opõe resistência e cujo corpo está lidando com os sentimentos e as sensações decorrentes do custo dessa mudança. Algumas vezes a criança quer exercer controle sobre determinada situação e carece de flexibilidade para renunciar ao controle. Essa capacidade oscila ao longo de toda a infância, dependendo do estágio de desenvolvimento emocional e do nível de estresse de cada uma delas. É possível que uma criança leve anos – em alguns casos chegando à idade adulta – para que consiga aprender a usar seu autocontrole para administrar o que seu corpo percebe como estressante. *Muitos adultos que têm dificuldades com suas emoções também estão nessa jornada.*

Depois que levei ao conhecimento dos pais de Lucas a ideia de que, por meio de seu comportamento, o corpo do menino estava dando sinais de estresse, os dois me confidenciaram que era difícil manter a calma quando percebiam a iminência de uma forte reação negativa do filho. A admissão desse fato os ajudou a entender que seu próprio caminho verde seria parte da solução. A etapa seguinte, ou seja, verificar a cor do caminho da criança, era fácil, pois Lucas passava instantaneamente para o vermelho. Esse era um indicativo de que o orçamento corporal do garoto estava deficitário e que ele, provavelmente, lidava com outros fatores estressantes dos quais seus pais não tinham consciência. Aí estava um sinal de que precisávamos de mais informações.

Os pais me contaram que as explosões de Lucas haviam começado alguns meses antes, exatamente na época em que tivera início um novo ano letivo. Sentindo que isso poderia ser significativo, sugeri que o pai, durante uma semana, tentasse buscar Lucas um pouco mais cedo na saída da atividade extracurricular que ele fazia, de forma que eles pudessem passar juntos algum tempo descontraído para conversar.

Aproveitando para ir com Lucas brincar de pega-pega no parque e passear com o cachorro, o pai descobriu que o menino enfrentava momentos difíceis naquela ocasião. Ele admitiu que estava sendo intimidado por um garoto mais velho, em sua atividade extracurricular. Analisando retrospectivamente, o pai percebeu que havia uma coincidência entre o início dos episódios de intimidação com a época em que Lucas passou a se mostrar rebelde em casa. Não causa surpresa o fato de seu nível de estresse estar tão elevado e de as transições terem se tornado tão desafiadoras para ele. O orçamento corporal de Lucas estava se esgotando na escola e ele voltava para casa com poucos recursos internos. De posse dessa nova informação, Lucas e seus pais se reuniram com o diretor da escola, que elaborou um plano destinado a amenizar a situação, bem como dar apoio e segurança a Lucas e resolver a situação de intimidação.

Depois de dispensar a devida atenção às questões do nível de estresse e dos sinais de perigo, passamos a nos dedicar a ajudar Lucas a criar condições de fazer a transição do *videogame* para a mesa de jantar e a conversa com os pais. O terceiro passo da avaliação é promover a sintonia e identificar do que o sistema nervoso da criança precisa para ela se sentir mais segura e fortalecer sua plataforma. *Nenhum outro recurso é tão eficaz quanto um adulto atencioso que seja capaz de manter a calma durante as tempestades emocionais da criança.*

Os pais de Lucas discutiram com ele o problema e pediram sua ajuda para buscar uma solução. Mas o garoto ainda não estava pronto para falar sobre suas emoções e seu comportamento. O pai pensou em uma alternativa: nos momentos em que o filho jogava *videogame*, ele começou a sentar ao lado dele, fazendo ali parte de seu próprio trabalho e, ocasionalmente, estimulando o menino. Além disso, ele também começou a facilitar a transição, dando a Lucas um sinal dez minutos antes do jantar. Nesse processo, o pai compartilhou com o filho seu caminho verde, bem como diversas pequenas mensagens de segurança. Em suma, mostrei ao pai como "intervir relacionalmente" para ajudar o filho a *modular a intensidade das reações* decorrentes da dificuldade de parar de jogar o *videogame*.

A abordagem foi bem-sucedida. Em uma semana Lucas passou a protestar menos quando solicitado a desligar o jogo. Na verdade ele ainda resistia de vez em quando e muitas vezes negociava um pouco mais de tempo, mas conseguia permanecer no caminho verde. O fato de a escola ter resolvido o problema da intimidação reduziu as ameaças causadoras do estresse que ele experimentava lá. O pai então fez depósitos emocionais no orçamento corporal do filho, o que aumentou o saldo de sua conta. Um mês depois, o pai já não precisava mais acompanhar Lucas durante a transição; ele conseguia fazer isso sozinho.

Há um detalhe digno de nota: o plano inicial *não* incluía abordar com Lucas a questão de seu sistema nervoso. O propósito dessa informação era ajudar os pais a entenderem melhor o comportamento de seu filho. É aconselhável evitar o uso prematuro de estratégias de cima para baixo quando oferecemos apoio a nossos filhos. (Em capítulos posteriores, mostrarei como falar com as crianças sobre o sistema nervoso quando elas estiverem preparadas e isso for mais significativo e profícuo.)

Por enquanto, é fundamental lembrarmos que *a atenção aos problemas comportamentais de uma criança (ou qualquer outro problema) começa com o apoio ao sentimento de segurança e confiança dessa criança, por meio do relacionamento conosco. Quanto maior o sofrimento fisiológico que as crianças experimentam, mais elas precisam de nossa ajuda.* Não interprete os comportamentos ditados pelo caminho vermelho de seu filho como um chamado para impor mais disciplina. O motor do desenvolvimento da criança ao longo da vida é um processo dependente de nossa ajuda para que ela estabeleça um consistente caminho verde denominado *corregulação*. É o que fazemos quando as crianças estão experimentando um sentimento subjetivo de angústia. E é muito poderoso. No próximo capítulo, vamos nos concentrar no que isso significa e em como atingir tal objetivo.

> **Dica para o desenvolvimento da resiliência:** preste atenção aos sinais do seu filho que mostram informações sobre o estado da plataforma dele. Entre tais sinais estão os caminhos de cor que representam o sentimento de **segurança** e **tranquilidade** (verde), de **agitação** (vermelho) e de **desconexão** (azul), ou ainda sentimentos que são uma combinação dessas cores. Os caminhos não verdes indicam que a criança está vulnerável e necessita de mais suporte emocional e relacional. Os caminhos do sistema nervoso de seu filho podem orientar suas decisões de parentalidade, incluindo a maneira como você estabelece limites e atende às expectativas – as duas coisas são compatíveis com empatia e compreensão.

PARTE II

SOLUÇÕES

4

Nutrir a capacidade das crianças de se autorregular

Ter conexão e corregulação com os outros é nosso imperativo biológico.[1]

– Dr. Stephen Porges

Na primeira parte deste livro, aprendemos que o corpo e o cérebro têm interações muito complexas que influenciam as emoções e os comportamentos de nossos filhos (assim como os nossos). Os comportamentos desafiadores das crianças costumam ser um sinal de que seu sistema nervoso está reagindo ao estresse. A consciência em relação ao orçamento corporal é uma ferramenta útil para orientar nossas decisões de parentalidade, ajudando-nos a avaliar do que nossos filhos precisam para se sentirem mais tranquilos e alertas.

Também vimos que, quando as crianças vivenciam segurança nos relacionamentos e no próprio ambiente físico, elas contam com uma base sólida sobre a qual desenvolvem sua resiliência.[2] A pesquisa tem mostrado sistematicamente que uma parentalidade sensível e sintonizada ajuda a formar uma estrutura cerebral[3] capaz de proporcionar essa capacidade tão importante de superação dos desafios da vida, sejam eles grandes ou pequenos.

Agora, na Parte II, aplicaremos essas e outras percepções com o objetivo de encontrar *soluções*. Começamos com um processo que constitui o cerne da parentalidade: ajudar nossos filhos a confiarem em si mesmos, aprendendo, em primeiro lugar, a confiar nas outras pessoas. Essa maneira especial de estarmos com nossos filhos favorece seu desenvolvimento e sua futura saúde mental, ensinando-os a confiar em si mesmos e no mundo. Por meio da história de como uma família lidou com o comportamento desafiador de uma criança, vamos mostrar como podemos ajudar nossos filhos a desenvolverem resiliência e a serem flexíveis diante dos desafios da vida.

Lidar com os eventos inesperados da vida

Joel e Ava vieram procurar minha ajuda porque estavam preocupados com o fato de a filha Jackie, de 6 anos, manifestar reações negativas diante de eventos aparentemente rotineiros. Em festas de aniversário, era tamanha a dificuldade da menina em controlar seus sentimentos e suas ações que ela começava a provocar as outras crianças com comentários rudes ou xingamentos. No parquinho, ela empurrava os amiguinhos para tomar o balanço ou ter sua vez no escorregador. Ela sempre exigia saber os planos com antecedência e tinha dificuldade para lidar com quaisquer surpresas.

O que acabou levando os pais a entrarem em contato comigo foi um confronto particularmente difícil com a avó de Jackie. Ela era uma presença constante na vida da família, com suas visitas regulares em intervalos de poucas semanas, vinda de sua casa, a poucas horas de distância. Jackie e o irmão Terrence adoravam passar tempo na companhia dela, vendo vídeos, cantando, caminhando ou simplesmente dando boas risadas. A avó fizera recentemente uma visita de um dia e ficara com as crianças enquanto os pais faziam compras. Naquela noite, depois que Jackie e Terrence foram dormir, ela ficou para conversar com Joel e Ava. Como ficou muito tarde, ela decidiu passar a noite na casa deles – o que nunca fizera antes.

Na manhã seguinte, quando a avó apareceu na sala da família, Terrence a saudou com um sorriso e um abraço. Mas Jackie pareceu menos satisfeita com a surpresa, e primeiro se escondeu atrás de um sofá para só depois aparecer. "Oi, cara de cocô!" gritou ela para a avó. Pega de surpresa, a avó ignorou o comentário e sentou-se ao lado de Terrence, que se aninhou nela e mostrou-lhe um arranhão que tinha na mão. Sem saber muito bem como reagir, Jackie se escondeu novamente atrás de uma cadeira e, de repente, apareceu de um salto, soltando um rosnado alto: "Grrrrr!".

"Ah! bom dia", respondeu a avó. "Você é um tigre?" Jackie rosnou de novo e depois começou a cutucar o irmão, o que provocou uma acirrada briga entre os dois. Em meio à luta que se seguiu, os óculos da vovó acabaram quebrados.

Observando da cozinha, Joel repreendeu Jackie energicamente, dizendo-lhe para tomar cuidado com seus modos e pedir desculpas à avó.

Joel e Ava assistiam a situações semelhantes com tanta frequência que passaram a adotar uma resposta padrão: permanecer calmos, manter todos seguros e então repreender Jackie, tentando ensiná-la a melhorar seu comportamento. Contudo, a boa vontade dos pais estava claramente atingindo o limite. Cada vez com mais frequência, eles ficavam tão frustrados com o comportamento de Jackie que gritavam com ela ou a mandavam para o quarto. Eles estavam desesperados para encontrar uma forma de quebrar a resistência de Jackie e ajudá-la a lidar melhor com as experiências inesperadas (e também as previstas) de sua vida.

A autorregulação é fruto da conexão

A verdade é que todos nós aprendemos em compassos diferentes a ser resilientes e administrar as demandas e os desafios mutáveis da vida – para *regular* nossas emoções e nosso comportamento. A *autorregulação* é o que nos permite responder às reviravoltas da vida com flexibilidade e prudência, em vez de explodir ou agir impulsivamente.

Os pesquisadores descrevem a autorregulação como o controle deliberado (regulação) dos próprios pensamentos, emoções e comportamentos.[4] Em resumo, trata-se de nossa capacidade de administrar nosso modo de agir e sentir.[5] Estudos mostram que crianças autorreguladas se saem melhor academica e socialmente.[6] Não surpreende o fato de que as crianças capazes de controlar suas emoções e seus comportamentos tenham uma vantagem inicial tanto no parquinho como na sala de aula. Criar os filhos assim também fica mais fácil. Uma criança autorregulada consegue esperar alguns minutos se o jantar estiver atrasado, bem como se concentrar nos deveres de casa mesmo movida pelo desejo de sair para brincar, ou tolerar passeios de carro. Elas conseguem ficar sentadas até o sinal do recreio tocar ou mesmo esperar para fazer uma pergunta em vez de se manifestar enquanto o professor está falando. Uma criança autorregulada é capaz de procurar resolver com palavras um conflito com um colega no parquinho, em vez de simplesmente empurrar ou bater para conseguir o que quer. A autorregulação permite que as crianças se ajustem aos desafios da vida por meio de seus próprios recursos internos, em vez de precisar que um adulto se envolva para resolver ou mediar as dificuldades para elas ou com elas.

As explosões impulsivas de Jackie refletiam sua dificuldade de ter autorregulação – um desafio que se manifestava em seus comportamentos imprevisíveis. Os pais ficavam sem ação, contrariados e muitas vezes envergonhados por causa das explosões da menina. Eles esperavam que a filha fosse capaz de lidar com as exigências simples da vida: comportar-se nas reuniões familiares ou manter a compostura quando a avó aparecia inesperadamente. Muitas vezes, porém, Jackie parecia incapaz de agir assim, despejando palavras ofensivas, muito embora reconhecesse que fazer isso era errado. Não é raro os pais presumirem que seus filhos têm condições de se autorregular quando, na verdade, eles ainda estão bem longe de conseguir. Essa disparidade é conhecida como lacuna de expectativas.[7]

A lacuna de expectativas

Muitos pais assumem que as crianças são – ou deveriam ser – capazes de fazer coisas para as quais seu cérebro ainda não está pronto. Embora nosso controle sobre as emoções e os comportamentos comece a se desenvolver ainda na primeira fase da vida, o aprimoramento dessa habilidade é um longo processo que continua no início da idade adulta[8] e é nutrido por meio dos relacionamentos. *No entanto, como todos nós sabemos, a autorregulação não é um simples marco de desenvolvimento que alcançamos em determinada idade.* Se assim fosse, nunca "deixaríamos de tê-la" nem perderíamos as estribeiras quando adultos. Na qualidade de pais, podemos ajudar nossos filhos a desenvolver a própria capacidade de controlar sua maneira de reagir aos sentimentos. Felizmente, podemos aprender a cultivar os tipos de interações que, com o tempo, ajudam nossos filhos a desenvolver melhor a autorregulação.

Como Jackie era uma menina muito articulada e comunicativa, seus pais presumiram que ela já tinha condições de se autorregular. Mas ela continuava mostrando dificuldades: seu irmão, Terrence, dois anos mais novo, muitas vezes manifestava uma capacidade melhor de autorregulação do que ela. Quando começamos a trabalhar juntos, expliquei aos pais de Jackie que as explosões da menina não eram causadas por uma parentalidade insuficiente, disciplina inconsistente ou carência de afeto. Eles não estavam criando uma criança grosseira. *Ao contrário, embora tivesse 6 anos, a capacidade de autorregulação de Jackie ainda estava em desenvolvimento*. Seu comportamento perturbador, a exemplo do embate com Terrence e a avó, indicavam que ela ainda estava desenvolvendo a capacidade de controlar as emoções e o comportamento.

Eu também disse a eles que existia uma solução. A fim de fortalecer a regulação e o controle de Jackie, nós começaríamos lidando com o agente *precursor* das explosões. A ferramenta mais importante para ajudá-la, expliquei, seria a **corregulação**. *Ou seja, ajudamos nossos filhos a aprender a administrar suas emoções e seu comportamento por meio de nossas interações afetuosas com eles – por meio de nossos relacionamentos*.

A autorregulação se desenvolve por meio da corregulação

Os pesquisadores têm descoberto sistematicamente que a corregulação é o "superalimento" que nutre a progressiva capacidade de autorregulação das crianças.[9] Quando participamos colaborativamente desse processo de autorregulação das crianças, nós as ajudamos a se sentirem seguras e a lidar com suas sensações e seus sentimentos básicos, bem como entendê-los. É útil pensarmos na corregulação como o compartilhamento de uma conexão. Nós corregulamos por meio de nosso *tom afetivo*, que reflete na maneira como falamos e interagimos com nossos filhos. *Quando agimos assim, realizamos uma façanha notável: ajudamos a regular o orçamento corporal de nossos filhos*[10] *por meio de nossas interaçõe*s.

A experiência de corregulação começa quando nossos filhos ainda são bebês; quando percebemos suas necessidades físicas[11] e respondemos a elas, de modo a fazer com que se sintam melhor. O segredo da corregulação ideal é darmos respostas às necessidades do bebê à medida que ele as demonstra. É infrutífero alimentarmos um recém-nascido uma hora depois de ele ter começado a chorar de fome. Atendemos às necessidades à medida que elas ocorrem. Recorremos a nossas interações *responsivas*,[12] a fim de descobrirmos do que eles precisam para que se sintam seguros, calmos e satisfeitos. De acordo com o psicólogo Stuart Shanker, "um estado compartilhado de tranquilidade se manifesta quando remodelamos o comportamento de outra pessoa e identificamos e reduzimos seu estresse".[13]

As mães podem colaborar com a corregulação *antes* mesmo do nascimento do bebê. Para tanto, devem manter um estilo de vida saudável, dormir e se alimentar adequadamente, receber os necessários cuidados pré-natais e minimizar o estresse durante a gravidez. O ambiente pré-natal pode afetar a capacidade de autorregulação do bebê após o nascimento. Por exemplo, bebês cujas mães experienciaram intenso estresse ou trauma podem ser mais vulneráveis fisiologicamente.[14] A corregulação ajuda a criança a se sentir compreendida, notada e valorizada. Isso confirma o emergente senso de identidade da criança, fazendo-a entender: *sou notada, sou importante e meus sentimentos são importantes para outra pessoa.*

Alguns exemplos de corregulação bem-sucedida na infância:

- Seu filho **recém-nascido** começa a chorar e você se dá conta de que é hora da alimentação (de novo); você gentilmente o pega no colo, alimenta-o e ele para de chorar, olhando satisfeito em seus olhos.
- Seu filho de **9 meses** aperta um botão de um brinquedo novo que emite um som inesperado. A criança imediatamente olha para você com olhos arregalados e assustados. Você olha para seu filho e diz: "Nossa! Que legal!" com ternura e em tom efusivo; e ele se acomoda, continuando a explorar o brinquedo.
- No primeiro dia de pré-escola de seu **filho**, ele para no meio do caminho entre o estacionamento e o portão da escola e protesta, dizendo que não quer entrar. Você se ajoelha e explica para ele com ternura a importância desse momento, dizendo-lhe com voz suave e terna que esse é um grande dia e que você está feliz por estarem caminhando juntos. Ele olha para você, então pega sua mão para caminhar em direção à sala de aula.
- Sua **filha de 10 anos** chega da escola e conta que está tendo dificuldades com o grupo de amigos. Você percebe uma expressão de tristeza no rosto dela; agradece por ela ter contado a você e pergunta se quer lhe contar mais. O rosto dela se suaviza e ela se encosta em seu corpo para receber um abraço.
- Você chega em casa depois de um dia estressante no trabalho. Seu cônjuge ou parceiro prontamente lhe dá um abraço afetuoso, perguntando o que você precisa: um jantar, um momento de silêncio, um banho quente? Seu corpo relaxa envolvido pela terna sensação de corregulação, de se sentir

percebida e sintonizada. (Sim, a corregulação é um processo humano, benéfico não apenas para as crianças, mas também para os pais!)

Em cada um desses exemplos, o poder derivou do tom afetivo, terno e caloroso. No início, o mais importante não é necessariamente o que dizemos, mas, em um sentido mais amplo, a maneira como *agimos* com nossos filhos. Sem dúvida, algumas palavras de incentivo também são bem-vindas, mas, como vimos, nosso cérebro detecta[15] o tom afetivo de uma pessoa milissegundos antes de decodificar a linguagem. *De fato, o primeiro passo para ajudar uma criança com dificuldades não é falar, ensinar ou advertir. É estar presente ao lado dela.*

O conceito da corregulação é o elemento fundamental[16] no campo da saúde mental infantil e entre os cientistas que estudam o desenvolvimento dos primeiros anos de vida. No entanto, ele é menos conhecido na sociedade em geral. Provavelmente o pediatra do seu filho nunca abordou a questão da corregulação em um exame de rotina, tampouco um professor o mencionou. *No entanto, na qualidade de psicóloga, estou convencida de que se trata do ingrediente mais importante para quem quer ajudar no desenvolvimento da saúde mental e da resiliência dos filhos.*

A corregulação é o que desenvolve a capacidade futura da criança para responder com flexibilidade aos desafios permanentes da vida, bem como enfrentar adversidades e construir vínculos afetuosos com outras pessoas. Ela também define o importante modelo de empatia e cuidado para com os outros. E é uma excelente maneira de fazermos depósitos no orçamento corporal de nossos filhos.

Você não precisa ser perfeito

A despeito de toda a importância da corregulação, ela não deve aumentar as já consideráveis demandas que recaem sobre os pais. Em geral, eles se sentem julgados ou responsabilizados, e certamente não quero intensificar sua carga de estresse ou seu sentimento de culpa. Sem dúvida, nosso tom afetivo é importante, mas lembre-se de que os seres humanos são resilientes, e as pesquisas mostram que na criação de filhos pequenos deixamos naturalmente de perceber as pistas de seu comportamento *com mais frequência* do que conseguimos entendê-las com precisão logo na primeira vez. *Parentalidade é essencialmente um jogo de adivinhação.* Você não precisa "alcançar" a corregulação em sua plenitude. Pais imperfeitos (que todos nós somos) podem criar filhos perfeitamente saudáveis – e assim o fazem.

Uma evidência dessa verdade nos é oferecida pelo Dr. Ed Tronick, pesquisador pioneiro do desenvolvimento infantil. Ele passou décadas estudando as interações entre os bebês e suas mães. (O termo por ele usado, *regulação mútua*,[17] como a *corregulação*, descreve a maneira como os bebês e seus pais afetam mutuamente as emoções e os comportamentos uns dos outros.) A pesquisa do Dr. Tronick mostra que, quando as mães tentam descobrir do que seu bebê está precisando, elas *raramente acertam logo na primeira tentativa.* Não conseguimos entender num passe de mágica o que os bebês necessitam de nós; precisamos da ajuda deles para chegar a essa compreensão. Esses desacertos e desencontros são a norma. Apenas cerca de 30 por cento das interações mãe--bebê são bem acertadas ou coordenadas logo na primeira vez,[18] com a mãe detectando imediatamente e com precisão do que o bebê necessita, diz o Dr. Tronick.

Além disso, muitas mães têm dificuldades com a própria saúde mental após o parto. Algumas experienciaram a sensação de culpa e vergonha por terem sentimentos ou pensamentos negativos em um momento em que se espera que estejam felizes. Nos meses seguintes ao nascimento de minha primeira filha, em virtude da prolongada privação de sono e do estresse de ter que monitorar o peso e o desenvolvimento de meu bebê prematuro, experienciei elevado nível de ansiedade e medo, e não conseguia entender o que havia de errado comigo. Esses sentimentos reapareceram algumas vezes em momentos estressantes, levando-me a pensar se minhas próprias dificuldades estavam de algum modo prejudicando minhas filhas. Nossa condição de mães e pais pode nos levar a vivenciar uma variedade de sentimentos e emoções que são influenciados pela forma como fomos criados, pelas mudanças de nosso estado corporal, pelos níveis hormonais e as variações no sono. No entanto, caso sentimentos ou pensamentos desagradáveis se tornem intensos ou desanimadores, é importante você consultar seu médico. Ansiedade e depressão intensas no período pós-parto, ou continuadas, são disfunções que requerem cuidado afetuoso e tratamento.

Quer estejamos ou não enfrentando esses problemas, o entendimento de como estabelecer a corregulação com nossos bebês e nossas crianças é um permanente processo de aprendizagem. Com o tempo, aprendemos o que significam os comportamentos de nossos bebês e continuamos aprendendo com eles à medida que crescem. Como escreveu o Dr. Tronick, "a confusão é uma qualidade inerente às interações bebê-cuidador, e, portanto, a tarefa de criar significados compartilhados é igualmente intimidadora para bebês, crianças e adultos".[19] Assim, se você erra o foco com seu filho, seja ocasionalmente ou com frequência, dificilmente estará sozinho. A pesquisa indica que o aprendizado e o crescimento também acontecem no *processo de reparação*,[20] no qual tentamos mais uma vez buscar uma solução para o descompasso entre o que a criança precisa e o que *pensávamos* que ela precisasse ou *o que tivemos condições de prover naquele momento.*

Devemos compreender que é impossível dar a uma criança o que ela precisa em todos os momentos. As cores de nosso caminho mudam em função das demandas da vida, assim como acontece com as de nossos filhos. Durante a pandemia de Covid-19, muitos de nós tivemos a oportunidade de conhecer bem a sensação de estar sob "exaustão extrema" e acabar aterrissando no caminho vermelho ou azul. Conversei com muitos pais e mães que, durante o período de confinamento, sentiram-se desafiados ao limite e se culparam pelas dificuldades emocionais e comportamentais de seus filhos. *A realidade é que o comportamento de pais e filhos era compatível com a escassez de recursos internos e o saldo deficitário de seus orçamentos corporais.* A recomposição desses recursos requer tempo. Por enquanto, se você está se culpando por interações negativas que teve com seu filho, saiba que as crianças assimilam todo o conjunto das interações que têm conosco. Quando nos mostramos presentes e fazemos as necessárias correções de rumo, ajudamos as crianças a desenvolver confiança no mundo e em si mesmas.

Na condição de mães e pais, nem sempre lemos corretamente o comportamento de nossos filhos – e não devemos esperar que assim o seja. Ajudamos nossos filhos a desenvolver uma percepção saudável de si mesmos toda vez que, percebendo que estamos sobrecarregados pela tarefa de ser pais, corrigimos nossos erros e acalentamos *a nós mesmos* a fim de nos sentirmos melhor. A compaixão e a esperança habitam esse processo de reparação, e, com o tempo, podemos abraçar o objetivo de fazer com que as interações e experiências positivas superem as negativas. Ao longo do caminho, quando acontecem essas experiências negativas, temos a oportunidade de mostrar a nossos filhos que é possível crescermos a partir delas.

Conclusão: não precisamos ser perfeitos para criar crianças saudáveis. *Sempre haverá divergências, assim como sempre haverá oportunidade de repará-las – e é daí que vem o crescimento.* O importante é você aprender com seu filho. As reparações também são oportunidades para demonstrar flexibilidade mental às crianças. O reconhecimento de que você cometeu um erro é uma forma significativa de ajudar as crianças a perceber que nós admitimos nossa vulnerabilidade natural como seres humanos.

Alguns exemplos de divergências e reparações:

- Sua filha de 9 meses está comendo sentada no cadeirão e fica agitada de repente. Pensando que ela ainda está com fome, você lhe oferece mais comida, mas ela recusa. (Divergência) "Ah, você não quer mais?" você pergunta. Ela sorri e estende as mãos para ser carregada. (Reparação)
- Seu filho de 3 anos está se divertindo com os primos quando você percebe que está atrasada para ir buscar o mais velho na escola. Você rapidamente puxa a criança pela mão e diz: "É hora de ir embora". Ele protela e você perde o controle, protestando: "Você sempre nos atrasa!". Assustado, ele começa a chorar. (Divergência) Você perde a pressa e se senta com ele em um degrau. "Ah, meu Deus. Eu estava com pressa e me afobei. Vamos sentar um pouquinho, querido. Você queria brincar com seus primos e não nos atrasou – foi culpa minha. Perdi a noção do tempo e lamento por ter gritado com você". (Reparação)
- Sua filha de 7 anos aparece com um lagarto que encontrou no quintal. Ela apresenta com orgulho o novo animal de estimação e o solta na cozinha. Quando você grita e a repreende por trazê-lo para dentro e exige que o leve de volta para o quintal, um olhar triste e abatido se revela no rostinho dela. (Divergência) Você se desculpa pela reação precipitada e confessa a ela que tem um pouco de medo de lagartos, mas que percebe como ela está animada. (Reparação) Vocês estabelecem um plano mutuamente aceitável para liberar o bichinho no quintal.

Quando permitimos que nossos filhos percebam a existência de uma explicação alternativa para o que dissemos, é menos provável que eles assimilem uma mensagem negativa que acreditam ter ouvido; por exemplo, *sou egoísta, sou fraco, algo está errado comigo.* Eu compreendo que o trabalho de reparação pode fazer aflorar alguns sentimentos confusos, mas a boa notícia é que, quanto mais você errar como pai ou mãe, mais oportunidades terá de corrigir as coisas. *O processo de reparação pode promover o crescimento das crianças, pois elas aprendem por meio da observação da autoconsciência e flexibilidade emocional dos pais.*

O enfrentamento dos desafios promove resistência

As crianças desenvolvem resistência e determinação[21] quando enfrentam dificuldades e, com a ajuda afetuosa dos pais e de outros adultos, superam essas experiências. Nenhum de nós consegue desenvolver a resistência sem vivenciar níveis toleráveis de desconforto ou sofrimento. *Como não podemos proteger nossos filhos das experiências difíceis, é reconfortante saber que a resistência é um provável benefício do enfrentamento aos desafios.* É por meio do apoio afetuoso dos pais que as crianças conseguem aprender mais e crescer com suas dificuldades. Na verdade, é assim que todos nós desenvolvemos as habilidades necessárias para lidar com desafios. No entanto, quando as crianças experienciam *apenas* as divergências e rupturas, e não as reparações,[22] o estresse se acumula e, quase sempre, cobra um preço muito alto O psiquiatra Bruce Perry, que estudou maneiras de ajudar as pessoas a se recuperarem do estresse crônico, diz que o estresse se torna tóxico ou traumático quando a criança não conta com a presença de adultos capazes de oferecer apoio,[23] o que amortece a tensão.

Corregulação não significa pavimentar o caminho: lembre-se do "desafio na medida certa"

No Capítulo 1, discutimos a importância do suporte na medida certa e no momento certo para cada criança. Isso não significa que devemos proteger nossos filhos contra toda espécie de agentes estressores (uma tarefa impossível, de qualquer maneira). *O estresse pode ser prejudicial, mas também benéfico; e sem níveis toleráveis de estresse[24] não teríamos a oportunidade de fazer concessões diante de desafios inevitáveis.* Nas palavras do Dr. Perry, "quando moderado, previsível e padronizado, é o estresse que torna um sistema mais forte e mais capaz funcionalmente".[25] As crianças desenvolvem resistência ao lidar com certo nível de estresse e, nesse processo, adquirem novas habilidades para tolerar mudanças, bem como um espectro mais amplo de emoções.

Apresentei nas páginas anteriores a ideia do "desafio na medida certa". Não devemos fazer automaticamente para as crianças coisas que elas podem fazer sozinhas. Em vez disso, devemos avaliar o que elas *têm condições* de fazer por conta própria e oferecer apoio quando necessário – quando sentimos que elas já enfrentaram uma dose suficiente de estresse. Esse é outro aspecto da corregulação respeitosa. *Também é importante oferecermos às crianças muitas oportunidades para que elas explorem o mundo por conta própria – sempre com os pais na retaguarda para o caso de precisarem de ajuda.*

Sem determinado grau de desafio, não conseguimos desenvolver novas habilidades – seja uma habilidade básica, como correlacionar formas geométricas, ou uma habilidade emocional, como a perseverança. Se você demonstrar pressa no momento em que seu filho tem dificuldade para encontrar a forma certa que se encaixa no espaço correspondente do brinquedo, ele nunca aprenderá a fazer isso sozinho. Se você disser imediatamente a seu filho o que ele deve dizer a um irmão com quem está travando uma disputa, ele não terá a oportunidade de resolver o problema por si mesmo e aprender, por meio da prática, o que funciona e o que não funciona.

Aqui estão alguns exemplos de pais que lidaram exitosamente com seus filhos na zona de desafio:

- Você chega com sua filha de 4 anos para deixá-la na companhia de uma babá de confiança, que recentemente se mudou para uma nova casa. Com a voz hesitante e os olhos marejados, sua filha fala que não quer ficar, mas a intuição lhe diz que este é um desafio na medida certa, então você entra com ela e conversa com a babá enquanto aprecia a nova casa. A criança relaxa o aperto em sua mão; você não demora muito e se despede com confiança. Quinze minutos depois, a babá manda uma mensagem para você dizendo que elas estão desenhando felizes juntas.

- É a vez de seu filho de 9 anos contar na escola coisas sobre a família. Juntos, vocês montaram um cartaz em cartolina com desenhos e fotos de irmãos, avós e do cachorro da casa. Quando seu filho lhe diz que não quer ir à escola no dia da apresentação do trabalho sobre a sua família, você conta amorosamente sobre a ocasião em que teve medo de fazer uma apresentação importante no trabalho. Isso atenua o nervosismo do menino em relação à apresentação a ser feita. Você continua com a rotina matinal, fazendo-o entender que ficar em casa não é uma opção. Naquele dia, retornando da escola com um sorriso no rosto, ele conta orgulhosamente que os colegas gostaram muito da apresentação e fizeram muitas perguntas.

Que nível de angústia é muito alto?

Em todos os exemplos, a intuição abriu caminho para decisões que ajudaram a criança a enfrentar um desafio administrável. Certamente, nem sempre é fácil saber como tomar decisões complexas de parentalidade. Mas o sistema nervoso do seu filho pode ser um guia facilitador das decisões. Podemos avaliar a intensidade da angústia que nossos filhos estão vivenciando (lembre-se do *continuum* de angústia que discutimos anteriormente), ponderando-a em uma escala de 1 a 5. Esses pais permaneceram firmes enquanto os filhos enfrentavam níveis de angústia no caminho verde, ou na faixa de 1 a 3. Se os níveis de angústia estivessem no caminho vermelho, ou na faixa de 4 a 5, as crianças precisariam de mais corregulação. Nós analisamos *frequência, intensidade* e *duração*[26] das ações e do comportamento da criança, a fim de entender se ela consegue se autorregular ou se precisa de nossa ajuda, e determinamos a dose de apoio de que a criança precisa, por meio da observação de seu nível de angústia subjetivo.

No caso de uma criança que está aprendendo a andar, os pais oferecem *apenas a dose suficiente de apoio*, mantendo-se na retaguarda, para que a criança possa dar os primeiros passos por conta própria. Se ela hesita, você a encoraja com palavras gentis e solidárias, reconhecendo que ela deseja dar os primeiros passos, mas está naturalmente hesitante. O estresse da criança pode estar em um nível 1 ou 2. Esperamos um pouco e depois, se sentirmos que ela precisa, podemos oferecer uma mão ou alguma coisa em que ela possa se segurar. Em resumo, estamos incentivando a criança a operar dentro de sua zona de desafio. No final desse dia, a mesma criança, agora sonolenta, pode tropeçar em um brinquedo ao tentar andar e acabar chorando a plenos pulmões, exibindo no corpo um nível aumentado de sofrimento – na faixa de 4 a 5. Esse choro indica uma necessidade mais imediata de corregulação afetuosa, bem como de calma e aconchego (e a percepção de que é o momento de começar a rotina da hora de dormir).

Algumas vezes, não temos consciência do importante papel que a corregulação desempenha na tarefa de ajudar as crianças a lidarem com o estresse e a entenderem os desafios. Quando eu era criança, por exemplo, minha mãe costumava se preocupar demais com a segurança de suas pessoas queridas. Meus pais eram imigrantes que trabalhavam muitas horas para sustentar nossa família de sete pessoas. Na infância, minha mãe enfrentou muitas dificuldades, o que a predispôs a esse sentimento de preocupação. Ainda me lembro da expressão ansiosa que eu via em seu rosto nas frequentes ocasiões em que meu pai voltava tarde do trabalho. Com o tempo, assimilei a preocupação. Eu ficava sentada, olhando pela janela, com o coração batendo rápido, enquanto esperava ansiosamente enxergar os faróis de sua van. Eu só conseguia me acalmar depois que ele entrava pela porta.

Sem dúvida, minha mãe não percebia que eu estava sofrendo. Eu era a mais velha de quatro filhos, e ela tinha muito trabalho a fazer. Se ela soubesse, certamente teria encontrado uma forma de aquietar meus medos. Naqueles momentos eu precisava da corregulação de minha mãe para acalmar minha angústia emocional causada por essas experiências frequentes e intensas.

Neurônios-espelho, espelhamento e a plataforma dos pais

É natural e instintivo o processo de corregulação dos pais com os bebês e as crianças. Um motivo: *neurônios-espelho*. Em 1992, pesquisadores italianos[27] descobriram células do cérebro humano que nos ajudam a entender as ações e experiências das outras pessoas. É por essa razão que, por exemplo, quando vemos nossos filhos sofrendo, somos emocionalmente afetados pela experiência. Muito antes de conhecermos os neurônios-espelho, o psicanalista Donald Winnicott explicou que o rosto da mãe "espelha" naturalmente os sentimentos e as necessidades de seu bebê[28] – e reconheceu a importância dessa condição para a crescente percepção que o bebê tem da validação de suas próprias experiências. *O fato de uma criança ver e sentir o espelhamento das emoções por um adulto é em si uma poderosa forma de corregulação.*

Além disso, as mães tendem a atender às necessidades dos filhos de forma automática e instintiva. Pesquisadores observaram que, quando uma mãe testemunha a angústia de seu filho, ela sofre mudanças no *próprio* sistema nervoso.[29] Mães e pais, quase sem exceção, conhecem essa experiência de "sentir" as emoções do filho no próprio corpo. Tenho uma intensa percepção de meus sentimentos internos; assim, quando minhas filhas eram pequenas e uma delas ficava doente, eu às vezes também me sentia mal. Se você já viu seu filho jogar um esporte de equipe, é possível que tenha sentido como se também estivesse dentro do campo de futebol ou da quadra de basquete. Nossos instintos, nossos neurônios-espelho e nossas plataformas mudam quando nosso filho está em estado de angústia. Costumo dizer que me sinto como se carregasse quatro corações dentro do corpo: o meu e os das minhas três filhas. A experiência visceral da parentalidade é real.

Por que é tão importante entendermos e satisfazermos as necessidades emocionais de nossos filhos por meio da corregulação? *Quando os adultos atendem às necessidades físicas e emocionais de uma criança desde o nascimento, estão desenvolvendo habilidades de autorregulação que servirão às crianças por toda a vida e também na idade adulta.*

É mais importante o que você é do que o que você diz

Tive a sorte de experienciar a corregulação no relacionamento com minha avó paterna, que morava na Holanda, mas passava a maior parte dos verões com minha família. Eu era uma criança quieta e ansiosa, e esperava impacientemente pelas visitas dela. Minha avó tinha cabelos brancos longos e esvoaçantes, que mantinha presos em um coque. Ela cheirava a perfume de lavanda e chocolate holandês. Minha avó costumava trazer jogos europeus de tabuleiro para disputarmos juntos, e os prêmios eram doces fabulosos que ela trazia em latas decoradas. Fazíamos longas caminhadas, parando às vezes para descansar sob uma árvore especial. Conversávamos e ríamos desde a manhã até a noite. Seu único propósito durante esses verões era passar um tempo com meus irmãos e eu – quatro de seus seis netos. Ela se divertia conosco tanto quanto nós nos divertíamos com ela.

Nunca me esquecerei da noite em que um incêndio florestal se alastrou nas montanhas que ficavam a poucos quilômetros de nossa casa. Fiquei sentada na cama ao lado de minha avó, observando as chamas vermelhas brilhantes que iluminavam o céu noturno. A princípio senti muito medo, mas depois que ela se sentou ali, segurando minha mão e observando o fogo junto comigo, comecei a sentir segurança. Ficamos sentadas lá durante horas, maravilhadas com a variedade de cores das chamas que se alastravam montanha acima, avançando sobre o cume, distante de nossa casa. Eu me lembro até mesmo do vestido florido em tons de amarelo e cinza que ela usava naquele dia – a lembrança da corregulação e da sensação de segurança na companhia de minha amada avó é vívida ainda hoje, depois de todos esses anos.

Em alguns dos momentos mais difíceis e estressantes da minha vida, invoquei a memória de minha avó, conseguindo distinguir com clareza em minha mente seu rosto e sua voz, mesmo décadas depois de ela ter morrido. O ato de pensar nela sempre contribui para que eu me sinta centrada e mais calma. Minha avó me ajudou a desenvolver a autorregulação, a capacidade de controlar as emoções e o comportamento por meio de minhas próprias ações. O que recebi como presente dela: memórias de corregulação que conectavam meu cérebro para, com o tempo, culminar na autorregulação.

Quando praticamos a corregulação ou compartilhamos a conexão com nossos filhos, as experiências formam, no decorrer do tempo, memórias de um sentimento de segurança na relação com o outro, e eles crescem confiando que as outras pessoas atenderão às suas necessidades. *Ao proporcionar ao seu filho experiências afetuosas de conexão, você está garantindo a ele uma condição vantajosa para enfrentar os desafios da vida.* Isso acontece porque nosso sistema nervoso se lembra da segurança decorrente dessas experiências – tanto as memórias que conseguimos evocar quanto – e ainda mais – aquelas das quais não temos consciência. Essa sensação de segurança foi um presente de minha avó para mim.

Pense na maneira como os barcos permanecem estáveis sobre a água. Quando atendemos às necessidades físicas e emocionais de nossos filhos, estamos desempenhando o mesmo papel que uma quilha tem em um barco. Ela ajuda o barco a ficar na posição vertical e evita que ele tombe para os lados. Se a quilha for resistente, o barco estará estável, independentemente do que aconteça. A menos que seja completamente alagado, ele pode resistir a tempestades e ventos fortes sem tombar. Pense na corregulação como se fosse uma quilha: quaisquer que sejam as tempestades ocorridas na vida da criança – grandes ou pequenas –, isso a ajuda a manter a estabilidade. Quando contrapomos nossa calma ao desassossego da criança, estamos ajudando a desenvolver sua autorregulação.

Crianças como Jackie têm necessidades invisíveis que podem levá-las ao caminho vermelho. O que os pais dela veem são comportamentos imprevisíveis.

Algumas crianças demoram mais tempo para formar suas quilhas – por vários motivos que apresentaremos no Capítulo 6. Portanto, é importante reconhecermos os momentos em que o comportamento da criança sinaliza que ela está precisando de corregulação antes de qualquer coisa, e só mais tarde de ensinamentos. Se a quilha da criança ainda não estiver formada, ela pode precisar de mais experiências de conexão compartilhada para ajudá-la a se sentir cada vez mais tranquila diante de desafios progressivamente maiores. *Era disso que Jackie precisava e é também a necessidade de muitas crianças quando seu comportamento continua deixando os pais perplexos.*

Corregulação: gerando amor e confiança

Por esse motivo, quando desenvolvi o trabalho com a família de Jackie, nossa principal prioridade não foi mudar o comportamento da menina, e sim entender melhor como ela vivenciava o mundo. Precisávamos fortalecer a conexão compartilhada que a ajudaria a desenvolver uma caixa de ferramentas mais robusta e resistir quando enfrentasse desafios à sua plataforma. Conversamos sobre a lacuna de expectativas. Os pais de Jackie provavelmente esperavam dela mais controle emocional do que ela algumas vezes conseguia ter, e, desse modo, com frequência ficavam frustrados ou desapontados – o que também acontecia com a filha deles. Embora os pais às vezes estivessem predispostos a considerar que o comportamento da filha era deliberado, foi positivo eles ouvirem que ela provavelmente queria agradá-los, mas que sua plataforma não estava em condições de atender ao que dela era demandado. Jackie desejava agradar aos pais, mas, naqueles momentos em que não conseguia se controlar sem o auxílio da corregulação, ela simplesmente não era capaz. Então, adotamos uma abordagem diferente. Em vez de tentar mudar seu comportamento com recompensas ou castigos, nós nos concentramos no fortalecimento de sua *autorregulação por meio da conexão compartilhada da corregulação.*

A corregulação é perniciosa?

As mães e os pais muitas vezes se perguntam se a prática da corregulação não passa de outra forma de mimar ou estragar. Não estou sugerindo que eles sejam permissivos quando a criança de fato precisa da imposição de limites. Na verdade, mimar e corregular são coisas bem diferentes. Uma se traduz na permanente satisfação dos desejos da criança, nunca dizendo não. A outra, no suporte às necessidades físicas e emocionais da criança. *A corregulação não consiste em garantirmos que nosso filho esteja sempre feliz, nem em evitarmos que ele enfrente quaisquer desafios.* Atender às necessidades de proteção e segurança da criança não significa dar tudo o que ela quer, tampouco impedir que ela tenha que enfrentar emoções difíceis. De fato, o crescimento acontece quando proporcionamos às crianças tempo e espaço para que elas resolvam suas questões.

O segredo é observarmos e fazermos o possível para compreender as reações emocionais da criança através das lentes de sua própria experiência de mundo. Corregular não significa abdicar de nossa autoridade de pais, mas sim mudar nossas prioridades. *Em vez de considerar o comportamento da criança como bom ou ruim e, depois, tentar administrá-lo, nós analisamos o comportamento para encontrar significado e informações sobre as necessidades da criança, e prestamos atenção à relevância do estresse que aflige seu corpo.* Fazemos isso observando a plataforma e as cores do caminho dela.

A corregulação é um poderoso elemento de sustentação que nos dá condições de apoiar as crianças enquanto elas aprendem e crescem, experimentam coisas novas e, algumas vezes, enfrentam dificuldades. A capacidade de regulação de *nossas próprias* emoções nos ajuda a suportar sentimentos perturbadores para que possamos ajudar nossos filhos a desenvolver novas habilidades e, com o tempo, conseguir lidar com o sofrimento por meio dos próprios recursos emocionais. Se o comportamento de nossos filhos nos deixa ansiosos ou estressados, esse estado de coisas pode minar nossa condição de desempenhar o papel que nos cabe na corregulação. Isso pode parecer um fardo, mas não se preocupe. No próximo capítulo, apresentarei um plano para ajudar a aliviar a carga emocional da parentalidade.

Os pais podem testemunhar compassivamente o esforço da criança para vencer as dificuldades, *mas também* estabelecer limites firmes e adequados. Na verdade, isso ajuda as crianças a desenvolverem tolerância a uma vasta gama de emoções – negativas e positivas.

Todos nós temos opiniões firmes sobre o significado dos comportamentos – e a maneira de ajudar as crianças a controlá-los. *Ao compreender a corregulação, percebemos que muitos comportamentos contestadores não passam de reflexos do sistema nervoso estressado da criança, tentando se adaptar da melhor maneira possível.*

Desse modo, mesmo os comportamentos mais desafiadores podem ser interpretados como protetores e significativos.

Quando Jackie pareceu ser indelicada com a avó, seu sistema de detecção de segurança registrou uma ameaça (apesar das circunstâncias objetivamente seguras), e o resultado foi um comportamento "grosseiro" característico do caminho vermelho. Os comportamentos nos dizem muito sobre aquilo que não conseguimos ver e sobre o que nossos filhos realmente precisam de nós na forma de corregulação.

A corregulação exige que tenhamos condições de administrar e tolerar nossas reações diante do amplo espectro de emoções diferentes de nossos filhos, para que possamos manter a calma no momento em que eles precisarem que estejamos calmos. Geralmente não é fácil.

Pode ser estressante constatar que seu filho frequentemente tem dificuldades para lidar com emoções ou comportamentos, mas eu encorajo você a não perder a esperança. Sempre há alguma coisa que você pode fazer para apoiar seu filho e ajudá-lo a superar as fases desafiadoras. É essencial que, tanto nos momentos fáceis como nos difíceis, ele sinta uma adequada conexão compartilhada com você e outros adultos nos quais ele confie. *Quando ocorrerem momentos difíceis ou conflitos, procurem superá-los juntos e implementem correções que funcionem bem para vocês dois. Nunca é tarde demais para praticar reparações ou corregulação.*

Este é o cerne da parentalidade cérebro-corpo: *quando respeitamos as experiências subjetivas das crianças com base nas reações de seu próprio corpo, conseguimos dosar e personalizar nossas interações.* Em vez de se limitar a recompensar comportamentos "bons" ou de seguir a sugestão de diretrizes genéricas de parentalidade, respalde suas ações no conhecimento sobre o comportamento de seu filho e nos sinais exibidos pelo corpo dele, para ajudá-lo a expandir a capacidade de superar novos desafios. Com esse entendimento do importante papel da corregulação, vamos discutir formas de integrar esse conceito ao seu relacionamento com seu filho.

Saques e devoluções: gerando resiliência por meio de interações

A corregulação envolve interações de ida e volta – um movimento de conexão compartilhada e afeição. Como em um jogo de tênis, uma pessoa saca, a outra devolve, e a bola vai e volta. Pesquisadores e especialistas em desenvolvimento descrevem esse movimento, de modo similar, como interações de "saques e devoluções".[30] O que uma pessoa faz influencia a ação subsequente da outra. Em um jogo de tênis, um jogador decide como devolver o saque com base nas ações esperadas do outro jogador.[31] Você altera sua resposta apoiado na suposição que faz de onde a bola deverá cair no seu lado da rede. Da mesma forma, alteramos as respostas que damos aos nossos filhos com base no que eles estão servindo a nós. Quando essa troca se mostra segura e protetora, realizamos a corregulação. Quando não conseguimos descobrir o tipo de devolução ou serviço de que a outra pessoa precisa, ficamos frustrados e podemos nos sentir imobilizados ou ineficazes. Isso também faz parte da parentalidade. Nem sempre é fácil entendermos como acalmar uma criança e nos conectar com ela. Portanto, não se culpe se tiver dificuldades no começo ou ao longo dos vários estágios de desenvolvimento de seu filho ou das diversas experiências que ele vivencia.

O processo de sacar e devolver viabiliza nossa comunicação com nossos filhos. Ele começa muito cedo, desde os primeiros momentos em que nos apaixonamos por nossos bebês, por meio da troca de olhares e sorrisos. "A energia da reciprocidade está na comunicação de cuidados de um lado ao outro",[32] diz a terapeuta Deb Dana. Em outras palavras, parentalidade não é verdadeiramente *oferecer* cuidados, mas sim *compartilhar* cuidados. A comunicação é bidirecional. Essas primeiras trocas estabelecem o alicerce da comunicação, os momentos em que a criança aprende a se revezar com outra pessoa. Em sua essência, a comunicação humana é um movimento de vaivém que dispensa as palavras – expressões faciais ou gestos costumam ser suficientes. Essa comunicação é fundamental e benéfica e, quando está funcionando, promove um sentimento de satisfação.

O processo de saques e devoluções da corregulação pode ser tão simples quanto um sorriso ou tão forte quanto um jogo violento e turbulento, desde que haja vaivém (ida e volta) e seja prazeroso.

Algumas coisas que você deve considerar se perceber que está faltando algo na conexão compartilhada com seu filho:

- Seu bebê olha para o seu rosto, mesmo que por alguns instantes? (Em caso negativo, não se preocupe; esse comportamento pode demorar um pouco até aparecer, especialmente se o bebê for prematuro.) Quando seu recém-nascido espia você de relance, observa você com olhar contemplativo ou simplesmente olha por um momento, está fazendo um saque. É surpreendente como é inato nos bebês o dom de compartilhar a conexão conosco por meio dos olhos, até mesmo quando eles não têm controle sobre outros movimentos do corpo.

- Quando você inicia um saque, seu filho de 9 meses está manifestando uma resposta? Está fazendo alguma coisa em retorno – sorrindo, emitindo um som, estendendo os braços, tocando suas mãos ou colocando na boca os brinquedos que você oferece, enquanto olha para você? Seu bebê está iniciando o saque olhando ou sorrindo para você, estendendo os braços para ser carregado ou se comunicando com você de outra forma?

- Seu filho que está dando os primeiros passos tenta compartilhar seu mundo com você? Ele aponta para objetos que deseja ou quer mostrar a você? Ele usa palavras ou gestos[33] para mostrar, perguntar ou dizer alguma coisa?

- Seu filho em idade escolar puxa conversa com você, brinca com você ou gosta de fazer com você alguma coisa que envolva interações de ida e volta? Ele gosta de conversar com você e contar coisas, ou apenas de ficar ao seu lado enquanto caminha? Gosta de fazer as refeições com você, pede ajuda com o dever de casa ou, normalmente, só quer ficar junto?

Se sua resposta a essas perguntas for "não" ou "quase sempre não", é conveniente refletir sobre esses elementos constitutivos da comunicação e verificar se você consegue introduzir atividades prazerosas que estimulem interações do tipo ida e volta. Algumas vezes, nossos filhos precisam de um pouco mais de prazer para conseguir impulsionar o processo de saque e devolução na interação conosco. Se você perceber que *existe insuficiência ou ausência total* desse servir e devolver a que eu me referi acima para diferentes idades, consulte seu pediatra ou especialista em desenvolvimento a fim de obter apoio adicional. Esse contato positivo estabelecerá o alicerce para as interações posteriores, como quando seu filho pede seu conselho nos momentos em que enfrenta desafios ou dilemas e, mais tarde, ao se aproximar da adolescência e da idade adulta, tem em você um conselheiro de confiança.

Joel e Ava enfrentaram um dilema de parentalidade em virtude das acentuadas diferenças entre Jackie e seu irmão, Terrence. As duas crianças tinham gatilhos distintos e necessidades diferentes de conexão compartilhada. A inesperada estadia da avó por uma noite funcionou como um "saque" que teve conotação de desafio para Jackie, mas foi fácil e prazeroso para Terrence. Na manhã do incidente, Terrence devolveu imediatamente o saque da vovó, reagindo com alegria; mas a presença inesperada dela provocou angústia em Jackie. Toda criança é singular, e, a partir das interações cotidianas, podemos aprender muito sobre as necessidades dela.

Com essa compreensão do papel que servir e devolver desempenham na corregulação, vamos examinar um processo dividido em quatro partes que poderá ajudá-lo a desacelerar e perceber a *qualidade* de seu saque e sua devolução, incrementando, simultaneamente, a conexão compartilhada e a alegria.

Olhar, observar, validar e vivenciar ou experienciar

Ao pensar sobre corregulação, é útil lembrarmos o acrônimo LOVE (formado em inglês pelas palavras: *Look, Observe, Validate e Experience*), que torna tão poderosa essa dinâmica de saques e devoluções: olhar, observar, validar e vivenciar ou experienciar.

LOVE

OLHAR: *olhe para o seu filho com um olhar "terno"*. Um olhar terno[34] se traduz em ampliação – literal e figurativamente – do nosso campo de visão, o que nos ajuda a ter uma mente aberta, livre de julgamentos. Com o exercício de amenizar nosso olhar, abrandamos nosso coração e nos abrimos para tudo o que podemos aprender. Um olhar terno ajuda você a adquirir a capacidade de dar atenção à informação que o comportamento de seu filho está lhe transmitindo naquele momento. O bônus: quando olhamos com olhos ternos, comunicamos uma mensagem de aceitação, ternura e afeto.

OBSERVAR: *observe sem julgar*. Nós classificamos prontamente o comportamento de nossos filhos como bom ou ruim, mas, como já vimos, os comportamentos são manifestações externas da plataforma da criança. Observe o rosto, os gestos e o corpo de seu filho e esteja receptivo à ideia de que você tem algo importante a aprender com essa observação. Observe também o nível de tranquilidade ou agitação da criança. Precisamos prestar atenção às inúmeras informações que a observação nos oferece. Preste atenção, com genuína curiosidade, ao que seu filho faz nos momentos fáceis *e* difíceis. Quando observamos sem julgar, reconhecemos que o comportamento da criança está nos dizendo algo valioso, e estamos abertos para entender o que é. Quando concedemos ao nosso filho (e a nós mesmos) o benefício da dúvida, deixamos de lado ideias preconcebidas sobre o que o comportamento da criança significa, e nos julgamos e culpamos menos por nossa suposta contribuição para esses comportamentos. Mantra: estamos todos fazendo o melhor possível com as informações – e o corpo – que temos.

VALIDAR: *valide a experiência de seu filho quando observar que ele está com dificuldades.* Se for esse o caso, recorra calmamente a um recurso de saques e devoluções que seja reconfortante e conectivo, em vez de crítico ou avaliatório. Lembre-se de que o comportamento difícil é o modo como *o sistema nervoso* de seu filho está pedindo conexão e sinais de segurança vindos de você. Seu filho quer ser notado e não se sentir sozinho. Uma forma muito poderosa de validação é simplesmente observar as dificuldades de seu filho sem tentar resolvê-las automaticamente. Algumas vezes isso é suficiente, e a simples presença, sem julgamentos, ajuda a criança a se controlar.

VIVENCIAR OU EXPERIENCIAR: *vivenciem juntos a sensação de segurança, compartilhando seu caminho verde com a criança por meio de saques e devoluções.* Tente exercitar vários saques e devoluções afetuosos com seu filho, sabendo que, provavelmente, você não acertará logo na primeira vez. Tudo bem. Nós exercitamos os músculos da resiliência de nossos filhos quando os ajudamos a se acalmar, por meio de nossas interações, nos momentos em que eles precisam de um depósito em seu orçamento corporal. Tente evoluir para trocas mutuamente agradáveis do tipo saques e devoluções, mesmo que isso signifique pedir a seu filho para lidar e se desafiar com novas experiências perturbadoras. No Capítulo 6, veremos como usar a percepção das preferências sensoriais das crianças a fim de personalizar ainda mais nossas interações. Isso permitirá que você aumente o prazer e a alegria das experiências compartilhadas, ajudando, assim, seu filho a se desafiar, bem como a desenvolver mais resistência e aumentar sua tolerância a novas dificuldades.

No caso de Joel e Ava, o exercício LOVE ajudou a orientar nosso trabalho de *fortalecimento* da plataforma de Jackie, por meio do aprimoramento de sua capacidade de autorregulação levado a efeito por intermédio do processo de corregulação e conexão compartilhada. Anteriormente eles se concentraram apenas em mudar o comportamento da menina mediante o uso de repreensões ou castigos. Depois, passaram a usar o método de avaliação, descrita no último capítulo. Agora podiam ver e entender através de uma nova lente que o comportamento de Jackie refletia sua plataforma e seu orçamento corporal. Eles a validaram – reconhecendo, para si mesmos, o quanto a autorregulação era difícil para a filha, e conectando-se com ela no caminho verde.

Joel e Ava também entenderam que o sistema nervoso de Jackie costumava registrar eventos cotidianos como ameaçadores, e essa tendência cobrava um elevado custo dela e de sua família. Portanto, o comportamento da menina funcionava, na verdade, como *protetor* para sua plataforma. Anteriormente os pais apenas ignoravam os comportamentos considerados "inapropriados" ou impunham castigos a Jackie, porque os viam como negativos e desagradáveis. Eles mudaram a abordagem de suas estratégias habituais – repreender, punir, incentivar – para, em vez disso, converter a corregulação em prioridade.

Até então, quando Jackie tinha ataques de birra por causa de pequenas contrariedades – como se deparar com granulados de uma cor indesejada em seu sorvete–, os pais tentavam ajudá-la a ver o lado positivo. Caso eles próprios estivessem estressados, diziam que ela estava exagerando. Quando, em vez disso, observavam a filha com olhos tolerantes, percebiam que ela não estava sendo mal-educada deliberadamente. *Ela ainda não desenvolvera totalmente a flexibilidade mental ou a capacidade de mudar e se adaptar com rapidez quando acontecia algo inesperado, uma capacidade que pode levar muitos anos para se desenvolver.* Munidos dessa nova compreensão quanto à lacuna de expectativas que havia entre eles e a filha, Joel e Ava mudaram seu procedimento, deixando de cobrar automaticamente que ela se comportasse melhor para primeiro encontrar paciência no caminho verde e dizer a ela, em um tom afetuoso: "Estou vendo que isso é difícil para você, Jackie". *Eles simplesmente mudaram para "ser" – antes de ensinar, corrigir ou castigar.*

Com essa mudança, Joel e Ava se tornaram mais compassivos, porque passaram a ver o comportamento de sua filha como decorrente de seu senso de autocontrole em desenvolvimento e de uma plataforma que exigia suporte por meio de corregulação. *Embora muitas pessoas entendam que a disciplina é a melhor maneira de ajudar as crianças a se comportarem melhor, a corregulação é o segredo para o desenvolvimento da autorregulação, o que tem como resultado final natural comportamentos mais convenientes.*

Como a compreensão da corregulação ajudou Jackie e sua família

Com o desenrolar de nosso trabalho conjunto, os pais de Jackie começaram a olhar para a filha de maneira diferente. Adotando sua nova habilidade de observação sem julgamento, eles descobriram que a menina era extraordinariamente sensível a mudanças sutis em suas rotinas ou em seu ambiente. Aprofundando mais nossa análise, descobrimos que Jackie necessitava de previsibilidade, porque era facilmente tomada pela angústia em decorrência de uma série de sensações que experimentava em seu corpo. Muitos sons comuns do ambiente – ruídos da TV, o choro de um irmão ou de outra criança – disparavam seu sistema de detecção de segurança. Olhando para ela com olhar terno e observando-a sem julgamento, os pais notaram que, quando Jackie se via cercada por ruídos de todos os lados (como em um restaurante ou um *shopping* movimentado), começava a roer as unhas e repetia várias vezes a mesma pergunta – sinais de que sua plataforma estava passando de forte (caminho verde) para vulnerável (caminho vermelho).

Tal descoberta foi esclarecedora para os pais, a quem nunca ocorrera que o *corpo* de Jackie (*por meio de seu cérebro*) registrava ameaças e sofria golpes nos momentos em que vivia experiências cotidianas objetivamente seguras, como ir ao parque. Eles ficaram profundamente sensibilizados quando perceberam que movimentadas reuniões familiares poderiam causar sofrimento ao corpo dela. Cientes disso, Joel e Ava mudaram as "devoluções" que faziam para os "saques" de Jackie. *Eles agora viam o comportamento "ruim" da filha como sinal de angústia, em vez de considerá-lo uma malcriação.*

Expliquei que crianças com tal nível de sensibilidade geralmente se beneficiam de rotinas e mesmice – e podem ser vistas como inflexíveis. Uma criança que sente – sem ter culpa por isso – opressão em seu corpo anseia por previsibilidade. Mas isso é diferente de ser *deliberadamente* mandona e rude. Ao mesmo tempo, o que é adaptável para o sistema da criança pode ser difícil para os pais. Portanto, é essencial lembrarmos que muitos comportamentos considerados difíceis nem sempre são deliberados ou planejados, mas sim, em geral, respostas ao estresse.

A necessidade de rotina e previsibilidade explicava por que as mudanças – mesmo as positivas, como a estadia da avó por uma noite – provocavam em Jackie comportamentos perturbadores. Alterações nas rotinas a deixavam angustiada, e ela não conseguia pedir ajuda nem descrever verbalmente o que estava acontecendo – ainda. Finalmente, Joel e Ava acabaram compreendendo que o comportamento de Jackie ia muito além da obstinação ou de deficiências em sua parentalidade. Como diz meu colega psicólogo Ross Greene: "As crianças se saem bem se assim conseguirem".[35] Eu concordo. E, quando não conseguirem, devemos procurar saber por quê. (A mesma observação vale para os pais.)

Como ficou evidente, a nova compreensão sobre o emprego da conexão compartilhada como ferramenta de parentalidade foi transformadora para Jackie e sua família. Os pais perceberam que Jackie precisava de mais conexão compartilhada e corregulação para conseguir desenvolver mais flexibilidade e se sentir mais segura nas respostas de seu corpo às experiências vividas – principalmente quando ela se deparava com situações inesperadas.

Uma vez que os pais se deram conta de que o comportamento da filha decorria de uma capacidade de autorregulação ainda não totalmente desenvolvida, eles se concentraram na corregulação. A princípio, apenas se dedicaram a promover mais oportunidades de diversão conjunta, procurando mais momentos de conexão alegre. Eles passaram a recear menos o comportamento imprevisível de Jackie. Joel e Ava *mantiveram* regras e limites domésticos bem definidos, deixando claro, com calma e autoridade, o tipo de comportamento que consideravam inaceitável. Afinal, eles eram os pais e tinham como prioridade incutir em Jackie e no irmão os princípios e valores de sua família. *Mas o foco passou do esforço em apagar incêndios para o reforço da corregulação.*

Quando observavam sinais sutis de que Jackie estava se desviando para o caminho vermelho, eles se aproximavam dela, tanto emocional como fisicamente, por meio de olhares afetuosos e conversas sobre amenidades, bem como pedindo sua ajuda para a realização de tarefas simples e divertidas. Eles também começaram a mostrar delicadamente que se interessavam em saber o que ela poderia estar sentindo dentro do corpo. Na maioria das vezes Jackie não conseguia responder, mas, ocasionalmente, conseguia dizer "horrível" ou "feliz". Esse foi o primeiro passo na trajetória de busca da origem do descontrole da menina: ajudá-la a *começar a perceber suas sensações corporais.* Quer ela lhes contasse ou não, *quando percebiam que seu orçamento corporal estava se esgotando, eles se envolviam em interações positivas, do tipo saques e devoluções voltadas ao desenvolvimento da plataforma.* Por exemplo, quando ela parecia preocupada com a perspectiva de participar de uma reunião de família, eles ajudavam a prepará--la falando sobre quem estaria lá e como seria o ambiente geral. Esse simples ato ajudava o sistema nervoso de Jackie a se preparar com antecedência para os desafios necessários, ajudando seu corpo a lidar com mais facilidade com os agentes estressores relacionados às reuniões familiares.

Eles usaram a corregulação ativa e conexão compartilhada por meio de suas interações com ela, e se conscientizaram de quão sensível ela poderia ser às vezes. Joel e Ava passaram a se dedicar com renovada atenção a prepará-la antes dos tipos de passeio que, no passado, normalmente resultavam em dificuldade. Eles perceberam que muitas das atividades na vida de Jackie estavam *acima* de sua zona de desafio, então começaram a tratá-la com mais empatia e a trabalhar a corregulação a fim de ajudá-la a desenvolver sua autorregulação. Conhecendo a excessiva sensibilidade da menina aos sons, emprestei a ela um par de fones de ouvido infantis para ela usar em eventos agitados. Isso lhe assegurou um recurso para os momentos em que os sons parecessem opressores.

Depois de alguns meses, Joel e Ava perceberam que eles – e Jackie – estavam mais descontraídos. À medida que os pais começaram a se sentir melhor, a mesma coisa aconteceu com Jackie. Eles se tornaram mais presentes e deixaram de perceber o comportamento da filha como um problema (e a si próprios como disciplinadores incapazes), bem como passaram a respeitar a necessidade de Jackie de desenvolver sua autorregulação por meio da conexão compartilhada da corregulação. Essa mudança foi terapêutica, e, com o tempo, os problemas comportamentais de Jackie diminuíram e desapareceram. Em uma das minhas últimas reuniões com a família, Jackie me devolveu os fones de ouvido junto com o desenho de um sol, como agradecimento, e, sorrindo timidamente, disse-me que não precisava mais deles.

Dica para o desenvolvimento da resiliência: a autorregulação é um processo que se inicia no nascimento e continua por meio de uma relação de *corregulação* com um adulto afetuoso que percebe, em tempo real, as pistas dadas pela criança e a sustenta com anos de experiências conectadas e afirmativas. A corregulação emocional com adultos afetuosos conduz a uma bem-sucedida autorregulação.

A experiência de corregulação de uma criança acaba promovendo sua capacidade de controlar as próprias emoções em vez de se sentir oprimida por elas. Esse é um processo diário e também a base que fortalece a saúde emocional e a resiliência da criança no futuro.

Mesmo sob as melhores circunstâncias, a parentalidade costuma ser desafiadora e exaustiva. A corregulação pode ser benéfica, mas exige muito esforço e energia. Como podemos estar presentes e não desviar do objetivo de ajudar nossos filhos quando nos sentimos esgotados? A seguir, veremos como manter a energia e o vigor, porque *nós* somos o instrumento mais importante da caixa de ferramentas.

5

Cuide-se

Nutrir seu próprio desenvolvimento não é egoísmo. Na verdade, é uma notável dádiva para outras pessoas.[1]

– Rick Hanson, PhD

Não existe uma fórmula mágica para garantir que nossos filhos sejam felizes e plenos. Mas há um elemento capaz de aumentar a probabilidade a seu favor: pais equilibrados. Quando nossa plataforma está forte, temos mais condições de orientar, ensinar e nutrir nossos filhos, bem como de estabelecer limites para eles. Sem dúvida, todos nós passamos por momentos menos admiráveis, e, nessas ocasiões, perdemos o controle e fazemos escolhas parentais das quais nos arrependemos mais tarde. Tão importante quanto promover a corregulação com nossos filhos é estarmos bem conosco. Isso não significa que devemos nos sentir bem o tempo todo, mas sim que precisamos nos sentir *suficientemente* bem para podermos compartilhar com eles os períodos em que estamos no caminho verde – onde as "coisas boas" realmente acontecem: o aconchego, as risadas, os momentos silenciosos de ternura e apoio, ou estabilidade, quando nossos filhos precisam.

Onde você está atingindo o sistema nervoso do seu filho?

Conforme expusemos, uma das maneiras de fazermos depósitos no orçamento corporal de nossos filhos é por meio da corregulação, um processo que promove a capacidade de autorregulação da criança. E qual é o ingrediente essencial da corregulação? Nós mesmos – nossa plataforma, que se evidencia em nosso tom de voz, nossas expressões emocionais, nossos gestos, nosso ritmo e nossas palavras. Neste capítulo, examinaremos maneiras por meio das quais podemos aumentar as chances de exibirmos nosso eu mais controlado, sem julgamentos e com a máxima autocompaixão possível. Isso proporcionará o que as pesquisas apontam como as formas mais eficazes de fazermos depósitos em nossos próprios orçamentos corporais, a fim de termos recursos suficientes para apoiar nossos filhos. Porém, acima de tudo, cuidar de nós mesmos melhora e mantém nossa saúde física e mental, portanto é simplesmente uma boa ideia, independentemente de sermos pais ou não.

Eu já era psicóloga infantil antes de minhas filhas nascerem, por isso me sentia extremamente qualificada para cuidar da saúde emocional delas. Eu conhecia bastante a literatura da minha área sobre parentalidade e afeto, e realmente imaginei que a parte emocional da parentalidade seria um passeio no parque! Ah, mas eu estava errada.

Observar a mim mesma como uma jovem mãe

Não muito tempo atrás, eu estava vendo alguns vídeos antigos de família quando um momento específico chamou minha atenção e me fez pausar. A imagem mostrava meu marido e eu, brincando no quintal com nossas três filhas pequenas. De repente, a mais nova começou a gritar. Sua irmã mais velha, uma criança sensível e tranquila que raramente gritava, começou a berrar também. Então, tive uma atitude que, observada depois de todos esses anos, me fez estremecer: "Você passou dos limites!", eu disse, com a voz alta e firme. Em seguida, mandei minha filha de 4 anos para o castigo (aquela que gritara em resposta). Chocada, ela olhou para mim com olhos arregalados, claramente não entendendo o que fizera de errado. Observando-me no vídeo, vi uma mãe estressada e descontrolada que parecia muito preocupada com a possibilidade de os vizinhos do lado a condenarem por ter filhas que gritavam. Também vi uma garotinha que estava se afirmando – corretamente – e minha reação exagerada ao comportamento dela.

Sem dúvida alguma, eu não tinha a menor ideia de onde minhas ações estavam atingindo minha filha. Usei um martelo quando precisava apenas de uma pena – ou talvez de nada. Eu deveria ter me limitado a observar com curiosidade, em vez de perder o controle sobre mim mesma. Obviamente, eu me senti tão constrangida que os gritos de minha filha me fizeram entrar no caminho vermelho, e acabei projetando nela minha própria insegurança, julgando-a com severidade e punindo-a. Analisando em retrospectiva, no entanto, sei que estava fazendo o melhor que podia como mãe. Naquele momento eu estava completamente desconectada de minha capacidade de regulação e do meu sistema nervoso. Eu era uma psicóloga infantil, mas naquela época não sabia coisa alguma sobre plataformas, sistemas de segurança ou caminhos do sistema nervoso. Minha área de atuação ainda não incorporara esses conceitos – e ainda não o fez.

Uma lição: é útil sabermos onde nossas ações e palavras estão atingindo nossos filhos. E então aprender como alcançar a máxima autorregulação possível. *Porque nós e nosso próprio senso de bem-estar somos as ferramentas mais importantes em nossa caixa de ferramentas de parentalidade.*

Muitos pais – principalmente as mães – me confidenciaram que se preocupam com o alto preço que seus próprios fardos – depressão, ansiedade ou ausência de cuidados médicos, de apoio à saúde mental ou de recursos financeiros adequados – podem ter cobrado do desenvolvimento de seus filhos. De fato, muitos pais e mães em todo o mundo não têm escolha a não ser "dar aquilo de que estão carecendo" todos os dias.

Atribuímos uma importância tão grande aos primeiros anos de vida da criança que muitas mães afetuosas e compassivas carregam uma culpa velada por causa da dificuldade que sentem em dar efetivo suporte a seus bebês ou crianças. Sei que muitas vezes me questionei se minha própria ansiedade e meus fardos estavam prejudicando o desenvolvimento de minhas filhas ou deixando-as ansiosas também. No meu ponto de vista, posso garantir que, certamente, nossas circunstâncias de vida afetam nossas ações de parentalidade, mas o desenvolvimento de nossos filhos (e também o nosso) é dinâmico. Eu entendi que o cérebro e o corpo protegem nossas experiências de vida e a elas se adaptam, e que a janela do desenvolvimento nunca se fecha. Ajudei pessoas de 85 anos a mudarem seu padrão de pensamento e melhorarem suas perspectivas! Assim, se você se sente responsável pela forma como interagiu com seu filho no passado, permita-se um pouco de autocompaixão. E saiba que o poder dos relacionamentos *atuais* muda a maneira como vemos o mundo no *futuro. Sempre existe a oportunidade para promovermos segurança e proteção em nosso relacionamento com nosso filho (e conosco). Cada dia oferece novas oportunidades de conexão e novas maneiras de encontrarmos compaixão por nossos filhos e por nós mesmos.*

Todos nós conhecemos bem a sensação de estar em uma sala com uma pessoa estressada. Além disso, o que é bom para você também é bom para seu filho. Quando estamos em equilíbrio, nossos filhos são beneficiados tanto no nível biológico como no emocional. Essa é uma das razões da importância do autocuidado.

Eis o foco deste capítulo: o que nós, mães e pais, podemos fazer para reduzir nosso próprio estresse. O que mais importa não é o que é genericamente bom para mães ou pais, mas sim qualquer coisa que os coloque em conexão consigo mesmos – e que incremente *seu* orçamento corporal. Uma observação: como este é um livro sobre parentalidade, você pode se sentir tentado a pular um capítulo cujo foco é o cuidado consigo mesmo; mas, por favor, não o faça. Porque no centro da parentalidade está o nosso próprio bem-estar. Nossa plataforma norteia nosso comportamento parental da mesma forma que faz com o comportamento de nossos filhos. Não se trata de nos punirmos se deixarmos de ir à academia ou de praticar ioga; trata-se, isso sim, de lembrarmos que precisamos nutrir corpo e cérebro para nos sentirmos regulados – assim como nossos filhos.

As preocupações parentais grudam como Velcro®

Uma razão pela qual a tarefa da parentalidade é tão estressante é porque nós – como todos os seres humanos – temos propensão a prestar mais atenção às experiências negativas do que às positivas. Essa tendência é o resultado de uma função conhecida como viés de negatividade,[2] um processo pelo qual o cérebro prioriza as experiências negativas em detrimento das positivas. Tal instinto, voltado à sobrevivência, é uma resposta adaptativa – prestar atenção às ameaças em nosso ambiente foi proveitoso para nossos ancestrais. Se nosso cérebro e nosso corpo não reagissem a uma tempestade ou à aproximação de um bando de animais, talvez não tivéssemos vivido para ver outro dia.

Esse viés – prestar atenção às coisas negativas em nossas vidas – pode, com o tempo, estabelecer o fundamento de padrões de comportamento que nem sempre nos beneficiam. O psicólogo Rick Hanson explica da seguinte maneira os efeitos de longo prazo do viés de negatividade: as más experiências grudam em nós como Velcro®[3] e as boas escorregam como Teflon®. Eu sei que a preocupação com o bem-estar de minhas filhas estava colada em meu próprio cérebro, e, muitas vezes, eu não conseguia aproveitar o momento presente porque essa preocupação me consumia. Será que elas ingeriram alimentos saudáveis em quantidade suficiente hoje? Eu ofereço a elas as necessárias atividades extracurriculares? A agenda de tarefas delas é excessiva ou insuficiente? A psicologia tradicional pode rotular minha tendência à preocupação como ansiedade, mas a interpretação de Hanson é mais neutra. Ele reconhece que o cérebro humano evoluiu para detectar ameaças e proteger nossos filhos. E nem sempre se trata de ameaças físicas a eles. Como nos faz lembrar o Dr. Hanson, as experiências negativas são simplesmente mais "pegajosas".[4] Por exemplo, muitos de nós temos propensão a nos concentrar em um comentário negativo de um colega ou supervisor, neutralizando as boas notícias do dia. Talvez a compreensão dessa tendência natural possa nos ajudar a sermos mais compassivos conosco.

Ainda assim, embora a priorização das ameaças tenha ajudado nossos ancestrais a sobreviver, para mães e pais dos dias atuais isso pode ser um fardo. Compreender essa tendência me ajudou a deixar de me considerar uma mãe neurótica ou ansiosa para me ver como um ser humano sensível e sujeito ao viés de negatividade, a exemplo do que acontece com todas as outras pessoas. Não obstante, podemos adotar medidas para estabelecer uma relação de camaradagem com esse viés, conviver com ele e compensá-lo – como veremos nas próximas páginas.

De fato, uma das mais importantes habilidades parentais é nos conhecermos e cuidarmos de nós mesmos.

A evidência que corrobora o autocuidado

Vários anos atrás, compartilhei a tribuna em uma conferência sobre estresse parental e como desenvolver resiliência em nós mesmos e em nossos filhos. Fiquei fascinada por uma das principais oradoras, Dra. Elissa Epel, uma mulher luminescente que irradiava tranquilidade e força interior. A Dra. Epel trabalhara com a Dra. Elizabeth Blackburn, que fora laureada pelo Prêmio Nobel por seu trabalho pioneiro sobre os telômeros, os pedaços dos cromossomos que indicam a rapidez com que as células estão envelhecendo. A Dra. Epel descreveu a maneira como poderíamos reduzir o estresse e até mesmo reverter o envelhecimento. Escutei atentamente. Afinal de contas, eu era uma mãe sobrecarregada, dotada de um sistema nervoso laborioso. Ademais, eu também experimentava estresse e trauma em meu trabalho diário. Os estudos da Dra. Epel revelaram que estratégias simples de autocuidado, como atenção plena e pausas para meditação, ajudaram mães e pais como eu a retardar o envelhecimento celular.[5]

Depois disso, houve, duas décadas atrás, o estudo exaustivo conduzido pelo National Research Council e pelo Institute of Medicine. Tal estudo incorporou a ciência do desenvolvimento da primeira infância em um resumo abrangente. O resultado foi *From Neurons to Neighborhoods: The Science of Early Childhood Development* (Dos neurônios à proximidade: a ciência do desenvolvimento na primeira infância), trabalho que traduziu a ciência em prática.[6] Para mim, a descoberta mais importante do estudo foi algo que meus colegas e eu já sabíamos: que relacionamentos protetores são essenciais para o desenvolvimento do cérebro das crianças e de sua resiliência no futuro.

Mais recentemente, especialistas e pesquisadores das instituições agora denominadas National Academies of Sciences, Engineering, and Medicine publicaram outro estudo pioneiro e consensual sobre a primeira infância: *Vibrant and Healthy Kids* (Crianças vibrantes e saudáveis).[7] O trabalho reafirmou a importância dos relacionamentos do início da vida, mas também incluiu uma nova descoberta, ainda mais revolucionária do que a primeira: "Garantir o bem-estar dos cuidadores, por meio de apoio e cuidado, é fundamental para o desenvolvimento saudável das crianças".[8] *Em outras palavras, mães e pais também precisam de cuidados*. E ele é primordial para o bem-estar de nossos filhos.

Embora essa revelação possa parecer senso comum, os pesquisadores do desenvolvimento infantil geralmente se concentram naquilo que os pais *fazem* para ajudar os filhos a se desenvolverem e não em como os pais se *sentem* ou se eles têm apoio e são encorajados. No entanto, muitos pais e mães são sobrecarregados e carecem de cuidados. O fardo é *exponencialmente maior* para aqueles que enfrentam insegurança financeira ou alimentar/habitacional, aqueles que não contam com o adequado seguro de saúde, aqueles que são vítimas de racismo e preconceito velado ou aqueles que são pais/mães solteiros. Descobertas do National Institute of Allergy and Infectious Diseases revelaram que indivíduos pertencentes a minorias são mais propensos do que outros a sofrer de doenças crônicas como hipertensão, moléstias pulmonares e diabetes. Tal achado atribui essa disparidade a "determinantes sociais de saúde cuja origem são as condições desfavoráveis de disponibilidade de uma dieta adequada e de acesso a cuidados de saúde a que algumas pessoas são submetidas desde o nascimento, bem como os inegáveis efeitos do racismo em nossa sociedade".[9] A pesquisa corrobora a necessidade dos pais por maior apoio físico e emocional, além de ajuda e reconhecimento – uma mensagem que compartilho com meus pacientes há anos.

Amelia e Silas

Minha paciente Amelia, uma mãe solteira, começou a chorar quando me falou sobre sua difícil transição para a maternidade. Amelia morava na casa da mãe, com esta e o bebê, Silas. Ela trabalhava em uma seguradora e sua mãe ficava em casa com o bebê. Em virtude da política de licença parental do empregador de Amelia, ela pôde permanecer vários meses em casa para cuidar de seu recém-nascido. No entanto, por mais que se sentisse alegre e fosse afetuosa com o filho, quando Silas chorava ela muitas vezes se via dominada por intensa ansiedade e angústia.

Sentada em meu consultório depois que o pediatra a encaminhou a mim, Amelia explicou que entendia o fato de emoções fortes serem um componente previsto na vida de um bebê, mas o choro de Silas costumava desencadear nela uma súbita e desconhecida sensação de pavor. Quando as lágrimas continuavam por mais de dez minutos, ela sentia o coração disparado e o corpo tomado pelo suor e a ansiedade. Algumas vezes a situação ficava tão difícil que ela tinha que sair de casa e dar uma volta no quarteirão enquanto a mãe assumia o cuidado do bebê.

Amelia não entendia por que a angústia de seu filho a desestabilizava. E também não ajudou a acalmar seu nervosismo o pediatra ter garantido a ela que Silas estava saudável e no estágio esperado de desenvolvimento. Sim, ela sentia gratidão e amor pelo filho, mas a transição para a maternidade foi difícil e ela sentia que sua estrutura emocional poderia desabar a qualquer momento. A condição de única provedora da família agregou uma fonte adicional de estresse e responsabilidade.

Tyrone e Dana

Tyrone e Dana entraram em contato comigo em busca de apoio durante a pandemia de Covid-19. O casal estava mentalmente abalado após meses de confinamento, durante os quais os dois passaram a trabalhar na casa que dividiam com o ativo filho de 7 anos, Jaheem. Antes da pandemia, Jaheem frequentava alegremente a escola e, na sequência, um programa extracurricular que ele adorava, enquanto seus pais trabalhavam em tempo integral em empregos que lhes davam satisfação. Com o passar dos meses, Tyrone e Dana descobriram que, mais do que em qualquer outra ocasião que lembrassem, estavam discutindo um com o outro e interagindo de forma negativa com Jaheem. Antes da Covid, suas principais preocupações eram comuns: Jaheem fez o dever de casa? Ele está ficando bastante tempo ao ar livre e fazendo exercícios? Eles liam para ele o suficiente à noite?

Agora, a essas questões somavam-se o estresse e a culpa de terem que estabelecer limites rígidos para Jaheem a fim de que pudessem se concentrar em seu próprio trabalho. Ele aparecia frequentemente para lhes fazer perguntas. Tyrone admitiu que, não raro, brigava com Jaheem por interrompê-lo e depois se sentia mal por ter feito isso. Por fim, o estresse acabou aumentando, porque o casal começou a discordar sobre a forma de lidar com o emergente e atípico comportamento desafiador de Tyrone, como se recusar a guardar os brinquedos ou a ficar quieto nas aulas pelo Zoom.

As experiências dessas duas famílias não são incomuns. Do mesmo modo que as emoções de nossos filhos podem ser provocadas por inúmeras experiências, também as nossas estão sujeitas a tais eventos. A boa notícia é que existem maneiras de lidar com isso. Nas próximas páginas, analisaremos algumas ferramentas poderosas e respaldadas por pesquisas, capazes de ajudar mães e pais a fortalecer sua saúde emocional e física.

Voltando ao caminho verde: ferramentas para redução do estresse dos pais

A exemplo do que ocorre com nossos filhos, quando cuidamos das necessidades de nosso corpo, incrementamos a estabilidade emocional de nossa plataforma. Quando nos sentimos melhor, temos mais condições de promover a corregulação com nossos filhos.

Embora a maioria de nós saiba como deve ser um autocuidado adequado, frequentemente é difícil "conseguirmos" nos exercitar, bem como dormir mais ou comer alimentos mais saudáveis, como muitas vezes nos dizem e nos estimulam a fazer. A realidade da parentalidade é que às vezes sacrificamos nossas próprias necessidades em prol da condição de sustentar nossos filhos e colocar comida na mesa, pagar o aluguel e manter a estabilidade. E, como a vivência mostrou a Tyrone e Dana, a pandemia global aumentou o estresse decorrente das pressões preexistentes da parentalidade.

Se você está tendo dificuldades para manter seu controle emocional, quero que responda às perguntas seguintes, com base na *média* das observações feitas durante uma semana:

- Você está dormindo de 7 a 8 horas por noite?
- Você está bebendo de 7 a 8 copos de água por dia?
- Você está consumindo variados alimentos nutritivos todos os dias?
- Você está movimentando o corpo todos os dias, seja por meio de exercícios preestabelecidos ou de suas atividades diárias?

É bastante provável que você tenha respondido "não" a pelo menos uma das perguntas, especialmente se você for pai ou mãe de um recém-nascido, um bebê de alguns meses ou uma criança nos primeiros anos de vida. Mas está tudo bem! O primeiro passo é perceber que está faltando alguma coisa. Quando você está sobrecarregado, é fácil esquecer de beber água, fazer uma refeição adequada ou levantar um pouco da cadeira onde passa o dia trabalhando.

Se você não está dormindo o suficiente, nem se hidratando ou se alimentando bem – ou se está muito isolado socialmente –, é provável que, mais cedo ou mais tarde, sua saúde física venha a refletir as consequências. Dependendo de sua genética e de suas experiências de vida, é possível que você só sinta o impacto quando ficar mais velho. Mas ninguém está imune às consequências negativas do autocuidado insuficiente, em especial se a negligência estiver se acumulando ao longo dos anos.

Analisando em retrospectiva, eu gostaria de ter dado a devida importância à questão do autocuidado quando minhas filhas eram pequenas e eu me sentia invencível. Eu estava sempre tão ocupada que deixava minhas necessidades em segundo plano diante da relevância que conferia às necessidades de minhas filhas. Afinal de contas, eu tinha muita energia, amava meu trabalho e minha vida agitada e nunca ouvira falar em orçamento corporal. A formação e a prática que eu tivera em saúde mental refletiam uma cisão entre mente e corpo: a ansiedade, por exemplo, era tratada como uma concepção mental, sem relação com o corpo. Mas, como vimos, a distinção entre mente e corpo é falsa. Cuidar do corpo físico *significa* cuidar da saúde mental. Autocuidado *é* o cuidado com a saúde mental. Ele alimenta nossa capacidade de corregulação, porque é impossível a prática da parentalidade com base em um orçamento corporal cronicamente esgotado. A energia mental, o planejamento e a constância da parentalidade nos desgastam física e emocionalmente, e devemos aprender a priorizar nosso bem-estar.

Vamos começar com o básico. O simples ato de comer alimentos nutritivos e se hidratar[10] ajudará seu corpo a obter os nutrientes de que precisa. E movimentar o corpo como parte do dia ou ter um plano básico de exercícios é importante para a manutenção da saúde, especialmente no longo prazo. Dito isso, o fator mais importante para a saúde de mães e pais não é o que comemos ou a quantidade de exercícios que praticamos, mas sim algo a que não damos suficiente atenção: o sono.

O sono é o sistema de suporte de sua vida

Se você respondeu "não" à pergunta anterior sobre dormir de 7 a 8 horas por noite, dificilmente será o único, mas também está correndo riscos – sobretudo se sua privação de sono se estender por meses ou anos. Matt Walker, um proeminente pesquisador do sono e professor de neurociência e psicologia na University of California, em Berkeley, não mede palavras em seu popular programa TED Talk, "Sleep Is Your Superpower" (O sono é seu superpoder). "Dormir não é o luxo de um estilo de vida opcional", diz ele. "O sono é uma necessidade biológica inegociável. É o sistema de suporte de sua vida."[11] O sono garante suporte a todos os sistemas do nosso corpo,[12] incluindo o cardiovascular, o neuroendócrino, o imunológico, além de nossa capacidade de corregulação, de pensamento e de tomada de decisões na vida profissional e em nossa prática de parentalidade.

No entanto, todo pai e mãe sabem que, depois de ter filhos, o sono nunca mais será como antes. Costumo dizer, meio em tom de brincadeira, que minha última noite de sono totalmente repousante foi na véspera do nascimento de minha primeira filha. Depois disso, uma parte do meu cérebro ficava sempre prestando atenção a um choro, um chamado, uma tosse ou aos passos de minha filha com sonambulismo. As noites se converteram em um fluxo constante de interrupções do sono. Sempre havia alguém muito precioso – depois dois, depois três – que poderia precisar de mim no meio da noite.

Certamente, a privação do sono não é um problema de fácil solução em nossa cultura. Parte do motivo diz respeito ao fato de que muitos de nós estamos geograficamente (ou não) separados de um núcleo familiar mais amplo e de cuidadores prontamente disponíveis. Não vivemos mais em grandes grupos familiares como era a norma em épocas anteriores;[13] assim, a maioria dos pais arca sozinha com a carga de educar os filhos.

Fui criada em um lar multigeracional com três adultos: meus pais e minha avó materna. Felizmente, um dos três sempre estava disponível quando outro precisava de uma pausa rápida ou uma soneca, ou estava adoentado, tinha que dar conta de alguma tarefa ou cuidar de outra criança. A maioria das famílias hoje não tem esse luxo. Muitos de nós vivemos em um ciclo interminável de trabalho e parentalidade, e, algumas vezes, o único momento para resolver outras coisas é na hora em que os filhos estão dormindo. *No entanto, o sono é o sistema de suporte à nossa vida, e é importante não permitirmos que a privação do sono se torne crônica.*[14]

Até seu bebê crescer e estabelecer um padrão de sono previsível, a criatividade é um recurso muito útil. (O Capítulo 7 vai examinar maneiras de ajudarmos as crianças a dormir.) Você pode encontrar formas de compartilhar o cuidado de seu bebê, ou talvez apenas reduzir suas expectativas sobre o que tem condições de realizar a cada dia. Faça revezamentos com seu cônjuge ou parceiro para lidar com os despertares noturnos. Ou simplesmente dê a devida atenção à sensata sabedoria dos pais de recém-nascidos: "Cochile quando seu bebê cochilar". Os pais de crianças mais velhas podem organizar uma boa higiene do sono por meio da previsibilidade dos horários de dormir e de rotinas saudáveis na hora de ir para a cama, incluindo um momento para relaxarem juntos, escovar os dentes, ler um livro ou se aconchegar e dormir tranquilamente. Podemos mostrar aos nossos filhos como cultivamos o sono para nós mesmos e para eles. Em curto prazo, o fato de se sentir mais descansado ajudará você a ser mais paciente e presente com seu filho. E, com o passar dos anos, isso pode fazer a diferença entre ter uma enfermidade ou não. É muito importante.

Conexão humana: você pode dispor de alguns minutos por dia?

Além de comida, água e sono, há outro nutriente essencial para a parentalidade: a conexão com outros adultos com quem você sente segurança. A exemplo de nossos filhos,[15] nós sobrevivemos e florescemos por meio da conexão humana, o fator mais importante no desenvolvimento da resiliência. Repito, é essencial para o desenvolvimento de nossos filhos que, na qualidade de pais, nós nos sintamos assistidos[16] – que nos sintamos notados, reafirmados e amados, não apenas por nossos filhos, mas por outros adultos. Suniya Luthar, uma proeminente pesquisadora do estresse e da parentalidade, faz uma pergunta: *"Quem cuida da mamãe?"*.[17]

Quando ouvi a Dra. Luthar fazer essa pergunta em uma conferência de psicologia anos atrás, sorri comigo mesma, porque parecia uma confirmação. Sem dúvida, para a maioria das mamães, a resposta é... ninguém. Em muitas sociedades ocidentais, em especial nos Estados Unidos, desempenhamos nossa parentalidade de forma isolada, sem a convivência com núcleos familiares amplos e comunidades vizinhas. Como minha avó morou conosco desde que meus pais se casaram, eles contavam com um sistema de apoio intrínseco – além de capacitado e adorável. Eles nunca tiveram que ser pais sozinhos. Não tenho dúvidas de que isso contribuiu para que tivessem condições de abrir e administrar um negócio bem-sucedido.

Eu optei por criar meus filhos essencialmente dentro de nosso pequeno núcleo familiar. Eu apreciava a privacidade e o controle que tinha sobre as experiências de meus filhos, bem como a segurança que sentia em relação a esse controle. E, para ser sincera, gostava de compartilhar a parentalidade com meu marido sem muita ajuda nem interferência externa. Ainda assim, a pergunta da Dra. Luthar é importante. Quem dedica a nós os cuidados de mãe (e pai)? Quem dá a você apoio emocional? A extensa pesquisa feita por ela enfatiza a importância, para mães e pais, do apoio social e emocional de amigos e/ou familiares.

Isso porque a solidão e o isolamento social[18] representam riscos para o bem-estar físico e mental. Um estudo abrangente conduzido pela Cigna[19] revelou que quase metade dos vinte mil adultos pesquisados às vezes, ou sempre, sentiam-se sozinhos ou excluídos. Precisamos da companhia de outros seres humanos que nos ajudem a sentir segurança e proteção. Pense em como você se sentiu durante o isolamento provocado pela pandemia. Quase todos os pais com quem trabalhei e conversei durante esse período se sentiam isolados, tensos e/ou ansiosos. Nós subestimamos a importância vital que a conexão humana tem para o nosso bem-estar, até que sejamos forçados a viver sem ela. A boa notícia é que mesmo breves momentos de conexão com outro adulto atencioso[20] conseguem colaborar para a redução do estresse e ajudam você a se sentir mais estável.

Considere algumas perguntas que podem auxiliar na avaliação de sua necessidade de apoio emocional:

- Você tem um companheiro, cônjuge, mãe ou pai, amigos, família ou outras pessoas em sua comunidade com quem você se sente seguro, amado e aceito?
- Essa pessoa tem condições de dar e receber, de modo que ambos experimentem a sensação de ser vulneráveis e compartilhem preocupações sem a necessidade de filtros ou sem a preocupação de serem julgados?
- Essa pessoa está acessível quando você precisa dela ou, melhor ainda, regularmente para passarem um tempo juntos?

É importante que toda mãe e todo pai contem com o apoio de uma pessoa que possa estar perto em suas dificuldades, que lhes inspire segurança e confiança — que os ajude a se sentirem notados e amados, em essência, que seja capaz de praticar a corregulação com eles. Lembre-se de que não são apenas os bebês e as crianças que precisam da corregulação com outros seres humanos. Todos nós precisamos! *Tente ter pelo menos alguns minutos por dia de conexão afetuosa com outra pessoa, seja virtual ou presencialmente.* Isso tem especial importância se você for pai/mãe solteiro. Ligue para um amigo ou combine um horário para passear ou tomar um café com alguém em quem você confie. Todos nós nos beneficiamos com esses relacionamentos.

Se você não tem esse tipo de suporte no momento, tudo bem. Talvez seja muita coisa por ora, mas é algo a ser considerado em uma perspectiva de futuro. Essas sugestões não têm a intenção de aumentar o fardo, mas sim de tornar a vida mais fácil.

O autocuidado começa com a consciência

Assim como o poder da observação é fundamental para que possamos entender o comportamento de nossos filhos, também devemos observar a nós mesmos.

A consciência é o portal para ganhar a compaixão por nossa plataforma, como nosso corpo e nosso cérebro estão se saindo no momento e ao longo do tempo. Você se lembra da avaliação no Capítulo 3? Quando temos consciência, conseguimos avaliar e enxergar claramente o nível de tranquilidade ou agitação que estamos sentindo. Se sabemos que estamos no caminho vermelho, esse simples momento de conscientização pode ser suficiente para nos impedir de gritar com uma criança e, em vez disso, escolher outra atitude que seja mais afirmativa e relacional. Quando adotamos por norma estar mais conscientes, acabamos nos sentindo mais equilibrados e com os pés no chão, o que nos leva a fazer uma pausa momentânea capaz de nos impedir de dizer ou fazer coisas que não são benéficas para nosso filho – nem para nós mesmos.

Quando eu era menina e minha amada avó estava refletindo sobre um problema, ela suspirava, respirava fundo e repetia lentamente a palavra "então". Ela fazia isso quando não conseguia encontrar a palavra certa em inglês – sua segunda língua – ou quando acontecia algo inesperado e ela precisava de tempo para pensar.

As letras da palavra "então" ("so" em inglês) também representam os dois passos para a autoconsciência: "parar" e "observar" ("stop" e "observ", em inglês). Esses dois passos englobam o Passo 1 do autodiagnóstico descrito a seguir, que ajuda a identificar em qual caminho você está. Eu gosto de pensar que, décadas antes de a atenção plena se tornar tão popular, minha avó já conhecia instintivamente o benefício de desacelerar e fazer pausas.

Autodiagnóstico: reserve um momento para parar e observar o que está acontecendo dentro do seu corpo. Limite-se a observar qualquer coisa que você esteja vivenciando: uma sensação física como a batida do seu coração, uma dor em algum lugar, sede ou fome, uma emoção, um pensamento. Observe sem considerar bom ou ruim. Simplesmente observe. Se você conseguir perceber *qualquer coisa*, parabéns! Você acabou de ter um momento de consciência, de atenção plena. Se nada lhe ocorrer ou se surgirem sensações ou sentimentos negativos, está tudo bem também; permita que eles adentrem sua consciência e tente compreender a experiência sem fazer julgamentos. Aqui não há certo nem errado. A consciência da experiência presente pode parecer estranha se você não estiver acostumado com ela. Por favor, não seja crítico em relação a si mesmo se a ação de desacelerar e observar sua mente ou as sensações for perturbadora – essa é uma experiência nova para muitos de nós. *A consciência é um componente-chave da autorregulação, para nós mesmos e nossos filhos.*

Algumas pessoas têm dificuldade em parar ou desacelerar suficientemente para permitir que a consciência venha à tona. Se você perceber que o esforço está criando estresse em seu corpo ou sua mente, simplesmente atente para isso com compaixão e sem fazer julgamentos. Alguns de nós temos um mecanismo que entra rapidamente em funcionamento como forma protetora ou adaptativa de nos ajudar a manter o equilíbrio. Tudo bem. Se a ação de desacelerar aciona seu sensor de segurança, você pode reconhecer isso com curiosidade. Se você sentir que esse desaceleramento o perturba, simplesmente pare e tente outra vez em algum momento posterior, quando e se você se sentir pronto para isso.

Muitos pais me dizem que não têm *tempo* para prestar atenção às sensações do corpo. Eu compreendo. Quando era uma jovem mãe, muitas vezes eu estava tão ocupada que nem percebia minha sede e, assim, alguns dias eu me esquecia de beber água. Eu vivia em constante movimento, e desacelerar não era uma coisa factível – até que um dia acabei no consultório do meu médico com sintomas de desidratação. Foi uma lição importante e me fez perceber como eu carecia de contato com muitas das sensações do meu corpo – incluindo a sede.

A auto-observação pode ajudar você a encontrar o que precisa para encher seu tanque e fortalecer seu sistema nervoso, a fim de conseguir realizar o trabalho hercúleo da parentalidade. Quando eu estava vivendo a dinâmica de criar três filhas, o foco em mim mesma e o autocuidado pareciam luxos até mesmo contrários aos meus instintos, que certamente foram moldados pelo preceito cultural de que o sacrifício materno é uma virtude. Eu preferia dedicar meu tempo "livre" e minha energia a minhas filhas. Eu adorava ser mãe e não dava atenção ao preço que o estresse estava cobrando da minha vida.

Hoje, quando eu e minhas filhas, já adultas, relembramos aquela época, rimos e nos espantamos com essas lembranças, agora compartilhadas com amor e compaixão. Meu marido e eu éramos pais ambiciosos que seguiam a trilha dupla da parentalidade e do desenvolvimento da carreira profissional. Muitas vezes eu agia com pouca consciência de mim mesma. Uma vez, ligando de casa para um paciente, fiquei tão frustrada porque minhas filhas não paravam quietas que atirei uma escova de cabelo na direção deles (constrangimento). Em outra ocasião, eu dirigi até o *shopping* e só quando lá chegamos percebi que tinha esquecido de calçar os sapatos (risos). Sim, a parentalidade em minha vida era, às vezes, uma experiência extracorpórea. Se pelo menos tivesse compreendido a importância de cultivar a consciência e de reservar um tempo para atender às necessidades do meu próprio sistema nervoso, eu teria sido uma mãe mais tranquila e saudável.

Prática: uma forma de aumentar a consciência sobre suas necessidades – e o caminho pelo qual você está operando em determinado momento – é praticar a atenção plena. Décadas de estudo demonstram o impacto positivo da atenção plena[21] na saúde física e mental. Você pode iniciar essa prática simplesmente fazendo uma pausa momentânea, diversas vezes ao dia, para observar suas sensações ou emoções. É possível estimular sua observação reservando alguns instantes para exercitar a atenção plena – apenas prestando atenção ao momento presente,[22] sem julgamentos. Esses breves períodos não somente ajudam você a se conectar mais consigo mesmo como também reduzem o estresse. Existem muitos aplicativos gratuitos disponíveis que apresentam exercícios guiados de atenção plena, alguns deles com duração de não mais que um minuto.

Quer estejamos estáveis em um estado de tranquilidade ou percebamos que perdemos o senso de calma, o objetivo não é sermos pais perfeitos, mas sim abrirmos caminho pelas inevitáveis reviravoltas, com consciência de nossas próprias sensações corporais, emoções e pensamentos. Quando assim fazemos, conseguimos encontrar satisfação pelo fato de nos permitirmos reconhecer o que estamos sentindo, e também nos ajudar, em vez de nos envergonhar.

Autocompaixão

A pesquisa mostra que, na cultura do excesso de pressão como acontece nos dias de hoje, muitos pais se sentem julgados pelos outros ou se julgam negativamente na maior parte do tempo. Um estudo abrangente revelou que nove em cada dez pais se sentem julgados[23] quase o tempo todo. Assim, se você se sente julgado ou se condena severamente, não está sozinho. Parece que é mais fácil termos compaixão por nossos filhos do que por nós mesmos.

Quando eu estava envolvida na criação de minhas filhas pequenas, é possível que considerasse interessante o conceito de autocompaixão, mas não necessário – talvez até autoindulgente. Mas uma ampla corrente da ciência mostrou que a autocompaixão beneficia nossa saúde física e mental, bem como o bem-estar geral,[24] e que esses benefícios chegam aos nossos filhos. A autocompaixão também é uma ferramenta bastante profícua quando nossa plataforma muda sem prévio aviso – como acontece inevitavelmente na jornada da parentalidade. Ela nos permite ter uma atitude reconfortante a partir de nossa percepção, possibilitando que nos tornemos mais compassivos e presentes em relação aos nossos filhos.

A Dra. Kristin Neff, pesquisadora que atua na University of Texas, em Austin e é pioneira no estudo da autocompaixão, realizou uma pesquisa transformadora sobre o assunto. Ela e um colega, o psicólogo Dr. Chris Germer, desenvolveram um programa de treinamento de autocompaixão consciente[25] (MSC, na sigla em inglês para *mindful self-compassion*) para ensinar práticas de vanguarda sobre autocompaixão. Eles ensinam a autocompaixão consciente: a consciência do momento presente combinada com a ação de transmitir ternura para si mesmo. O estudo-piloto revelou[26] que os participantes do curso experimentaram um aumento de seus níveis de autocompaixão e também sentiram menos ansiedade, depressão e estresse após a conclusão do curso – resultados que se mantiveram um ano depois.

Intrigada, participei de um retiro de uma semana que Kristin e Chris conduziram nas lindas e bucólicas montanhas com vista para a costa em Big Sur, na Califórnia, no qual trataram da autocompaixão consciente. Descobri que a compaixão dirigida a nós mesmos acrescenta um ingrediente especial e protetor à autoconsciência: *algo a fazer* quando surgem experiências dolorosas ou negativas. A autocompaixão consciente combina os comprovados benefícios que a atenção plena proporciona à saúde com uma coisa efetiva a ser feita com nossos medos, nossas preocupações e nossas dúvidas. Para mim, isso tornou a atenção plena ainda mais poderosa.

Embora a demonstração de compassividade em relação aos nossos filhos possa ser uma atitude natural, nem sempre temos o instinto de fazer a mesma coisa por nós mesmos. Como praticar a autocompaixão? Simplesmente sentindo e reconhecendo um desafio ou uma situação difícil, admitindo que as dificuldades são experiências humanas compartilhadas e que não estamos sozinhos;[27] e depois oferecendo a nós mesmos ternura e consideração, como faríamos com nossos filhos quando eles enfrentam adversidades.

Kristin e Chris me ensinaram um exercício rápido cuja eficácia é fundamentada em pesquisas: a pausa da autocompaixão.[28] Ele inclui três reconhecimentos que você faz a si mesmo sempre que precisar ou quiser. Eu uso a pausa da autocompaixão como um mantra que repito várias vezes quando preciso me apoiar durante os momentos difíceis da parentalidade (ou de outra natureza). Espero que você o considere útil e que se sinta à vontade para usar suas próprias palavras a fim de alcançar o sentimento que reverbera em você em cada passo.

PRÁTICA: A PAUSA DA AUTOCOMPAIXÃO

1. Observe e reconheça um momento, uma situação ou um problema difícil e diga a si mesmo: "Isso é difícil" ou "Isso é estressante" ou simplesmente "Ai!".
2. Afirme a si mesmo que você não está sozinho no sofrimento e reconheça ou diga para si: "Não estou sozinho" ou "É assim que as pessoas se sentem quando enfrentam dificuldades" ou "Todos os pais ficam aflitos às vezes".
3. Ofereça ternura a você, de alguma forma, tal como dizer silenciosamente: "Posso ser bondoso ou gentil comigo mesmo" ou "Posso me dar aquilo de que preciso" ou até mesmo se pergunte: "Do que preciso neste momento?".

Você pode fazer para si mesmo essas três afirmações sempre que começar a sentir instabilidade – ou sempre que quiser. Você pode também acrescentar um leve toque físico: coloque brevemente a mão sobre o coração ou toque seu rosto, se isso proporcionar uma sensação reconfortante. Esses gestos simples e rápidos dizem ao seu sistema nervoso que você está bem. Eles transmitem uma mensagem de segurança, assim como você faria com seu filho. Estas três constatações simples – *isso é difícil, não estou sozinho, posso ser gentil comigo mesmo* – são capazes de nos ajudar a obter tranquilidade em situações difíceis. Apoiar nosso próprio senso de compaixão e bem-estar nos torna mais bem municiados para fazer a mesma coisa por nossos filhos.

Isso é modernidade ou ciência?

As pessoas às vezes reagem negativamente diante da ideia da autocompaixão. Alguns se perguntam se é um sinal de fraqueza ou uma forma moderna de autopiedade. *Pelo contrário, em algum momento, todos nós nos sentimos julgados como pais, por isso a prática da autocompaixão é intensa e corajosa, e algumas vezes contraintuitiva.* Autocompaixão não é autoindulgência, mas sim um mecanismo estruturador de plataformas; e as pesquisas mostram que ela pode melhorar sua saúde física e mental.[29] Ela aumenta a sensação de bem-estar e facilita a reparação das inevitáveis divergências e rupturas que vivenciamos com os nossos filhos. Cometer erros ocasionalmente é apenas uma condição humana. A autocompaixão também nos ajuda a moldar a flexibilidade mental e a autoaceitação de nossos filhos. Dito isso, se a prática da autocompaixão tiver para você uma conotação desagradável ou incômoda, na perspectiva de todo este livro – que respeita a individualidade única de cada pessoa –, por favor, não se perturbe com isso. Siga em frente e tente outras atividades capazes de acalentar seu corpo. Não existe uma fórmula certa para a tranquilização do cérebro e do corpo, exceto aquilo que funciona para você.

A respiração

Outro truque de parentalidade extremamente benéfico, que não requer tempo adicional, é mudar a qualidade e a consciência de nossa respiração. Quando controlamos nossa respiração, conseguimos chegar com mais efetividade ao nosso caminho verde, o que nos ajuda a superar o estresse. A terapeuta Deb Dana nos lembra que "a respiração é um caminho direto para o sistema nervoso autônomo".[30] Podemos usar nossa respiração para ajudar a aliviar o sentimento de angústia. A pesquisa mostra que diversos tipos de *respiração controlada* reduzem a ansiedade, o estresse e a depressão,[31] bem como sustentam o sistema imunológico. Além disso, a respiração lenta e controlada envia uma mensagem ao sistema nervoso, induzindo-o a se acalmar e, assim, reduzindo a ansiedade.[32]

Os psiquiatras Dra. Patricia Gerberg e seu marido, Dr. Richard Brown, realizam pesquisas e treinamentos sobre os benefícios da respiração lenta para a saúde, bem como outros tratamentos mente/corpo para enfermidades relacionadas ao estresse. Eles explicam que a respiração lenta e suave é calmante e ajuda a reduzir a ansiedade, a insônia, a depressão, o estresse e os efeitos do trauma.[33]

O mais importante a ser lembrado é que, para muitos de nós que enfrentamos a correria do dia a dia, suportando tensão em nosso corpo, a respiração controlada pode ajudar a acalmar o sistema nervoso. Nós nos sentiremos melhor e teremos mais condições de promover a corregulação com nossos filhos. Lembre-se disso quando estiver com os braços carregados de mantimentos, seu filho gritando porque quer jantar, ou o cachorro tiver escapado pela porta da frente. Esse procedimento também é útil quando você finalmente vai se deitar, exausto, e não consegue dormir, porque seu corpo e sua mente não conseguem relaxar. Para muitas pessoas, a respiração controlada pode induzir uma sensação de relaxamento. Eu recomendo a prática desse exercício, ou de algo parecido, quando você não estiver ocupado em um agitado momento de parentalidade e dispuser de um pouco de tempo para si mesmo.

Prática: respiração lenta

Respire, inspirando lentamente (pelo nariz, se possível), contando para você mesmo de um até quatro, cinco ou seis (o que for mais cômodo) e enchendo os pulmões de ar para sentir a barriga se expandir. Agora expire e, novamente, alongue a expiração contando até quatro, cinco ou seis. Repita esse padrão de respiração várias vezes seguidas. Se você se sentir mais relaxado e alerta, é sinal de que acabou de reorientar sua fisiologia – ou talvez tenha adentrado ainda mais – para o caminho verde.

Para conseguir uma sensação maior de calma[34] – na hora de dormir, por exemplo –, tente estender a expiração de modo a ser mais longa do que a inspiração. É importante praticar a respiração e, certamente, fazer o que for mais confortável para o seu corpo. Se a respiração controlada desencadear algum tipo de angústia ou ansiedade, então se adapte de forma simples e compassiva para encontrar o ritmo que ajude você a se sentir mais calmo, mais alerta e mais estável. No entanto, vale ressaltar que, se a respiração controlada não funcionar para ajudar você a se sentir mais relaxado, não se culpe.

O bom apelo da respiração controlada é que ela está prontamente disponível. Mesmo nas situações em que você tenta acalmar um bebê que está chorando ou uma criança que choraminga, sempre é possível respirar. Ademais, a respiração controlada nos faz lembrar de sermos pacientes conosco e com nossos filhos, trazendo um lembrete de que é possível eliminarmos a afobação de nossa vida e de nossa parentalidade. *Tente adicionar algumas respirações controladas à pausa da autocompaixão e você terá ao alcance das mãos uma potente ferramenta de autocuidado.*

Compaixão por sua própria história

Nossas reações à vida e aos nossos filhos podem ser desencadeadas por coisas entranhadas no fundo de nossa própria história, bem como pela maneira como nosso cérebro interpreta remotas experiências estressantes e os fragmentos de memória que elas deixaram – muitos dos quais estão fora do alcance de nossa percepção consciente. Isso inclui a forma como nossos pais e cuidadores atenderam às nossas necessidades e também o nível de compatibilidade de suas ações com nossas necessidades individuais de assistência e segurança. *Por exemplo, se seus pais tiveram dificuldade para tolerar suas emoções negativas ou as interpretavam mal, ignoravam-nas ou puniam você quando elas ocorriam, essas primeiras experiências podem influenciar a maneira como você tolera as emoções negativas de seu próprio filho.* Você pode se sentir mais irritado quando seu filho tem esse tipo de emoção ou passa pelo estágio de desenvolvimento em que você estava quando teve essas experiências negativas.

Algumas vezes, nossas próprias histórias tornam difícil tolerar o estresse que experimentamos ao ver nossos filhos sofrerem, o que nos faz sentir desconforto em vez de força quando eles vivem emoções negativas. Esse foi um grande desafio para mim como mãe, porque eu desejava profundamente poupar minhas filhas do sofrimento que experimentei quando criança. Mas lembre-se de que não vivenciar doses toleráveis de estresse "bom" pode, na verdade, impedir o desenvolvimento da capacidade de resiliência da criança. Trabalhei com uma terapeuta de confiança que me ajudou a ser mais resiliente como mãe, desenvolvendo a consciência de meus próprios gatilhos e a compaixão por eles. Foi tão extraordinária a corregulação que ela realizou comigo que eu lhe serei eternamente grata. Todos nós já ouvimos histórias sobre estudantes universitários que foram a vida toda desonerados de suas obrigações por meio da ajuda de outras pessoas, a tal ponto que acabaram fracassando quando se viram sozinhos e forçados a administrar a própria vida. Mais uma vez, a consciência – em especial a percepção compassiva – de nossas próprias histórias, e as adaptações que fizemos para sobreviver, pouparão nossos filhos do ônus de ter que reviver as experiências que tivemos no início de nossa vida.

Um pai me contou que sua mãe só aturava emoções positivas e ignorava completamente quando ele, de alguma forma, demonstrava raiva ou agressividade. A consequência foi que ele passou a agir sempre de modo a agradar as pessoas, sendo educado, mas mantinha as emoções negativas bem escondidas.

Depois de se tornar pai, ele ficava extremamente transtornado por dentro, sem saber o que fazer, quando seu filho estava com raiva ou com medo. Ele ficou bastante aliviado depois que lhe expliquei que as emoções negativas de uma criança representam uma "oportunidade igual" – isto é, um reflexo do espectro das esperadas reações humanas da criança. Era saudável e esperado que o filho dele sentisse raiva. Ao compreender que agradar aos pais era a estratégia adaptativa de sobrevivência que aprendera, ele se tornou mais tolerante e receptivo aos próprios sentimentos e passou a encorajar o filho a expressar as emoções negativas. *Eu o ajudei a conseguir isso aumentando sua capacidade de vincular sensações corporais básicas a um número maior de palavras que refletem as emoções.* Damos a esse recurso o nome de *granularidade emocional.*[35] (Pense no nível de detalhe: granulação fina ou granulação grossa.) A princípio, quando se sentia angustiado, ele só conseguia dizer que estava "mal" por dentro. Depois de alguns meses, já era capaz de detalhar mais suas explicações, descrevendo emoções do tipo ansiedade, raiva ou inveja. Na sequência, ganhou condições de ajudar o filho a fazer a mesma coisa.

Se você se sente provocado quando está com seu filho, poderia parar e observar, sem fazer julgamento. Você pode ser provocado por uma memória ou experiência pregressa, da qual não tem consciência. Se você acha que questões não resolvidas do passado estão causando problemas na relação com seu filho, ser receptivo e não se machucar emocionalmente são condutas que podem ajudar. Arrependimento, vergonha e sentimento de culpa só farão retiradas do seu orçamento corporal, portanto a autocompaixão tem aqui um papel fundamental. Sem que fossem culpados por isso, muitos de nossos pais não dispunham dos benefícios das informações sobre parentalidade positiva a que temos acesso hoje. Seus pais, apesar de bem-intencionados, podem ter transmitido mensagens que fizeram você se sentir mal ou questionar a si mesmo – mensagens como "Você está exagerando", "Seja educado e responda quando um adulto lhe fizer uma pergunta" ou "Não faça cena!". A simples consciência dessas mensagens nos ajuda a não recriar as mesmas experiências para nossos filhos.

Atividade: reflita sobre como seus pais e cuidadores viam e aceitavam suas necessidades e emoções quando você era jovem. Tome nota dessas reflexões. Quando você era criança e adolescente, seus pais ou os adultos do seu entorno toleravam uma série pequena ou ampla de suas emoções carregadas negativamente? Liste suas observações e depois pense se zonas de dor do passado estão se revelando em sua parentalidade.

Algumas vezes agimos instintivamente como pais por razões que estão além da nossa consciência. Gatilhos subconscientes podem nos levar a reagir de forma exagerada ou insuficiente ao comportamento de nossos filhos, dependendo do que está sendo provocado. As ferramentas apresentadas neste capítulo ajudam você a se conscientizar e fortalecer sua capacidade de identificar as necessidades de seu filho segundo a perspectiva dele, em vez de reagir a partir de suas próprias preocupações ou traumas projetados. É útil lembrarmos que nosso próprio comportamento perturbador, assim como o de nossos filhos, são adaptações subconscientes: nosso sistema nervoso fez o que precisava para nos proteger e nos ajudar a superar as dificuldades que vivenciamos na infância.

Se você entende que as reações fortes ao comportamento de seu filho podem ser consequência de uma energia desfavorável de seu passado, trate-se com compaixão. Experiências adversas do passado, como ser maltratado ou viver circunstâncias difíceis[36] nas quais você presenciou condições de agressão a outras pessoas, especialmente em casos contínuos, podem causar estresse tóxico e trauma. Você sempre pode encontrar ajuda para curar as feridas do passado. Se você enfrenta desafios com sua própria regulação – em especial se sofreu maus-tratos por parte de cuidadores ou se experimentou ou presenciou situações de violência –, é importante explorar essas questões e descobrir como elas afetam sua vida como pai ou mãe. Nós podemos aprender a observar e entender nossas reações automáticas. *Se você sente que seu passado está assoberbando suas tarefas parentais, vale a pena consultar um profissional de saúde mental capaz de ajudar você a entender os sentimentos intensos evocados pela parentalidade.*

Se você se sentir sem esperança e atormentado por sérios pensamentos depressivos ou de automutilação, saiba que esse é um distúrbio médico grave que pode ser tratado. O Centro de Valorização da Vida (CVV) é um serviço nacional gratuito que oferece atendimento 24 horas por dia, 7 dias por semana, a pessoas com depressão e pensamentos suicidas, e é composto por profissionais atenciosos capazes de ajudar você a ter esperança. O número no Brasil é 188. [*]

---

[*]   N.E.: Também está disponível o atendimento por e-mail e chat. Site: https://www.cvv. org.br/.

O importante não é ter tido uma infância perfeita, mas ter ganhado consciência

Ninguém tem uma infância perfeita. Não importam as circunstâncias de nossa infância, o que faz a diferença é a maneira *como interpretamos nossa vida*[37] – como contamos nossa história. Nossos filhos são beneficiados quando temos consciência de nossas emoções, sensações físicas, pensamentos e memórias. Essa consciência nos ajuda a diferenciar o estresse e os problemas pessoais que nos atormentam das necessidades e emoções de nossos filhos. Ela também nos impede de descarregar neles o peso dessas adversidades.

Não precisamos ser assombrados pelo nosso passado. A cura decorre do esforço de, gentilmente para consigo mesmo, tornar conhecido o que é desconhecido, de modo que as experiências pregressas não o levem a agir de forma irrefletida em relação ao seu filho, mas sinalizem que você está abalado e precisa cuidar de si mesmo. O que nos mobiliza – e mobilizou as pessoas encarregadas de cuidar de nós – é o desejo de sobreviver. É o que todos nós desejamos.

A consciência de nossa própria história e de nossos gatilhos pode ser a diferença entre fazer ou dizer alguma coisa que amedronte nosso filho ou agir de modo a nos conectar com as necessidades subjacentes dele. Nós passamos a compreender como podemos nos estabilizar, bem como perceber quando não estamos regulados e descobrir nossas próprias ferramentas para recuperar o controle.

Prática: da próxima vez que se perceber em um momento difícil de parentalidade, pare e reflita um pouco sobre qual é a cor do seu caminho que está refletindo na expressão do seu rosto, no tom da sua voz e nos seus gestos. *Pergunte a si mesmo: "Este momento está desencadeando algo em mim?".* Em caso positivo, não se condene; em vez disso, anote suas percepções para refletir sobre elas quando se sentir à vontade para fazê-lo. O ato de reconhecer quando somos perturbados é a melhor maneira de evitar que os traumas passados afetem nossos filhos.

O que faz você se conectar consigo mesmo?

Como o estresse é uma circunstância inevitável em nossa vida, é importante termos ferramentas que nos ajudem a acalmar nosso corpo. Cada um de nós assimila o estresse de maneira diferente, por isso é útil você criar seu próprio suprimento de recursos capazes de eliminar o estresse para ajudar a acalmar seu corpo e restaurar seu orçamento corporal. Nós somos seres únicos e percebemos o mundo de maneira singular, por isso precisamos criar nossas próprias caixas de ferramentas para administrar o estresse e encontrar conexão com nós mesmos. É necessário tempo para conseguirmos descobrir o que nossa caixa de ferramentas deve conter. Tenha sempre à mão um diário ou caderno em que possa manter uma lista de atividades ou momentos que alimentem seu corpo e sua mente. Cuidado com o viés de negatividade.[38] Eu incentivo mães e pais a tomarem nota das atividades que os ajudam a se sentir centrados, porque, assim como um dia dá lugar a outro, os bons momentos podem passar enquanto os estressantes perduram em nossa memória. O ato de anotá-los no instante em que ocorrem ajuda a entendê-los, de modo que você pode então trabalhar para replicá-los deliberadamente.

Atividade: anote as estratégias que você usa para se sentir mais conectado consigo mesmo ou com os outros. Talvez possa ser a privacidade de um banho quente sem que uma criança interrompa para fazer perguntas. Ou quem sabe seja ouvir música ou dançar, fazer uma breve caminhada durante a pausa do almoço, meditar, cuidar do jardim, fazer aulas de ioga ou *spinning* ou tomar um café com os amigos. Talvez seja simplesmente se permitir ficar sentado ao ar livre com seu filho, saboreando o momento enquanto o sol brilha nos cabelos dele. Você e seu sistema nervoso conhecem melhor o que o ajuda a retomar o equilíbrio. Você pode citar algumas experiências ou práticas positivas que lhe trazem paz, conforto ou alegria? Quais atividades o preenchem quando você está esgotado?

Amelia enfrenta seu passado

Munidos dessas estratégias de autocuidado parental, vamos revisitar as duas famílias do início do capítulo. Amelia, a mãe que ficava perturbada demais com o choro do filho Silas; e Tyrone e Dana, pais de Jaheem, o casal cujas dificuldades com o filho aumentaram durante o isolamento provocado pela Covid-19.

Para me certificar de que o choro de Silas não tinha uma causa física, entrei em contato com o pediatra do menino. Depois que ele confirmou que os ataques de choro do garoto não eram motivo para preocupação médica,

Amelia e eu começamos a explorar as raízes mais profundas das reações dela. Eu expliquei que, algumas vezes, uma interação, um comportamento ou o estágio de desenvolvimento de nossos filhos podem desencadear as memórias estressantes registradas em nosso subconsciente. Em algum momento todos os pais se sentem perturbados pelas ações de seus filhos, assim como todos nós transitamos entre os caminhos azul e vermelho, dependendo do que a vida nos oferece. No entanto, nós temos controle sobre a maneira como pensamos a respeito dessas memórias e o que fazemos com elas.

À medida que fomos nos conhecendo e desenvolvemos confiança, Amelia passou a examinar sua história enquanto tentava entender por que o choro de Silas era tão desafiador para ela. Amelia lembrou que, nas situações em que enfrentou emoções intensas quando criança, sua mãe, supervisora que enfrentava longas horas de trabalho em uma mercearia, fazia tudo que estava ao seu alcance para deixá-la feliz o mais rapidamente possível e ajudá-la a eliminar as emoções negativas. Quando criança, Amelia não tinha oportunidade para reconhecer as próprias emoções, porque o espectro de tolerância da mãe quanto à *própria angústia* era limitado demais. Assim, a pequena Amelia se adaptou, tentando ajudar a mãe por meio da repressão das próprias emoções negativas.

Como consequência, Amelia desenvolveu a disposição a ajudar os outros a se sentirem seguros e felizes. Essa característica lhe rendeu muitos amigos e uma excelente reputação no trabalho, mas cobrou um elevado preço de seu próprio bem-estar. Amelia compreendeu que sua mãe não tinha um escoadouro para as próprias emoções, porque estava sempre muito ocupada cuidando de todos os outros e se certificando de que eles tivessem comida na mesa, bem como arcando com o peso de toda a dor decorrente de suas próprias dificuldades e seus desafios. Ela aprendeu a mascarar os verdadeiros sentimentos.

Isso ajudava a explicar por que Amelia tinha uma aparência alegre e feliz, mas era facilmente tomada pela angústia.

Por meio de nosso trabalho conjunto, Amelia compreendeu que a mãe também tinha dificuldade para processar emoções negativas – problemas que permaneciam nas memórias remotas e subconscientes da Amelia adulta e disparavam seu sistema de detecção de segurança quando Silas chorava e não havia o que o acalmasse. Eu a ajudei a incorporar novos significados à sensação de ouvir seu bebê chorar. Assim como um pai ou uma mãe ajuda o filho a assimilar as experiências como toleráveis e seguras, muitas vezes eu me encontro na mesma posição, ajudando os pais a interpretarem seus próprios sentimentos angustiados de uma forma nova e compassiva. Isso ajudou Amelia a refrear seu severo autojulgamento, desmistificando sua ansiedade e lançando nova luz sobre ela.

Posteriormente, com consciência e grande autocompaixão, Amelia ficou mais sintonizada consigo mesma, e começou a reconhecer os fardos e as preocupações que carregava. Ela sempre se inquietava pelo fato de ser a única fonte financeira da família, ansiava tirar uma folga para atender às suas necessidades de saúde ou às de Silas e vivia estressada por causa das intermináveis particularidades cuja consecução exigia dela malabarismos diários no trabalho e em casa. Amelia tornou conscientes seus gatilhos e passou a se sentir aliviada por haver uma razão para os modos aparentemente irracionais com que interagia com o filho. Ela também adquiriu uma compreensão mais profunda de sua complicada dinâmica com a mãe, que era a maior defensora de Silas. Amelia se empenhou no sentido de ser mais autêntica e assertiva com a mãe e de aumentar sua tolerância às emoções negativas de Silas; e algumas vezes me telefonava para pedir mais apoio. Ela também adquiriu o hábito de contar para si mesma a própria experiência e empregar o exercício da autocompaixão, o que lhe garantiu condições de se acalmar e saber que ela, assim como todos os pais, não está sozinha em seu sofrimento.

Depois de alguns meses, a tolerância de Amelia com o próprio sofrimento aumentou. Ela começou a se julgar menos. Em uma sessão, ela me confidenciou que sentia como se estivesse abrindo a cortina de sua janela emocional e deixando o sol entrar. Não surpreende o fato de que, quando criou sintonia com o próprio corpo e passou a ter para consigo a mesma consideração afável que tinha em relação a Silas, ela parou de se sentir tão incomodada com o choro dele.

Tyrone e Dana encontram mais equilíbrio

Quando me encontrei com Tyrone e Dana, era visível o estado de esgotamento dos dois e a necessidade que tinham de depósitos em seu orçamento corporal. Eu assegurei a eles que o comportamento do filho – as repetidas interrupções durante o dia de trabalho, a incapacidade de atender às solicitações dos pais – era bastante compatível com o que poderíamos esperar de uma criança que ama os pais e está apenas começando a desenvolver a autorregulação. Também expliquei que esse comportamento desafiador refletia o estresse que a pandemia estava causando a Jaheem, bem como a falta que ele sentia dos amigos e do professor.

O que eles precisavam era de algum tempo para descobrir como repor os recursos no próprio orçamento corporal. Tyrone sentia falta das atividades físicas em sua academia, que foi obrigada a fechar por causa da pandemia. Então ele usou seu bônus de fim de ano para comprar uma bicicleta ergométrica e voltou a se exercitar novamente. Ele também iniciou um encontro semanal via Zoom com amigos de quem sentia falta. Dana percebeu que a principal fonte de seu estresse era ter que, de uma hora para a outra, passar a dar educação escolar para Jaheem em casa. Temendo que o filho pudesse ficar para trás em sua formação escolar, ela admitiu que havia exercido muita pressão sobre ele – e sobre si mesma. Como consequência, Dana e Jaheem viviam na mesma montanha-russa emocional. Quando ele estava feliz, era assim que ela também se sentia. Quando ele ficava agitado, ela também começava a ficar agitada. O trabalho a distância feito a partir de casa era benéfico para Dana, mas ela precisava encontrar maneiras de se acalmar a fim de poder ajudar a modular os caminhos inconstantes de Jaheem em vez de absorver seus estados emocionais. Ela encontrou ajuda na atenção plena. Depois que começou a usar um aplicativo para meditações curtas, ela passou a administrar melhor suas reações estressantes. Dana percebeu também que ficar acordada até tarde vendo programas de TV estava causando uma carência de sono crônica. A satisfação de suas necessidades de sono ajudou a restaurar sua tolerância e a municiá-la de recursos para se sintonizar melhor com o filho.

Finalmente, o casal se deu conta de que não desfrutava de um encontro romântico noturno havia quase um ano. Negociando um serviço de babá com um amigo da família que fazia parte do grupo de contatos restrito por causa da Covid, eles começaram a fazer um piquenique semanal em um parque para que os dois pudessem passar juntos um tempo restaurador.

Essas famílias encontraram alívio e respostas de uma forma que está ao alcance de todos os pais: por meio da consciência compassiva das próprias necessidades físicas e emocionais e das histórias de vida de cada um, e também da autopermissão para buscar consolo naqueles em quem confiam. Agora vamos passar para as soluções de parentalidade que nos ajudam a compreender o que está afetando o estado de nosso sistema nervoso e a entender como podemos realizar uma efetiva corregulação com nossos filhos.

Dica para o desenvolvimento da resiliência: o instrumento mais importante de nossa caixa de ferramentas de parentalidade é nosso bem-estar físico e emocional. Mas isso não significa que precisamos ser perfeitos. O essencial é a ampliação do nível de consciência para identificar suas necessidades, a busca de estratégias de autocuidado que funcionem para você e a compaixão por si mesmo. A avaliação de sua saúde mental e sua capacidade de se sentir estável emocionalmente é uma das melhores coisas que você pode fazer por si mesmo e por seus filhos.

6

Decifrar as sensações

Como as emoções se manifestam a partir das experiências do mundo vividas pelo corpo

Nunca mais haverá outro você.[1]

– Dra. Edith Eva Eger

Não seria ótimo se seu filho viesse equipado com um manual de instruções que lhe mostrasse como criar um ser humano feliz? Na verdade, esse manual existe: o corpo do seu filho. Como já comentei, algumas vezes nossos esforços parentais erram o alvo, porque ficamos muito focados no pensamento da criança, em sua força de vontade ou no autocontrole, que ela simplesmente ainda não desenvolveu. A despeito de quantos incentivos ou castigos nós aplicamos, ou do quanto tentamos argumentar com a criança, as coisas nem sempre acontecem da maneira que esperávamos. Se quisermos entender o verdadeiro significado do comportamento de nossos filhos, precisamos prestar atenção às suas reações *corporais* aos desafios do mundo, reações estas que nos proporcionam uma porção de informações. Uma das melhores formas de apoiar nossos filhos é trabalhar para entender como eles vivenciam seu mundo – e como essa experiência influencia seus sentimentos, comportamentos, pensamentos e emoções elementares. Começamos pela compreensão de que nós percebemos o mundo por meio das sensações que experimentamos.

Eis aqui um exemplo simples da razão por que é importante prestarmos atenção à forma como o corpo da criança responde ao seu ambiente. Muitas crianças têm reações extremas a experiências aparentemente agradáveis, como lavar o cabelo com xampu. Algumas têm medo dessa atividade, e a experiência desencadeia comportamentos do caminho vermelho, como chorar, gritar e empurrar os pais. Diante de situação semelhante, muitos pais (inclusive eu, quando minhas filhas eram pequenas) simplesmente tentam "persistir até o fim" ou dizem que a criança está fazendo muito barulho por nada. Mas as duas reações podem estimular ainda mais o sistema de detecção de ameaças da criança. A persistência não respeita os sinais enfáticos decorrentes da experiência sensorial, e a tentativa de ponderar ou usar a lógica naquele momento em geral não ajuda a criança a se acalmar.

Não estou sugerindo que você deixe de lavar o cabelo de seu filho se ele protestar. Na verdade, o que estou propondo é que você faça isso de um modo que reduza o estresse da criança e, consequentemente, o preço que essa experiência subjetiva cobra do orçamento corporal dela. O foco deste capítulo é exatamente conseguir superar tal desafio – ou seja, desempenhar a parentalidade de uma forma que respeite a experiência vivida por seu filho e apoie a plataforma dele. *Nós examinaremos a maneira como podemos conhecer a psicologia de nossos filhos por meio da compreensão de como o corpo dele decodifica o mundo.*

Algumas vezes, esses momentos de aprendizado podem nos pegar de surpresa. Ainda me lembro de quando meu marido e eu planejamos uma viagem à Disneylândia para comemorar o aniversário de 5 anos da nossa filha criativa e questionadora: porém, quando anunciamos com grande entusiasmo nosso incrível presente de aniversário, não recebemos a resposta que esperávamos. Ela balançou a cabeça e disse que não queria ir.

Meu marido e eu nos olhamos intrigados. Que criança não quer ir para a Disneylândia? Levei anos para compreender, mas acabei descobrindo que minha filha não estava sendo teimosa nem ingrata. Ela se conhecia muito bem, e essa escolha era absolutamente compatível com suas experiências anteriores na Disneylândia. Eram seus pais que precisavam aprender.

Por que o comportamento de nossos filhos é como é? Lembro mais uma vez que os comportamentos representam a ponta do *iceberg*. Para entender o que está abaixo da superfície, precisamos tentar descobrir como o corpo da criança está interagindo com o mundo.

Conhecer melhor a maneira como o corpo influencia os comportamentos

As crianças – e todos os seres humanos – vivenciam e decodificam o mundo ao seu redor por meio de seu *sistema sensorial*. Como já falamos, o comportamento de nossos filhos é uma janela para sua maneira de perceber o mundo. Para conseguirmos interpretar esses comportamentos, é importante entendermos o impacto das sensações físicas.

Como vimos no Capítulo 3, nosso *sistema nervoso central*[2] é formado pelo cérebro e a medula espinal. O *sistema nervoso periférico*[3] conecta o cérebro com o restante do corpo através de uma via expressa de caminhos neuronais. À medida que o cérebro responde ao fluxo de informações enviado pelo nosso corpo, este último reage de acordo com as diretrizes indicadas pelo cérebro. Essa conversa constante e bidirecional[4] acontece dentro de todos nós, o tempo todo. O corpo envia informações para o cérebro,[5] que, por sua vez, processa essas informações e transmite sinais de volta para o corpo, o que resulta em nossas ações.[6]

Pense no que acontece quando ouvimos a sirene de um veículo da polícia passando e, instintivamente, tapamos os ouvidos, ou quando uma criança sente alguma coisa dentro do corpo, senta-se no chão e diz: "Estou com dor de barriga". Nas situações em que a criança sente desconforto, os sensores internos localizados dentro e nas proximidades do seu sistema digestivo enviam sinais através da via corpo-cérebro, permitindo que a criança (algumas vezes) tome consciência dessas sensações e responda de acordo com elas, neste caso sentando-se e dizendo para os pais "Estou com dor de barriga".

Quando o corpo envia sinais para o cérebro, este nos orienta a responder de forma a manter nosso orçamento corporal em equilíbrio – em linguagem científica, para manter a *homeostase*. Vale a pena registrar que é muito maior o número de fibras que levam informações do corpo para o cérebro – cerca de 80% das fibras transportam sinais *para* o cérebro e apenas 20% transportam sinais de volta *do* cérebro para o corpo.[7]

No entanto, muitas vezes ignoramos que o modo como as crianças se sentem e o que fazem é decorrência direta da informação que flui do corpo delas para o cérebro. A atenção a esses sinais que se deslocam do corpo para o cérebro nos ajuda a personalizar nossa parentalidade de acordo com a fisiologia específica de nossos filhos, além de nos permitir entender melhor como eles se sentem no corpo e na mente. Resumindo, usamos essas informações para começar a elaborar um manual de instruções exclusivo para nossa criança.

Essa visão holística do desenvolvimento infantil – e a guinada no sentido de compreendermos que comportamentos e emoções são reflexos significativos das diferenças individuais na forma como a criança percebe o mundo – ainda é desconhecida para a maioria dos educadores, pediatras, profissionais de saúde mental e especialistas em parentalidade. *Nossa sociedade ainda não reconheceu amplamente a influência bidirecional entre o cérebro e o corpo das crianças.* Consequentemente, é comum que fontes tão diversas quanto pediatras, influenciadores das redes sociais, livros sobre parentalidade, professores e avós bem-intencionados ofereçam aos pais conselhos conflitantes sobre a criação dos filhos.

Por esse motivo, é importante lembrar que a melhor orientação não vem de um livro ou *site* da internet, mas sim de *seu filho:* do sistema nervoso singular *da criança*, que funciona como um roteiro de parentalidade e é influenciado, sobretudo, pela maneira como ela constantemente interpreta o mundo em que está.

Experiências sensoriais induzem comportamentos e desenvolvem a confiança no próprio corpo

Se entendemos que os comportamentos são apenas a ponta do *iceberg* e que têm para o cérebro e o corpo um significado que vai muito além daquilo que conseguimos perceber de imediato, como podemos usar essa informação para oferecer um apoio mais efetivo aos nossos filhos? Uma alternativa importante é focar o modo como nós, humanos, interpretamos e entendemos o mundo por meio de nossos sentidos. Quando eu era ainda aluna da University of Southern California, não sabia que naquele mesmo *campus* uma professora chamada A. Jean Ayres estava desenvolvendo uma teoria que se tornaria mais tarde um fundamento do meu trabalho como psicóloga infantil. A Dra. Ayres, que era terapeuta ocupacional, psicóloga e pesquisadora, estudou a influência das sensações sobre o comportamento humano e desenvolveu o campo da *integração sensorial*, que explica como o cérebro assimila e organiza as informações sensoriais, permitindo assim que tenhamos condições de responder de maneira adaptativa às demandas[8] da vida diária, interagindo com o mundo e respondendo a ele de modo bem controlado.

Nas palavras da Dra. Ayres, "Você pode entender as sensações como um 'alimento para o cérebro'; elas não proporcionam o conhecimento necessário para o controle do corpo e da mente".[9] Os sinais trafegam em uma trajetória de ida e volta, do cérebro para o nosso corpo, desencadeando os comportamentos correspondentes. O Dr. Porges, criador da teoria Polivagal, explica assim:

"As experiências sensoriais são a força propulsora de nosso comportamento e contribuem para a organização de nossos pensamentos e nossas emoções".[10] Isso acontece porque nossas experiências sensoriais passadas determinam nossas reações a experiências semelhantes no futuro.[11] A neurocientista Lisa Feldman Barrett nos diz que nosso cérebro é um simulador extraordinário. Ele usa nossas "experiências passadas para criar uma hipótese – a simulação – e [compará-la] com a cacofonia proveniente de nossas sensações".[12]

Desse modo, o processamento sensorial é o alicerce de todo o conjunto de sentimentos, emoções, pensamentos e comportamentos humanos. Sendo essa a maneira pela qual nossos filhos entendem o mundo, merece um lugar de destaque na literatura sobre parentalidade, bem como na educação e na pediatria. *A compreensão de como nosso cérebro usa as informações provenientes do corpo teve um profundo impacto na minha prática da parentalidade e da psicologia.* Evidentemente, existem explicações muito mais complexas sobre os sistemas sensoriais e o cérebro do que essas que compartilho aqui; assim, eu recomendo que você as procure se estiver interessado. O material que estou apresentando é uma versão bastante simplificada, ilustrada com histórias do meu trabalho com algumas famílias, e espero que ajude você a compreender como o sistema sensorial de seu filho afeta o comportamento e os sentimentos dele, e também a entender a maneira como esse sistema pode ser uma fonte de informações capaz de nortear suas decisões de parentalidade.

Reatividade excessiva, pouca reatividade ou forte desejo

Em primeiro lugar, é essencial sabermos que nós não processamos todas as informações sensoriais da mesma forma. Conforme já vimos, o sistema de segurança de uma criança pode interpretar determinado som como ameaçador, enquanto o de outra o considera seguro e agradável. Algumas crianças são *excessivamente reativas* e experimentam uma sensação com intensidade muito maior do que a maioria delas, enquanto outras são *pouco reativas*[13] e registram uma experiência com menos intensidade do que a maioria. Algumas têm *forte desejo sensorial*[14] – parece que não conseguem se dar por suficientemente satisfeitas com determinada sensação, e então tentam alcançá-la repetidas vezes. Outras ainda são capazes de tolerar um amplo espectro de experiências. Devemos esperar variabilidade em nossas experiências sensoriais do mundo.

Seu filho se enquadra em uma dessas categorias? Você pode tentar fazer uso da abordagem *"então" ("so"* em inglês – primeiras letras das palavras *stop* e *observ),* apresentada no Capítulo 5, como recurso para avaliar o processamento sensorial de seu filho. Durante uma semana ou duas, *pare e observe* as reações de seu filho a diversas experiências sensoriais.

Embora a escola nos ensine sobre cinco sentidos, existem na verdade oito sistemas sensoriais que contribuem para a maneira como assimilamos o mundo e influenciam nossos comportamentos, emoções, memórias e relacionamentos. Nas páginas seguintes, à medida que eu for apresentando cada sistema, descreverei como você pode refletir a respeito do que os indícios revelados por seu filho estão dizendo sobre o comportamento dele, e mostrarei também formas de usar cada sistema sensorial como guia, para restabelecer a calma em seu filho ou em você. (*É útil manter um diário e fazer anotações de suas observações e ideias.*)

Sem dúvida, nosso corpo está sempre envolvido em uma rica experiência *multissensorial.*[15] Somos expostos *simultaneamente* a sons, cheiros, visões, sabores e toda sorte de estímulos sensoriais, e nosso cérebro está constantemente assimilando fragmentos de informações, comparando-os com experiências passadas, conectando-os e *integrando-os – tudo* ao mesmo tempo.[16] Em outras palavras, todos os sistemas sensoriais se influenciam mutuamente. Pense no ato de dar uma mordida em uma suculenta maçã vermelha. Você está saboreando, vendo, cheirando, olhando, tocando e se movimentando em sincronia enquanto come a maçã. É por esse motivo que a Dra. Ayres dá a isso o nome de *integração sensorial*:[17] é um sistema altamente complexo e integrado que nos ajuda a entender o mundo e a manter a estabilidade do corpo.

Eu aprendi sobre processamento multissensorial com minha orientadora, a Dra. Serena Wieder, cujo trabalho desenvolvido com o Dr. Stanley Greenspan, a partir da década de 1970, vinculava as emoções e o comportamento das crianças às complexas experiências sensoriais vividas por elas.[18] A compreensão da influência que a mensagem enviada do corpo para o cérebro tem sobre o comportamento das crianças era a peça faltante que não tinha sido abordada no meu aprendizado em psicologia, cujo foco foi a análise e alteração dos comportamentos e pensamentos das pessoas. Quando fui apresentada à contribuição do processamento multissensorial para o desenvolvimento infantil, conheci uma nova maneira de apoiar as crianças e suas famílias.

É comum, por exemplo, os pais me procurarem porque a escolinha de seu filho de 3 anos considerou muito agressivo o comportamento desafiador dele e o expulsou. Quase sempre descubro que o elevado nível de reatividade dos múltiplos sistemas sensoriais provocou nessas crianças o comportamento de luta ou fuga do caminho vermelho. Depois de uma adequada corregulação com adultos atenciosos que, cientes do problema, oferecem apoio a elas, essas crianças acabam depreendendo novos significados de suas sensações, o que as capacita a enfrentar melhor a situação.

Nossos sistemas sensoriais operam simultaneamente e exercem influência uns sobre os outros, mas, a fim de simplificar, descreverei cada sistema em separado e mostrarei como ele pode influenciar o comportamento de uma criança dentro dessa extraordinária sinfonia.

Vamos começar com um sistema sensorial que já citei em capítulos anteriores, e com o qual, provavelmente, você não está familiarizado: a *interocepção*. É o mais importante deles, porque nos ajuda a compreender como o universo que temos *dentro* de nosso corpo provoca nossos sentimentos mais básicos, com impacto sobre nossas emoções e nosso comportamento.[19]

Sensações internas (interocepção)

Sensores internos enviam ao cérebro informações[20] sobre como nosso corpo está se sentindo *por dentro*. A *interocepção* diz respeito às sensações que fornecem informações[21] sobre o estado interno do nosso corpo. Os interoceptores localizados próximos dos órgãos internos, ou dentro deles, enviam automaticamente ao cérebro informações importantes para ajudar nosso corpo a permanecer em equilíbrio e regular nosso orçamento corporal. Quando *percebemos* sentimentos provenientes do nosso interior, essa *consciência interoceptiva*[22] desencadeia reações conscientes como fome, sede, pontadas de dor, desconforto ou a sensação de ter "borboletas" no estômago.

A interocepção[23] também afeta nossos sentimentos e humores básicos, e, por essa razão, precisamos, enquanto pais, ter conhecimento desse fato. Pesquisadores e terapeutas estabeleceram um vínculo da consciência interoceptiva com as emoções e a regulação emocional.[24] Na verdade, eles propõem uma ideia inovadora: que as sensações interoceptivas *geram* nossos estados emocionais e humores mais básicos e também, algumas vezes, aquilo que passamos a rotular ou identificar como emoções.[25] Eu, na condição de psicóloga, vejo nisso bastante coerência. Mesmo antes de vir a conhecer o termo **interocepção**, eu já entendia que a *consciência das sensações* era fundamental no esforço de ajudar as crianças a compreenderem suas emoções e seu comportamento. *Em meu trabalho clínico, descobri que as crianças com maior nível de consciência das sensações corporais também têm maior nível de autorregulação.* Podemos aprender muito com a maneira como uma criança assimila o mundo por meio de seus sentidos e com os benefícios e custos dessas experiências. A prática me mostra que *ajudar crianças (e adultos) a observar e decodificar suas sensações corporais é uma das melhores formas de apoiarmos a autorregulação.* Com o tempo, podemos ajudar as crianças a nomear essas sensações com palavras que traduzam emoções ou por meio de outras palavras descritivas.[26]

Pare e observe:

- Quão à vontade seu filho se mostra ao identificar e nomear sensações básicas que emergem do corpo dele? Sem dúvida, deveríamos esperar isso de crianças que já tenham desenvolvido a capacidade de responder a essas perguntas. Seu filho parece perceber se está com fome ou com a barriga roncando? Seu filho sabe dizer se está com sono e se quer ir para a cama ou tirar uma soneca? Seu filho consegue dizer se está com dor, onde a dor está localizada e o grau dessa dor?
- Seu filho demonstra um padrão de reações negativas às sensações internas? Você percebe angústia, alta reatividade ou problemas comportamentais quando seu filho pode estar constipado, com sede ou fome, ou tem outras sensações desconfortáveis emergindo de dentro do corpo?
- Quando seu filho percebe as sensações, isso o acalma e melhora a conexão relacional? Se uma criança consegue perceber sensações, especialmente as desagradáveis, e falar sobre elas com você ou pedir sua ajuda, é um sinal de que ela está avançando no desenvolvimento da autorregulação. Quer ajudar seu filho a conseguir isso? Você pode criar para ele um modelo desse mecanismo, nomeando suas próprias sensações corporais e a maneira como você as experimenta, à medida que elas acontecem na vida cotidiana: "Estou com fome, vou comer um lanche" ou "Estou com sede; quero um copo d'água bem grande". Devemos também fazer as crianças saberem que, quaisquer que sejam as sensações que elas sintam, está tudo bem. São pistas do que está acontecendo no corpo delas e do que podem fazer para se sentir melhor.

Estudo de caso sobre interocepção: tem que ser agora

Certa vez, tive uma paciente jovem que quase sempre sentia necessidade de ir ao banheiro duas vezes, ou até mais, durante nossas sessões de 45 minutos. Ela simplesmente sentia essa compulsão com intensidade e frequência. Na mesma época, atendi outro paciente que apresentava o problema oposto: ele esperava tanto para ir ao banheiro que acabava sendo tarde demais; então sua mãe tinha que monitorar havia quanto tempo ele não ia ao banheiro, e lembrá-lo de ir.

Por que uma criança ia frequentemente ao banheiro, enquanto a outra deixava de ir? A maneira como cada uma delas experimentava a mesma sensação dentro de seu corpo – a vontade de urinar – era diferente. Uma criança percebia um baixo nível de sensações emergindo de seu corpo. Sua consciência interoceptiva era *pouco reativa*, então trabalhamos no sentido de ajudá-lo a entrar em sintonia com suas sensações corporais e prestar mais atenção aos seus sinais. No final, ele acabou desenvolvendo mais consciência e a capacidade de evitar acidentes.

Nós ajudamos minha paciente dotada de consciência interoceptiva forte ou *excessivamente reativa* a desenvolver maior tolerância àquilo que ela decodificava como sinais urgentes que a compeliam a correr para o banheiro mesmo quando tinha acabado de ir dez minutos antes. Os pais da menina e eu, sob a orientação de seu pediatra e de uma terapeuta ocupacional, usamos os personagens de faz de conta de uma brincadeira para explorar e demonstrar sensações, como sonolência, fome, sede ou necessidade de ir ao banheiro. Nós lemos livros, escrevemos histórias e desenhamos figuras para representar as sensações em nosso corpo.

No caso das duas famílias, encorajei os pais a ajudarem os filhos a explorar as sensações corporais e falar sobre elas. Com essa abordagem, não apenas contribuí para a solução dos problemas relativos à questão da urina, mas também garanti que, com o tempo, eles também se sentiriam mais à vontade para falar de sentimentos e emoções triviais e nomeá-los – um excelente bônus!

Estudo de caso sobre interocepção: da dor indefinida à consciência compassiva das sensações internas

Kira, uma menina de 12 anos, foi outra paciente minha. O pediatra a encaminhou para mim porque ela mostrava sintomas de preocupação e ansiedade. Os pais me contaram que desde pequena ela era acometida por dores de estômago. Dois especialistas gastrintestinais diferentes não encontraram nada de errado do ponto de vista médico.

Kira é quieta, tímida e bem-comportada – o tipo de criança que costuma ser equivocadamente classificada como "boa" por causa de seu comportamento tranquilo. Mas as aparências podem enganar. Por dentro ela era tudo menos tranquila. Kira tinha uma forte consciência interoceptiva em relação ao seu estômago, e revelava aos pais que era frustrante ir a um médico após o outro e ouvir que eles não conseguiam encontrar nada de errado. Meu trabalho com Kira se concentrou em ajudá-la a entrar em sintonia com suas sensações corporais de uma nova maneira.

Ao validar que todos os sentimentos interiores são informações valiosas, ajudei-a a desenvolver um vocabulário mais amplo do que apenas "isso dói" ou "isso não dói". Ela guardava essas sensações em um corpo sensível que reagia de maneira exagerada a muitas outras sensações, incluindo sons, sol a pino e luzes brilhantes. O que deu bons resultados foi capacitá-la a ser mais amigável com as muitas sensações que sua consciência interoceptiva fazia emergir. Nosso trabalho visou ensiná-la a acolher as sensações de seu corpo com menos angústia e a torná-la curiosa em vez de temerosa em relação ao significado dos sinais – identificar se era necessidade de comer ou beber, movimentar seu corpo de certa maneira ou buscar apoio dos pais e conexão com eles. Você se lembra do conceito de granularidade emocional[27] e do pai que tinha dificuldade para aceitar as emoções negativas do filho? Kira também tinha dificuldade para vincular palavras a sentimentos básicos dentro de seu corpo. À medida que fomos trabalhando juntas, ela desenvolveu um vocabulário mais amplo para expressar o que estava sentindo. A menina começou a entrar em sintonia com seus sentimentos interoceptivos e a falar sobre eles com *palavras mais descritivas emocionalmente*, tendo por base a maneira como ela se sentia no momento: calma, inquieta, feliz, contente, assustada, nervosa, animada etc. Kira precisava de apoio para entender e classificar melhor aqueles sinais fortes que emergiam de dentro do corpo e, com o passar dos meses, começou a sentir dores de estômago com menos frequência.

Agora examinaremos os outros sistemas sensoriais que enviam *feedback* ao cérebro a partir das sensações mais conhecidas, e também veremos histórias sobre como as sensações contribuem para as preocupações com o comportamento das crianças.

A audição e o sistema auditivo

Nós somos constantemente bombardeados por sons que emanam de todos os lados – em primeiro plano (uma pessoa falando perto de nós) ou em segundo plano (sons do trânsito, da música que sai dos alto-falantes de um supermercado movimentado). À medida que os sensores do ouvido interno[28] enviam informações ao cérebro, estas se integram a outras formas de informações sensoriais, o que nos permite entender os vários sons que escutamos.

Cada um de nós percebe os sons de maneira diferente. Com frequência, nós, adultos, somos capazes de controlar algumas características dos sons que ouvimos – o volume da música que toca no carro ou até mesmo o tipo de música que preferimos ouvir. Como as crianças geralmente têm menos condições de exercer esse tipo de controle, as reações delas podem refletir no comportamento que apresentam.

É possível que as crianças nem sequer percebam que estão sendo excessivamente reativas aos sons, mas, na qualidade de pais, podemos observar os comportamentos associados a essa dificuldade: um restaurante barulhento pode desencadear um ataque de fúria; o zumbido de um aparelho de ar-condicionado pode tornar a criança dispersiva. Por outro lado, uma criança pouco reativa aos sons pode parecer não prestar atenção, ignorando as orientações recebidas tanto em casa como na escola, a menos que a fonte do som esteja em determinado volume e diretamente à frente dela.

Pare e observe:

- Perceba os padrões de reação de seu filho a diversos tipos de som. Como ele reage aos sons do dia a dia, como o da máquina de lavar, do ventilador, de um papel sendo amassado ou rasgado, do aspirador de pó ou de sirenes? Observe variações no volume e no tom de diferentes sons. Como seu filho se comporta em locais com ruídos de fundo e também de primeiro plano, como um *shopping* ou uma academia? Ele tem preferência por alguns tipos de música em relação a outros?
- Você percebe um padrão de comportamento negativo ou desafiador quando seu filho escuta determinados sons? Alguns tipos de som parecem deixar seu filho inquieto ou até mesmo frequentemente perturbado?

Se experiências sonoras semelhantes parecem preceder um padrão constante de comportamentos do caminho vermelho – ou azul –, isso pode ser um indicativo de que determinados sons acionam o sistema de segurança da criança, e o que você está observando é a resposta protetora dela.

- Que tipos de som acalmam seu filho ou proporcionam interações felizes e alegres no relacionamento de vocês? O tom de voz suave e melódico[29] que usamos de forma intuitiva com os bebês é naturalmente calmante para muitos. Tente usar esse recurso e observe se seu filho se acalma. Ainda que a criança não seja mais um bebê, você consegue transmitir sinais de segurança mesmo com a voz característica de um adulto, bastando para tanto variar o seu tom. Melhor ainda: atente compassivamente para sua própria plataforma a fim de perceber se você está se sentindo suficientemente calmo para corregular com seu filho e observar a angústia dele sem fazer julgamentos.

Observe as reações emocionais de seu filho aos seus diversos tons de voz. O acompanhamento dessas observações por meio do registro em um diário pode ajudá-lo a identificar os tons e os timbres vocais que mais contribuem para que seu filho se sinta seguro e, desse modo, permitir que você aprimore a corregulação e facilite a conexão. Os sons podem ser calmantes ou angustiantes para uma criança. O timbre da voz nos ajuda a avaliar[30] se podemos nos aproximar física e emocionalmente. É por esse motivo que as crianças captam nosso *tom emocional* antes de registrar nossas palavras. Elas são naturalmente sensíveis às características emocionais da voz; portanto, é importante prestar atenção ao tipo de impacto que seu tom de voz está tendo sobre seu filho.

Basta ouvir a voz dos pais queridos para que uma criança se sinta segura. Quando minha filha mais nova completou 3 anos, sua irmã mais velha passou a ter o próprio quarto. Depois de ter compartilhado um quarto desde o nascimento, nossa caçula ficou animada, mas também hesitante. Para deixá-la mais tranquila, na hora de dormir, nós nos desejávamos boa-noite através da porta aberta de nossos quartos. O som de nossas vozes fazia com que todos nos sentíssemos mais seguros e conectados, o que ajudava a nos acalmar.

Há também os sons aos quais frequentemente não prestamos atenção: o zumbido do ar-condicionado ou do aquecedor; os sons mecânicos dos elevadores e das escadas rolantes de um *shopping*; a música de fundo do restaurante – todos eles enviam mensagens para o sistema nervoso, que, por sua vez, desencadeia comportamentos. Mesmo quando passam despercebidos para os pais, esses sons podem desestabilizar a plataforma da criança que tenha uma sensibilidade específica a sons.

Estudo de caso sobre audição/sistema auditivo: o avô com a voz grave

Um casal me relatou que o avô de seu filho se sentia magoado porque o neto de 8 meses o rejeitava constantemente. Todas as vezes que o avô fazia uma visita, o bebê chorava e ficava agitado quando o avô o pegava no colo ou falava com ele. Não restava ao pobre homem nada além de levar para o lado pessoal.

Conversei com a família e eles compartilharam comigo um pequeno vídeo de uma das visitas do avô. Eu recomendei que os pais registrassem as reações do bebê a diferentes tipos de som. Analisando o registro, descobri que o pequeno era sensível a sons de baixa frequência. Sugeri então que o avô tentasse alterar um pouco sua voz, talvez introduzindo um timbre mais melódico e falando mais baixo perto do bebê. Poucos dias depois de efetuada essa mudança, o bebê parou de chorar quando o avô o visitava. O sistema da criança agora estava pressentindo e interpretando a voz do avô como segura, em vez de perturbadora. E, com o tempo, ele passou a ficar tranquilo na presença do avô, mesmo depois que este voltou a usar sua voz mais natural.

A visão e o sistema visual

Dois tipos diferentes de sensores, cones e bastonetes,[31] enviam informações da retina dos olhos para os centros de processamento visual do cérebro. Mas cada um de nós processa os sinais visuais de uma forma particular. Por exemplo, como você e seu filho reagem à luz do sol? E às lâmpadas fluorescentes? Você se sente incomodado quando as coisas estão fora do lugar? Você costuma ajeitar os porta-retratos na parede se eles parecem estar alguns centímetros fora da posição? Em caso afirmativo, é sinal de que seu sistema nervoso provavelmente gosta da previsibilidade dessa organização visual.

Da mesma forma, algumas crianças sentem angústia quando as coisas em seu ambiente são rearranjadas.

Uma menina de 9 meses que eu conheci sabia reconhecer quando algo era acrescentado ou estava faltando em seu quarto. Ela perscrutava automaticamente uma sala e fixava o olhar em qualquer coisa nova que visse, como se tentasse entender. Ela então engatinhava até o novo objeto e o tocava. Seu sistema visual era muito ativo. O irmão mais velho, por outro lado, parecia alheio aos mesmos tipos de mudança. Os dois simplesmente tinham formas diferentes de entender o mundo por meio da visão – e em combinação com os outros sentidos.

Pare e observe:

- Perceba os padrões de reação de seu filho a diversas visões. Como ele reage quando olha para seu rosto alegre ou estressado? Seu filho prefere luzes brilhantes ou uma iluminação suave? Ou talvez ele ignore esses detalhes. Seu filho prefere olhar para objetos em movimento ou parados? Você percebe algum padrão de reação de seu filho àquilo que ele vê no mundo – comportamentos negativos ou desafiadores que ocorrem rotineiramente quando ele vê determinadas coisas? Quais são os gatilhos visuais específicos que você observa?
- Que tipos de visão acalmam seu filho e promovem interações alegres no seu relacionamento? Existem livros ilustrados que seu filho adora ler com você? Sentado em seu colo, o tom de sua voz somado aos desenhos ou imagens tende a ser uma combinação imbatível para a experiência sensorial geral de seu filho. O que vemos também pode proporcionar tranquilidade e estabilizar nosso corpo. Uma criança com quem trabalhei costumava levar para a escola uma foto plastificada dos pais para que pudesse olhar quando sentisse falta deles. Isso funcionava como recordação visual de sua amada família, uma ajuda visual para regular suas emoções.

Observe como seu filho reage quando você demonstra tensão no corpo ou no rosto. Em geral nós "vestimos" nossa plataforma no semblante, transmitindo assim nossas emoções por meio das expressões faciais. Esse é outro motivo para você examinar sua própria condição e dar a si mesmo o que estiver precisando, de modo a acalmar seu filho por meio de suas expressões faciais empáticas. Você e seu filho serão beneficiados.

Estudo de caso sobre visão/sistema visual: nada de verde para mim!

Eu trabalhei com uma criança de 6 anos, Gerard, que não gostava de comer nada verde. Quando tinha 2 anos, ele regurgitou com as primeiras colheradas de brócolis e depois passou a se recusar a comer ervilhas, vagem ou qualquer alimento dessa cor. Sua mãe temia que ele pudesse rejeitar vegetais verdes para sempre. Isso representava um desafio especial, pois a família tinha uma dieta vegetariana!

Eu entendia a preocupação dos pais de Gerard em relação à alimentação do filho, mas a abordagem deles não se mostrara eficaz. Em resumo, eles disseram a Gerard: "Olhe, legumes e verduras fazem bem, então você precisa aprender a comê-los – faça um esforço". Lembrei-lhes gentilmente de que o sistema de segurança se desenvolve acalentado pela compaixão; assim, eles passaram a adotar outra estratégia: encontrar maneiras de ajudar o filho a conectar sentimentos positivos com alimentos verdes. Também expliquei que o olhar, os cheiros e os sabores podem desencadear reações imediatas e restringir a vontade da criança de experimentar toda uma classe de alimentos.

Em vez de nos dedicarmos a convencer Gerard a comer, formulamos uma estratégia divertida para permitir que a criança e os pais explorassem a comida juntos, começando pela ação de tocar e cheirar uma variedade de alimentos diferentes, aos quais eles foram adicionando, em seguida, alimentos verdes. Depois disso, Gerard passou a fingir que alimentava com comida verde suas figuras de super-heróis. Com o tempo, o menino foi gradualmente deixando de evitar comida verde e associando-a a sentimentos de segurança e conexão – graças à opção de seus pais por ajudá-lo de uma forma efetiva, porém indireta e não ameaçadora. À medida que formava memórias novas e positivas, Gerard ia mostrando disposição para incluir alimentos verdes (e de outras cores) saudáveis em sua dieta.

O toque e o sistema tátil

O sistema tátil é o nosso maior sistema sensorial. Ele cobre todo o corpo e envia informações dos receptores sensoriais para o cérebro.[32] As preferências táteis de uma pessoa ficam evidentes nos tipos de roupas, tecidos, artigos de cama e toalhas que ela escolhe. Algumas pessoas toleram e apreciam (ou não percebem) uma vasta variedade de texturas, enquanto outras têm uma reação excessiva ou débil a determinados tipos de toque.

Pare e observe:

- Perceba como seu filho reage a diferentes tipos de toque ou de sensações na pele. Ele gosta que alguém escove ou lave seu cabelo? Como seu filho reage ao tocar em diferentes texturas, como argila, sujeira ou alimentos tenros? Ele gosta de atividades lúdicas, como pintar com os dedos ou tocar superfícies maleáveis ou duras? Ele prefere usar as mesmas roupas repetidas vezes? Talvez seja porque essas roupas dão a ele uma sensação melhor, não têm etiquetas irritantes ou são feitas de tecido com determinada textura. Certas experiências de toque podem fazer com que algumas crianças se sintam incomodadas ou até mesmo ansiosas.
- Você percebe um padrão de comportamento negativo ou desafiador quando seu filho toca em certos tipos de substância, tecido ou alimento? Anote quais são as texturas ou os objetos aos quais seu filho tem uma forte reação negativa.
- Que tipos de toque acalmam seu filho e promovem alegria ou interações alegres no relacionamento de vocês? Ele prefere abraços fortes ou abraços suaves? Ele gosta que você lhe faça uma massagem nas costas, nos ombros ou nos braços? Existem bebês e crianças pequenas que têm um cobertor, um pedaço de tecido macio ou um bichinho de pelúcia que gostam de segurar ou tocar para se acalmar. Essas crianças conseguem a autorregulação por meio do sentido do tato; elas se confortam com as sensações provenientes do que toca sua pele. Da próxima vez que seu filho se mostrar contrariado, tente oferecer a ele um toque calmante, personalizado de acordo com as preferências dele.

Estudo de caso sobre toque/sistema tátil: a mãe rejeitada

Eu trabalhei com uma criança pequena cuja reação era afastar prontamente a mãe se esta de repente lhe acariciasse o braço ou o rosto. A criança parecia evitar o contato físico afetuoso de sua mãe, que às vezes se sentia magoada e confusa.

Assegurei a ela que seu filho não *a* estava rejeitando, mas sim se adaptando à *própria* reatividade tátil excessiva (toque). Alguns tipos de toque simplesmente pareciam desagradáveis em sua pele e ele respondia de acordo com suas preferências sensoriais. Eu expliquei que, quando se trata de toque e texturas, todos nós temos nossas preferências particulares. Ela aproveitou a oportunidade para testar diversos tipos de toque (com a permissão dele), incluindo abraços mais fortes – abraçando o filho quando o corpo dele estava voltado para fora e não para ela – e fricção nos ombros, em vez de um leve toque na pele. Ao aceitar as preferências do filho e procurar descobrir aquilo de que ele gostava e não gostava, a conexão entre os dois ficou mais forte e ela parou de se sentir rejeitada pelas preferências táteis do menino.

O paladar e o sistema gustativo

Nossos receptores gustativos,[33] localizados principalmente na língua, ajudam o cérebro a experimentar a sensação do paladar. Pense nos seus alimentos preferidos. O que lhe vem à mente? Nosso paladar, a exemplo de todos os outros sentidos, é pessoal e está impregnado de memórias emocionais[34] das experiências sensoriais passadas. Os alimentos começam a adquirir significados pessoais ao longo do tempo. Nós associamos alguns alimentos (como acontece com o pudim de arroz da minha mãe) a satisfação e prazer, enquanto outros (como aqueles que nos provocaram mal-estar no passado) conectamos a reações negativas. O paladar também está fortemente ligado com o nosso sistema olfativo (cheiro).

Pare e observe:

- O que você percebe em relação às preferências alimentares de seu filho? Ele prefere alimentos salgados, doces, condimentados ou insípidos? Quais alimentos seu filho adora e quer comer sempre? O sentido do paladar está associado aos outros sentidos, como a visão e o olfato; assim, é possível que você observe reações exageradas de seu filho ao simplesmente ver determinado alimento ou sentir o cheiro dele.
- Seu filho apresenta um padrão de reações negativas a certos alimentos? A hora da refeição é uma luta constante? Liste os alimentos que seu filho

reluta em comer (se houver). E quanto à textura dos alimentos – seu filho tem náuseas ou dificuldade para engolir alimentos com determinado tipo de textura, como pudim cremoso ou salgadinhos crocantes?

- De que tipos de experiência alimentar seu filho gosta – e você tem interações alegres com ele em relação aos alimentos e às refeições? Você consegue se descontrair e apreciar as refeições com seu filho pelo menos uma vez por dia? Embora algumas vezes pareça que alimentar as crianças seja uma tarefa, a hora das refeições também é uma oportunidade ideal para comunicação e diversão. Se a criança demonstra uma reação negativa a um novo alimento, reconhecê-la abertamente é um bom começo. Uma atitude calma e encorajadora – até mesmo brincalhona – pode ajudar na corregulação da criança para o caminho verde, onde é muito mais provável que ela experimente alimentos com novos sabores e novas texturas.

Estudo de caso sobre paladar/sistema gustativo: o café do papai

Um colega me relatou que seus dois filhos tinham preferências alimentares tão diferentes que ele muitas vezes se sentia um cozinheiro de *fast food*. Sua filha adorava comidas condimentadas, enquanto o filho preferia pratos insípidos – e alimentos macios e não crocantes. O pai se perguntava se, ao ser complacente com o filho, estava mimando-o e até mesmo encorajando-o a ser seletivo demais.

Depois de fazer uma refeição na casa deles com a família, eu observei o quão dedicado o pai era, e lhe assegurei que ele estava diante de uma preferência biológica relacionada ao paladar – que não era necessariamente a mesma coisa que seletividade nem teimosia. Afirmei ao pai que, com um pouco de paciência e corregulação, ele conseguiria gradualmente ajudar o filho a expandir suas escolhas alimentares. O pai baixou sua expectativa e proporcionou ao filho mais sensível mais oportunidades de experimentar coisas novas – quando ele se mostrava disposto –, oferecendo-lhe apoio e validação, o que o ajudou a ter mais tolerância para experimentar novos alimentos.

Tão logo percebeu que o filho não era deliberadamente exigente, mas tinha reações corporais ao cheiro, sabor e textura de alimentos condimentados ou crocantes, o pai mudou sua metodologia. Ele começou a oferecer algumas opções de comida em vez de uma única, e a incentivar o filho a experimentar aquelas que lhe pareciam gostosas. Em vez de dizer: "Experimente, por favor – eu me esforcei tanto para fazer isso para você!", ele gentilmente passou a observar a hesitação do filho com mais compaixão: "Ei, amigão, esta receita é nova. Se você quiser experimentar, me avise; se não quiser, tudo bem também". *A solução não era necessariamente preparar alimentos diferentes para o filho, mas sim aumentar a corregulação quanto às suas reações, ajudando-o a criar uma nova relação com determinados tipos de alimento.* O curioso é que, quando o pai se tornou mais paciente, o filho começou a experimentar mais alimentos diferentes. Embora nunca tenha se tornado apreciador de comida condimentada, ele começou a comer uma variedade maior de pratos, e, com o tempo, o pai parou de fazer refeições separadas para seus filhos.

O olfato e o sistema olfativo

Receptores químicos existentes na estrutura nasal[35] enviam mensagens importantes que nosso cérebro registra como cheiros. Nosso olfato detecta alertas que indicam se determinado alimento é seguro para ser consumido.[36] Qual é a primeira coisa que você faz quando pega na geladeira um item cuja data de validade já expirou, mas que você quer comer? Você cheira! E os cheiros, assim como todos os sentidos, estão intimamente ligados a memórias. Nas minhas caminhadas noturnas, às vezes sinto através da janela aberta de um vizinho um cheirinho de fritura de cebola, e sou transportada de volta à minha infância, pois me lembro de um ensopado que minha avó fazia nos finais de semana.

Pare e observe:

- Como seu filho reage a diferentes tipos de cheiro ou fragrância? Ele percebe os cheiros ou reclama deles? Ele costuma ter náuseas depois de cheirar alguma coisa? Em caso afirmativo, esses podem ser sinais de reatividade excessiva aos cheiros. Ou talvez ele não perceba tão prontamente quanto você ou outras pessoas? Isso pode indicar que ele é pouco reativo aos cheiros. As crianças, a exemplo de todos nós, podem ter reações positivas ou negativas imediatas a determinados cheiros, como de sabonetes, xampus, alimentos ou aromatizadores de ambientes.
- Seu filho apresenta um padrão de reações negativas a certos cheiros? Ele tem reações fortes, como se recusar a comer determinados tipos de alimento ou não querer visitar lugares que emanam determinados cheiros –

restaurantes ou a seção de perfumes de uma loja de departamentos? Seu filho tem reações físicas ou emocionais aos cheiros, como sentir náuseas ou ficar perturbado?

- Que tipo de cheiro acalma seu filho ou proporciona alegria ou prazer? Ele prefere certos cheiros em vez de outros? Seu filho procura algum cheiro em particular? Da próxima vez que seu filho apresentar alguma reação a um cheiro, tente registrá-la com ele. Peça-lhe para falar sobre as características do cheiro (agradável, desagradável, bom ou ruim) ou tentar descrevê-las e falar mais sobre elas. É uma excelente oportunidade para a criança começar a desenvolver consciência das sensações – um passo no sentido de perceber suas emoções.

Estudo de caso sobre olfato/sistema olfativo: o dilema da fazenda de laticínios

Uma família que eu conheci ia de carro todos os verões para Alta Sierra, na Califórnia. No caminho, ao passarem por uma fazenda de laticínios que exalava um cheiro forte e marcante de esterco, um dos três filhos sempre tinha náuseas e, por causa disso, seus irmãos o provocavam impiedosamente por ser tão sensível a cheiros.

O olfato dessa criança era apenas *excessivamente reativo*, e o dos irmãos não era. Seu sistema olfativo desencadeava um alarme instantâneo e o reflexo de náusea (em conjunto com uma consciência interoceptiva desagradável e imediata), enquanto o dos irmãos não reagia assim. Minha sugestão aos pais foi que procurassem falar com as crianças sobre a reatividade sensorial, deixando claro que o nível de sensibilidade de cada um não é uma simples escolha. *Essa é uma lição valiosa para todos nós, porque é fácil julgarmos as preferências sensoriais das pessoas como falhas de caráter ou de personalidade, quando, na verdade, são essas preferências que influenciam nossos sentimentos e comportamentos.*

A consciência corporal e o sistema proprioceptivo

A maioria de nós tem pouco conhecimento a respeito do sistema proprioceptivo. É um sistema notável que comunica ao cérebro as posições do nosso corpo.[37] De acordo com a Dra. Ayres, ele atua enviando informações ao "cérebro sobre quando e como os músculos estão se contraindo ou alongando, e quando e como as articulações estão se dobrando, estendendo ou sendo distendidas ou comprimidas".[38] Em outras palavras, ele nos diz como estão as diversas partes do nosso corpo: em pé ou sentado, curvado ou ereto. Pense na última vez em que você esbarrou na borda de uma mesa ou outra superfície dura porque errou em alguns centímetros a posição de seu corpo no espaço.

Os músculos e as articulações enviam constantemente informações ao cérebro sobre a posição do nosso corpo.[39]

A propriocepção é o sentido que nos ajuda a realizar os movimentos de maneira eficiente e a sentir o que estamos fazendo. É o que nos permite abotoar corretamente uma camisa. O cérebro recebe *feedback* dos músculos e das articulações de nossas mãos, permitindo-nos *perceber* como fechar os botões sem, necessariamente, precisar *olhar*. As crianças com dificuldades de propriocepção costumam ter uma caligrafia ruim, porque recebem apenas um débil *feedback* sobre a intensidade da pressão que devem colocar no lápis ou na caneta. Outras vezes, crianças que têm um sentido de propriocepção pouco reativo podem se aproximar demais ou empurrar com muita força quando tentam brincar ou estar em um espaço com seus colegas. É importante percebermos onde nosso corpo está em relação às outras pessoas e a coisas como móveis sem necessidade de pensarmos muito a respeito, a menos que haja um problema.

No meu primeiro ano de faculdade, contraí um vírus grave que causou uma inflamação no meu ouvido interno. Ele suprimiu temporariamente minha percepção espacial e meu senso de equilíbrio. Era estranho demais eu não saber se estava em pé ou sentada. Eu sentia náuseas muito fortes e tinha que ficar de olhos fechados, porque parecia que o mundo estava girando. Eu não conseguia comer e precisava, literalmente, que as pessoas me carregassem, porque não era capaz de reconhecer a posição do meu corpo, nem mesmo sentir a força da gravidade terrestre. O único tratamento viável foi a completa sedação em um hospital, até que a inflamação cedeu depois de cerca de uma semana. Felizmente eu me recuperei, e foram pequenos os impactos de longo prazo; mas foi a experiência mais desorientadora da minha vida, e me fez sentir grande compaixão pelas crianças com problemas de percepção espacial ou de equilíbrio.

Decifrar as sensações

Pare e observe:

- Seu filho se movimenta com eficiência e de forma adequada para a idade e o específico nível de desenvolvimento? (Não devemos esquecer que bebês e crianças pequenas ainda estão em processo de desenvolvimento da capacidade de se locomover.) Se seu filho mais velho precisa olhar para as mãos ou o corpo a fim de realizar tarefas cotidianas, como amarrar os sapatos ou fechar os botões, é sinal de que um ciclo de *feedback* do sistema proprioceptivo pode ainda estar em desenvolvimento.

- Seu filho apresenta um padrão de reações negativas a situações que exigem consciência corporal, como esportes coletivos ou outras atividades físicas nas quais é necessário o *feedback* dos músculos e das articulações?

Seu filho costuma esbarrar em outras pessoas ou móveis, ou calcula mal a força com que empurra ou puxa os objetos? Seu filho sente necessidade de ficar sempre junto de você? Algumas crianças instintivamente encostam o corpo em outras pessoas para se sentirem mais seguras e estáveis. Essa ação fornece mais *feedback* aos músculos e às articulações, ajudando as crianças a se sentirem mais tranquilas. Por outro lado, também é possível que seu filho goste da sensação proporcionada por essa proximidade física! Algumas vezes, crianças cujo sistema proprioceptivo ainda está em processo de integração com os outros sistemas demonstram interações tão intensas que podem causar dificuldades sociais. É possível que elas abracem um irmão ou colega com muita frequência ou com muita força, bem como deem um tapa em outra pessoa com força excessiva quando pretendiam apenas dar um leve tapinha. Esses tipos de ações não intencionais podem ter um impacto negativo no relacionamento da criança com os colegas, pois para estes, compreensivelmente, os gestos parecem excessivamente fortes ou agressivos, e não apenas uma tentativa de estabelecer conexão.

Se seu filho parece ter dificuldade na questão da consciência corporal, é útil oferecer mais experiências capazes de ajudar a integrar esse sistema com os outros. A ida a uma academia voltada à diversão, o uso de cobertores para se enrolar de brincadeira como "burritos" e a prática de jogos nos quais as crianças "classificam" diversas intensidades de toque como leves ou pesadas são atividades que podem ajudar seu filho a assimilar o sentido de propriocepção.

- Que tipos de atividade proporcionam prazer relacional ou ajudam seu filho a perceber a posição do corpo dele no espaço? Seu filho gosta de exercícios de escalar ou de trepa-trepa e consegue interagir com os colegas ou com você ao mesmo tempo? Ou quem sabe seu filho precise de ajuda e apoio emocional para escalar estruturas ou andar de bicicleta – atividades que requerem um consistente *feedback* proprioceptivo. Seu filho gosta de ser enrolado em um cobertor ou brincar em um? Costumo recomendar aos pais que façam uma experiência para identificar que tipo de pressão tranquilizadora os filhos apreciam. Você pode fingir fazer um "sanduíche" humano, por exemplo, se seu filho gostar de ficar entre dois travesseiros ou almofadas do sofá. Quanto mais diversão a criança tiver (e você também), melhor!

Estudo de caso sobre sentido proprioceptivo: o filho do jogador de futebol

Eu conheci os pais de um garotinho que começou a ter ataques de fúria depois de jogar futebol pela primeira vez. A mãe dele, que jogara futebol na faculdade, tinha sido contratada para ser treinadora do time do filho e estava animada para compartilhar com ele o jogo de que tanto gostava. No entanto, ela temia que seu filho pudesse se sentir pressionado a demonstrar um bom desempenho, e se perguntava se isso poderia ser a causa do comportamento dele ou de um esforço aparentemente inadequado. Ela também observou que, quando o menino estava correndo, ele ficava o tempo todo olhando para os pés, aparentando incapacidade de manter os olhos na bola, por isso caía com frequência.

Uma das alegrias da condição de pai e mãe é a possibilidade de realizar com seu filho atividades que você adora. Contudo, o processo nem sempre acontece como esperado. Procurando entender por que a criança precisava olhar para os pés enquanto aprendia a jogar futebol, a mãe consultou um terapeuta ocupacional pediátrico e este descobriu que o menino era *pouco reativo* em resposta ao seu sentido de consciência corporal no tronco e nas pernas. O sistema proprioceptivo dele não estava se *integrando* harmoniosamente com os outros sistemas sensoriais, então ele compensava usando a *visão* para saber qual era sua posição em relação à bola. Em um jogo de movimentos rápidos como o futebol, esse recurso não era o ideal, e ele caía com frequência. Isso o deixa-

Decifrar as sensações

va envergonhado e agitado, o que acabava desencadeando seus ataques de raiva. Em vez de gostar do jogo, ele o considerava estressante. Durante as sessões semanais de terapia ocupacional, o terapeuta ensinou a mãe a apoiar o progressivo sentido de consciência corporal do menino. Com o tempo ele passou a adorar o futebol, que se tornou uma maneira perfeita de integração de seu sentido de consciência corporal com os outros sentidos. Com sua mãe continuando na função de treinadora do time e apoiando-o emocionalmente, o jogo se tornou uma excelente experiência de união para toda a família.

O equilíbrio e o sistema vestibular

Nós passamos a nos conhecer por meio de nosso corpo, e o sistema vestibular, em conjunto com os demais, contribui para o nosso senso de identidade,[40] para sabermos como é viver *neste* corpo. O sistema vestibular nos mantém literalmente com os pés no chão. Os sensores existentes no ouvido interno enviam ao cérebro informações[41] sobre a posição da cabeça e de todo o corpo em relação à força da gravidade e ao movimento, o que afeta nosso equilíbrio. Esse sistema fundamental permite que você saiba a posição de seu corpo no espaço, perceba se está se movendo ou parado, a que velocidade está andando e onde está em relação à força de gravidade terrestre.[42] Se você já sentiu enjoo em decorrência de movimento, foi por causa do seu sistema vestibular, que registrou essa informação, fazendo você se sentir mal ou com vertigem. É fácil subestimarmos a importância desse sistema para a regulação. Por exemplo, muitas crianças pequenas têm dificuldade em tolerar longas viagens sentadas no carro. Quando uma criança se senta em uma cadeirinha de automóvel, muitos sentidos diferentes estão envolvidos: os sentidos tátil e proprioceptivo das alças ajustadas sobre o peito, os sons do veículo, as mudanças visuais causadas pela ação de olhar para dentro e para fora e todos os movimentos, que produzem fortes estímulos para o sistema vestibular da criança.

As crianças podem receber uma grande quantidade de estímulos vestibulares (assim como estímulos visuais e proprioceptivos) quando saltam de um trampolim. (Eu prefiro trampolins com grades laterais para proteção contra quedas.) O salto é uma excelente atividade para desafiar o sistema vestibular, enquanto o pouso em uma superfície amena exerce pressão sobre os músculos e as articulações, o que é o sistema proprioceptivo intimamente ligado.

Pare e observe:

- Seu filho apresenta um padrão de reações a certas experiências de movimento? Ele deseja muito – ou evita – determinados tipos de movimento, como balançar? Algumas crianças evitam escalar ou saltar, bem como equipamentos de parquinhos, como balanços e escorregadores. Outras ficam perturbadas em escadas rolantes (ou evitam-nas totalmente) ou sofrem de enjoo frequente no carro. Às vezes as crianças ficam angustiadas quando sua cabeça é inclinada para trás, por exemplo, quando você enxágua o cabelo delas. Essas crianças podem estar enfrentando problemas com o sistema vestibular.
- Que tipos de movimento acalmam seu filho e proporcionam prazer relacional? Seu filho procura se movimentar? Ele gosta de dançar, de ser balançado ou, de qualquer modo, de movimentar o corpo quando brinca com você? Quais são os tipos de experiência de movimento que seu filho prefere? Ou talvez ele prefira ficar mais parado e não se movimentar muito quando vocês estão interagindo e brincando. Se você souber como o corpo de seu filho experimenta o movimento, poderá considerar essas informações ao procurar formas de se conectarem, corregularem e divertirem.

Estudo de caso sobre equilíbrio/sistema vestibular: as dificuldades no parquinho

Uma mãe me relatou que, quando seu filho de 5 anos estava no parquinho com outras crianças, era difícil conseguir tirá-lo do balanço de pneu ou do balanço infantil com cadeirinha. Ele parecia não querer nunca parar de balançar, mesmo quando outras crianças estavam esperando e já tinha acabado a sua vez.

A criança adorava sentir a sensação de seu corpo estar no ar e nos balanços. O problema: ele nunca ficava satisfeito, assim a mãe e os professores eram obrigados a lidar com seu descontrole emocional quando chegava a vez de outra criança. Ele entendia as regras sociais de compartilhamento, mas seu corpo estava sempre *compelido* a balançar. Eu observei que o menino sentia um forte *desejo* sensorial no sistema vestibular e sugeri que ele fosse submetido a uma terapia ocupacional que incluísse atividades lúdicas a serem praticadas com a mãe, e que ajudariam a integrar melhor seu sistema vestibular com os outros sentidos – inclusive seus sentidos visuais e proprioceptivos. O terapeuta sugeriu algumas atividades divertidas, como puxar uma carroça de toras quando ele estivesse no quintal, ou solicitar que seus pais o deixassem empurrar o carrinho nas ocasiões em que fossem fazer compras, além de brincar com ele em vários tipos de equipamentos. Algumas crianças que sofrem de anseio sensorial se beneficiam da terapia ocupacional, porque ela envolve um processo de tentativas e erros – e titulação, em que os terapeutas ocupacionais são treinados – que as ajuda a integrar as sensações vestibulares com os outros sistemas sensoriais. Depois de alguns meses de terapia ocupacional, o menino já não mais apresentava resistência quando lhe pediam para deixar o balanço, e passou a gostar de brincar com outras crianças em diversos brinquedos do parquinho e também com várias experiências de movimento. *Ele sentia seu corpo mais calmo e, o que originalmente parecia ser um problema de comportamento (não compartilhar o balanço) acabou se revelando uma dificuldade subjacente de integração sensorial.*

Demonstrar respeito pelos sinais do corpo

Quando ajudamos as crianças a identificar toda espécie de sensações que experimentam, sem julgar que sejam boas ou ruins, nós podemos garantir a elas um trunfo na relação com seus sentimentos e suas emoções. O corpo nos fornece um excelente roteiro de parentalidade, mas geralmente não prestamos atenção a isso. Algumas vezes, com a melhor das intenções, insinuamos aos nossos filhos que eles *não devem* dar importância aos sinais exteriorizados por seu corpo. É possível que digamos "Você não pode estar com tanta fome – você acabou de comer um lanche", ou "É só um pequeno arranhão, não deve estar doendo tanto". Em situações como essas, podemos pensar que estamos sendo solidários, mas, na verdade, ao sugerir que eles ignorem os sentimentos de seu corpo, depreciamos exatamente os sinais aos quais a criança deveria prestar atenção para se autorregular.

Quando tentamos convencer uma criança de que está tudo bem quando a verdade não é essa, o que estamos de fato fazendo é desprezar sua realidade – e os importantes sinais que seu corpo está exteriorizando. Isso é especialmente verdadeiro quando o sistema de detecção de segurança da criança está de alguma forma registrando uma ameaça, mesmo que ela esteja objetivamente segura – como aquela que fica enlouquecida ao lavarem seu cabelo com xampu. Não queremos neutralizar o sofrimento da criança, mas sim fazer com ela a corregulação emocional e respeitar a reação de seu corpo e, desse modo, demonstrar respeito pelo *próprio fundamento de nossos sentimentos básicos, nossas sensações corporais.*[43]

A maioria das crianças processa informações por meio de seus sentidos sem aparentar dificuldade. Mas quando problemas comportamentais ou de outra espécie começam a aparecer na primeira infância e não podem ser facilmente explicados, devemos questionar se as diferenças de processamento sensorial têm aí um papel relevante. Se seu filho apresenta sensibilidade extrema, reage de forma exagerada ou débil a certos estímulos sensoriais, evita determinadas experiências sensoriais ou, rotineiramente, anseia demais por certas experiências sensoriais e manifesta desregulação quando não pode ter acesso a elas, vale a pena consultar um profissional. Um terapeuta ocupacional ou de desenvolvimento, que tenha prática em processamento sensorial, pode avaliar seu filho e determinar se uma intervenção pode ser benéfica.

Oportunidades de ouro para promover a resiliência por meio da consciência dos sinais corporais

Os neurocientistas descobriram recentemente uma forte conexão entre nossa capacidade de detectar as sensações do corpo e a de regular as emoções.[44] Para uma terapeuta de cérebro e corpo como eu, essa é uma notícia extraordinária, embora não seja uma surpresa. Há anos descobri que incentivar as crianças a estabelecer sintonia com os sinais e as sensações de seu corpo contribui para o desenvolvimento da autorregulação. *Nós ajudamos as crianças a desenvolver habilidades de dificuldade emocional por meio de uma observação gentil e sem julgamento.* Quando valorizamos a experiência sensorial que uma criança tem do mundo, em vez de usar afirmações críticas como "Ela é sensível demais", temos condições de nos interessar por conhecer as preferências da criança e respeitar suas experiências sensoriais.

Muitas vezes negligenciamos a maneira como as crianças percebem o mundo – e as outras pessoas – por meio de seus sentidos. Por exemplo, podemos nos sentir constrangidos se nosso filho ignorar pessoas conhecidas ou membros da família – ou reagir a eles de modo inadequado ou rude. Em vez de exigir imediatamente que a criança seja educada ou "se comporte bem", podemos promover a corregulação de forma apropriada à situação e, agindo assim, demonstrar respeito pela resposta natural da criança. Quando deixamos de fazer isso, podemos involuntariamente induzir a criança – ansiosa por nos agradar – a mascarar suas verdadeiras emoções. Por outro lado, a validação da reação é uma oportunidade para incrementar a resiliência da criança, bem como para promover a autodefesa e o estímulo à confiança nos próprios instintos. Isso é particularmente importante no caso das meninas, que entram para o convívio social precocemente para conciliar as necessidades de outros.

Podemos, assim, entender que a maioria das crianças não *escolhe* sentir as coisas intensa ou profundamente, nem ser exigente. A verdade é muito mais complicada do que isso. Quando ajudamos uma criança a aprender a tolerar e nomear as sensações, bem como a lidar com elas de uma nova maneira, usamos a corregulação e o envolvimento para desenvolver novas memórias que substituirão as pretéritas e desafiadoras. Em geral, é necessário um número maior de experiências positivas para neutralizar as memórias negativas,[45] mas, ao longo do tempo, o progresso é possível. *Na verdade, é por meio de nosso relacionamento afetuoso e compassivo que nossos filhos conseguem aprender a abrir caminho na vasta gama de sensações, pensamentos e emoções – positivos e negativos.*

Uma criança capaz de localizar e identificar o que está acontecendo em seu próprio corpo tem um trunfo na promoção da resiliência psicológica e, provavelmente, da saúde permanente. Podemos ensinar a nossos filhos a importância da atenção ao próprio corpo e, desse modo, prepará-los para otimizar a própria saúde mental/corporal. Nos próximos capítulos, vamos nos concentrar em como cultivar ainda mais essa habilidade de acordo com a idade e o estágio de desenvolvimento da criança, começando desde o nascimento.

Lições da Disneylândia

Qual foi o resultado da recusa da minha filha em ir à Disneylândia? Nós decidimos cancelar a viagem. Embora meu marido e eu estivéssemos ansiosos pelas férias, ela não aceitou a viagem como presente. Em vez disso, passamos o aniversário dela brincando e nadando na piscina de um vizinho. E ela se divertiu demais.

Passaram-se vários anos até eu realmente entender por que ela não quis ir. Depois que aprendi mais sobre processamento sensorial, entendi que a ideia de estar em um lugar como a Disneylândia – que é uma verdadeira cacofonia de imagens, sons, cheiros e outros estímulos sensoriais – era simplesmente avassaladora demais para ela. Minha filha tinha uma dificuldade particular com *processamento multissensorial*. Em outras palavras, ela era altamente reativa à estimulação simultânea de diversos sistemas sensoriais.

Quando uma criança interpreta o mundo como imprevisível, com frequência se torna mais inflexível ou controladora, em uma tentativa de administrar seu ambiente. Quando as crianças não conseguem prever como se sentirão em diferentes ambientes, a vida pode lhes parecer caótica, e elas se adaptam tornando-se menos flexíveis. A recusa de minha filha em viajar foi uma extraordinária adaptação de seu sistema nervoso a ela. Seu cérebro e seu corpo precisavam de tempo e experiência para perceber como integrar seus sentidos e entendê-los como seguros e não ameaçadores.

A partir desse entendimento, meu marido e eu descobrimos uma renovada compaixão por nossa filha, e procuramos assegurar que ela soubesse o quanto nós respeitávamos suas preferências e escolhas. Em vez de incentivá-la a ignorar os sinais de seu corpo ou expressar frustração por não ser capaz de "seguir o fluxo", nós mostramos interesse e externamos validação sempre que ela reconhecia os sinais de seu corpo. *De fato, toda vez que reconhecemos com empatia que o corpo de uma criança está enfrentando dificuldades e oferecemos a ela nossa presença emocional e nossa aceitação, ajudamos a aumentar sua capacidade de tolerância a um vasto espectro de sensações.* Relacionamentos fortes melhoram nossa capacidade de suportar tensões e experiências negativas. *Quando entendemos como o corpo envia informações ao cérebro, temos condições de ajudar nossos filhos a criar um relacionamento totalmente novo com suas emoções.*

E a história teve um desfecho: muitos anos depois, quando já estava no ensino médio, a mesma filha pediu para comemorar seu aniversário com duas amigas – na Disneylândia. Eu ainda tenho uma foto daquele passeio: as três em uma das montanhas-russas mais íngremes do parque, com minha filha esticando jubilosamente as mãos para o ar e suas melhores amigas, de olhos fechados, enterrando a cabeça em seu ombro. Não consigo deixar de sorrir sempre que olho para aquela foto, percebendo quanta tenacidade minha filha precisou ter para superar suas dificuldades sensoriais, e quão admiravelmente seu corpo e seu cérebro se organizaram – no tempo dela – com nosso apoio emocional.

> **Dica para o desenvolvimento da resiliência:** é importante compreendermos as diferenças individuais das crianças, incluindo sua maneira única de assimilar, por meio de seus sistemas sensoriais, as informações provenientes do mundo exterior, do interior do próprio corpo e de outras pessoas. Não presuma que seu filho vivencia o mundo da mesma forma que você; e tenha curiosidade em saber como é o mundo da perspectiva dele. Essa compreensão é a via de acesso para ajudá-lo a desenvolver a competência emocional.

7

O primeiro ano

Toda vez que um pai ou uma mãe olha para aquele bebê e diz: "Ah, você é tão encantador", o bebê simplesmente explode de felicidade.[1]

– T. Berry Brazelton

Pais de primeira viagem têm muitas dúvidas sobre seus bebês: como podemos fazê-los dormir a noite toda? Não faz mal deixá-los chorar? Não tem problema os bebês assistirem TV? Qual a importância de "vestir" meu bebê? Devo ensinar a linguagem de sinais ao meu bebê? Você pode mimar demais um bebê?

Kerri e Ben eram afligidos por muitas dessas dúvidas quando seu pediatra – que conhecia minha própria dificuldade com a privação de sono e o estresse no início da maternidade – os encaminhou a mim. A filha deles, Selwyn, tinha na ocasião 3 meses. Quando nos acomodamos para nossa primeira sessão, os pais exaustos relataram uma gravidez fácil e um parto a termo. Eles descreveram seu grande encantamento por serem pais e a emoção dos avós novatos de Selwyn, explicitando o deslumbramento que sua chegada trouxe para toda a família.

No entanto, muito ao contrário de apreciar a parentalidade, o casal mal conseguia sobreviver.

Com oito semanas, Selwyn estava mamando bem e ganhando peso normalmente. Mas ela chorava muito durante o dia e os pais não conseguiam descobrir uma forma de acalmá-la. Alimentá-la, trocar sua fralda, levá-la para passear, embalá-la – nada parecia funcionar. As noites não eram muito melhores: a bebê acordava três ou quatro vezes, e, pela manhã, os pais estavam exaustos.

Com o tempo, Kerri e Ben confessaram que tinham outra preocupação. O pediatra os alertara sobre os perigos da síndrome da morte súbita infantil

(SMSI), e listou as precauções que deveriam ter para evitá-la: garantir que o bebê dormisse de costas e com um pijama adequado, mantendo sempre o espaço de dormir livre de roupas e outros itens. As advertências necessárias e bem-intencionadas acabaram sendo um lembrete constante de que algo terrível poderia acontecer com sua filha.

Havia uma combinação desafiadora: os ataques de choro durante o dia, os despertares noturnos, o medo de perdê-la e, acima de tudo, a privação de sono a que eram submetidos. E tudo isso deixava o casal com a sensação de que eles mal conseguiam manter a própria sanidade. Esses pais maravilhosos estavam fazendo o possível, mas tinham dificuldade para enfrentar a transição para a condição de pais.

Os primeiros seis meses

Três das minhas lembranças mais vívidas são da primeira vez que vi cada uma das minhas filhas. Ao contemplar seus olhos, experimentei um sentimento conhecido – pois já havia estabelecido uma relação com elas, enquanto se desenvolviam dentro de mim. O que eu não sabia antes do nascimento de minhas filhas era quão profundamente a circunstância de ser mãe modificaria minha vida.

Depois dessas, há outra lembrança menos agradável: como desatei a chorar quando a enfermeira do hospital falou para eu trocar a fralda da minha primeira filha, que nasceu prematura. Eu me senti completamente incompetente e impotente diante da responsabilidade pela pequena e indefesa criatura que estava em meus braços. Como eu poderia saber do que a bebê precisava, se ela estava chorando e não podia me dizer? Eu não tinha muito contato com bebês, portanto nem sabia como trocar uma fralda.

No dia em que meu marido e eu voltamos do hospital para casa levando nosso pequeno pacote, eu a vesti com uma roupinha de bebê prematuro que, tão pequena como era, poderia caber em uma das bonecas que eu tive quando menina. O amor por minha filha e o impulso de protegê-la foram as forças mais ardentes que já experimentei, um misto de júbilo e medo.

Uma enfermeira do turno ia colher amostras de sangue de minha filha e verificar a condição dela diversas vezes ao dia. Como a pequena tinha uma taxa elevada de enzimas bilirrubinas, ela precisava dormir em uma caixa de luz, e a equipe médica nos advertiu para garantir que seus minúsculos protetores oculares permanecessem no lugar, porque o fato de olhar para as luzes poderia deixá-la cega. Uma advertência um tanto complicada para os ouvidos de pais de primeira viagem e privados de sono! Nas primeiras semanas, meu marido e eu nos revezamos na tarefa de vigiá-la como falcões, dia e noite, para garantir que ela mantivesse os óculos de proteção. Foi um pesadelo prazeroso.

Assim, eu conseguia compreender a preocupação de Kerri e Ben, um sentimento de empatia que tenho por todos os pais novatos. Nada mais é capaz de acionar nossos circuitos de preocupação e alterar nosso ritmo e nossa rotina como ter um recém-nascido. Na condição de seres humanos, adoramos ter previsibilidade, e, quando um bebê entra em nossa vida, nada é previsível. Nossas rotinas se concentram no bebê até conseguirmos estabelecer padrões de alimentação, sonecas e sono noturno.

Além da privação do sono, os pais novatos enfrentam outro desafio: o excesso de conselhos e de pressão sobre como cuidar do bebê. Sem dúvida, ninguém pode lhe indicar o caminho "certo", porque você e seu filho são únicos. O que você pode aprender é ler os sinais exteriorizados por seu bebê e adotar estratégias e decisões personalizadas para *ele* – e não para uma versão teórica de um bebê.

A maternidade/paternidade muda nosso corpo e nosso cérebro, porque, alimentados pelo poder do hormônio do amor – a oxitocina[2] –, passamos pela mais significativa transformação[3] que experimentamos na idade adulta. Isso vale tanto para as mães quanto para os pais. A pesquisa mostra que aqueles pais que eram os cuidadores principais sofriam alterações dos hormônios cerebrais[4] como consequência do cuidado ativo dedicado a seus bebês – evidência da importância de os pais cuidarem de seus filhos o mais cedo possível. Reconhecendo esse fato, muitos hospitais e centros de parto normal agora incentivam o vínculo papai-bebê, possibilitando que haja o contato de pele com pele entre eles, e que o pai embale o bebê no colo logo após o nascimento. O aumento natural da taxa hormonal dos pais os ajuda a se conectar com o bebê.

Nesse processo, uma de nossas primeiras tarefas é encontrar um ritmo compartilhado,[5] como fazem os dançarinos que aprendem, pela prática, a coordenar suas ações com as de outra pessoa. E, a exemplo de qualquer dança com um novo parceiro, isso requer exercício. Nós usamos instintivamente diferentes tons de voz, expressões faciais, toques e maneiras de segurar e nos movimentar juntos, observando as reações do bebê e fazendo adequações ou estando presentes, a fim de acalmá-lo e ajudá-lo a se adaptar ao mundo. Cada bebê tem um padrão de dança específico com sua mamãe e seu papai. Algumas vezes a dança é fácil de entender, bem como agradável e previsível para cada um, mas outras vezes leva mais tempo para ser aprendida – como acontecia com Ben, Kerri e a bebê Selwyn.

Felizmente, a pesquisa (e minha própria experiência) aponta para um fator significativo que ajuda o bebê a aprender a confiar no mundo: pais afetuosos e sintonizados[6] que respondem às necessidades do bebê. Essa resposta, conforme descrevi ao longo do livro, significa prestar atenção ao corpo da criança. Nossa primeira tarefa é ajudar os bebês a manter seu orçamento corporal.[7] Fazemos isso aprendendo a ler os sinais que eles exteriorizam.

Ler os sinais exteriorizados por seu bebê

Os bebês se desenvolvem bem quando suas necessidades são adequadamente atendidas, contudo eles não conseguem expressar essas necessidades em palavras; nós precisamos descobri-las por meio de tentativas e erros. Em minha formação em saúde mental infantil, aprendi que a chave para um efetivo apoio ao desenvolvimento saudável de bebês e crianças pequenas é a *parentalidade responsiva*. Pais responsivos[8] são acolhedores e afetuosos e atendem às necessidades de seus bebês. Eles tendem a empregar **três estratégias:**[9] *observar os sinais do bebê* (p. ex., o ato de bocejar e esfregar os olhos), *interpretar com precisão os sinais* (p. ex., perceber se o bebê está cansado e precisa descansar) *e agir no sentido de atender às necessidades da criança* (p. ex., colocá-la para dormir).

Coerentemente com essas observações, as descobertas dos pesquisadores mostram[10] que, quando os pais atendem às necessidades de seus bebês, estes dormem melhor, sentem menos medo, desenvolvem hábitos alimentares mais saudáveis depois de crescidos e experimentam menos estresse em seu corpo. Além disso, é provável que essas crianças tenham mais facilidade na pré-escola,[11] passem a controlar seus impulsos e seu comportamento tão logo seu desenvolvimento assim permitir e sejam mais cooperativas. Por quê? Porque o relacionamento baseado na confiança que os pais constroem por meio de interações previsíveis, afetuosas e sintonizadas ajuda a criança a prosperar. *A melhor coisa que você pode fazer por seu bebê é observar afetuosamente os sinais que ele mostra, entender o que significam esses sinais e, então, agir para atender a essas ne-*

cessidades. É possível que você não consiga acertar logo na primeira vez, mas seja paciente consigo mesmo. Nós entendemos as necessidades de um bebê por meio de tentativas e erros.

Por que isso é tão importante? Com a nossa ajuda, os bebês desenvolvem a capacidade de percepção ao sentir as sensações internas de seu corpo (interocepção) e entender o que está acontecendo fora de seu corpo (sons, visões, toque, cheiro, paladar etc.). Eles precisam que nós os ajudemos fisicamente por meio de nossa conexão afetuosa, para que seu cérebro comece a prever e criar memórias de segurança e confiança. Nós conseguimos isso criando, juntos, significados compartilhados.[12]

Criar significados compartilhados

Nós somos os arquitetos das experiências de nosso bebê e de como ele descobre o mundo.[13] Lembre-se de que o bebê recém-nascido não tem memória de um passado (fora do útero). Tudo o que ele vê, faz e experimenta, sozinho e com você, influencia o modo como ele entende o mundo e o modo como o cérebro dele fará suposições no futuro.[14] Os pais são a influência mais importante, que define a forma como os bebês passam a entender a si mesmos e ao mundo.

Nós aprendemos a exercer a parentalidade para cada filho por meio de tentativas e erros, uma tarefa que raramente é fácil. Quando me tornei mãe pela primeira vez, tentei aplicar tudo o que sabia sobre o desenvolvimento de relações fortes: estar presente para minha filha, fazê-la saber que eu me importava e que ela não estava sozinha, além de tentar confortá-la quando ela chorava. Contudo, eu não possuía os *instrumentos apropriados* para confortar um bebê que tinha extrema dificuldade em aquietar seu corpo. As teorias não me ajudavam quando minha bebê estava gritando e nada do que eu fazia conseguia acalmá-la. Nunca me esquecerei da noite em que minha filha chorou durante três horas seguidas. Eu me senti muito assustada e impotente.

Ao longo dos anos, encontrei inúmeros pais e mães que, assim como eu naquela noite, tiveram dificuldades para acalmar seu filho pequeno ou recém-nascido. Eu sempre os faço lembrar de que não estão sozinhos. Lembre-se de que, quando nossos bebês são pequenos, nem sempre conseguimos ler com precisão os sinais que eles transmitem. O crescimento acontece quando tentamos abordagens diferentes[15] e aprendemos a partir da observação do bebê e também com ele. Esse poderoso aprendizado ocorre quando prestamos atenção e alteramos nossa abordagem com base no *feedback* dado pelo bebê. O segredo não está em sermos perfeitos, mas sim em o ajudarmos a entender o mundo, sabendo que tudo o que dizemos e fazemos gera memórias, que, por sua vez, contribuem para que o bebê sinta o mundo como um lugar seguro em que pode confiar.

Se seu filho já não é mais um bebê pequeno e você acha que talvez não tenha proporcionado a ele essas experiências, lembre-se de que este livro é um espaço no qual não existe culpa nem vergonha. E as evidências da neurociência demonstram por que não há necessidade de pânico pelo fato de termos ou não demonstrado responsividade no passado: o cérebro e o corpo estão constantemente comparando as novas experiências com as antigas[16] e atualizando e alterando a ativação do cérebro. Embora seja natural o arrependimento em relação ao que você (ou outras pessoas) fez ou deixou de fazer esta manhã, na semana anterior ou em qualquer momento no passado em virtude das circunstâncias da vida do bebê ou das suas próprias dificuldades, a história dos relacionamentos é uma história de esperança. Nós crescemos e mudamos com nossas experiências, atualizando constantemente o que nossos filhos esperam de nós e do mundo.[17]

Atender às necessidades básicas de nutrição, segurança e proteção do bebê é particularmente primordial nos primeiros 6 meses de vida. As primeiras experiências do bebê estabelecem os alicerces das redes cerebrais que existirão. Alimentar seu bebê quando ele está com fome ou acalmar uma criança que precisa de conforto é uma ação que contribui para a formação de uma base sólida responsável por um começo saudável. *A maneira de ajudar o bebê a se autorregular quando criança é começar com uma consistente corregulação.*

Nós garantimos apoio para o bebê agitado ou chorão por meio de tentativas e erros. Basicamente, veja o que ajuda a tranquilizar o bebê. Talvez seja seu rosto carinhoso e sua voz afetuosa dizendo: "Está tudo bem, meu amor – a mamãe está aqui", projetando com isso uma sensação de calma e confiança. É possível que sua voz não seja suficiente para acalmá-lo e que, além de ouvi-la, ele precise ser segurado *e* embalado até que se acalme. Ou talvez um determinado ritmo ou padrão de balanço ajude o corpo do bebê a se acalmar. Pode ser que você tenha tentado de tudo e o bebê continue agitado, então você o coloca no berço com cuidado para ver se *menos* estimulação o ajuda a se autorregular.

Experimente e verifique o que funciona especificamente para o seu bebê. Isso é o que significa ser responsivo: interpretar ativamente do que o bebê necessita, com paciência em relação a nós mesmos e a ele. A pesquisa mostra que esse é um processo de mão dupla: nosso *ritmo cardíaco* se sincroniza[18] com o do bebê enquanto o confortamos. É verdadeiramente uma experiência física de amor e geração de confiança. E devemos reconhecer o quanto isso pode ser difícil quando estamos nos sentindo ansiosos ou chateados – como pais de primeira viagem, a exemplo de Kerri e Ben, naturalmente podem se sentir.

Observar e respeitar a aptidão natural do bebê para se autotranquilizar

No momento em que você estiver certo de que as necessidades básicas de seu bebê estão atendidas, dê a ele tempo para descobrir o próprio corpo e entender as coisas por meio do controle limitado que ele tem. Nós podemos ajudar as crianças a desenvolver a resiliência desde o início, permitindo que elas experimentem sentir os limites de seu próprio corpo. Por exemplo, se você deitar um bebê – alimentado, trocado e um pouco agitado – em um local seguro, ele pode encontrar a mão e chupá-la ou contemplar um objeto por alguns segundos. Ou quem sabe ele possa sentir suas pernas empurrando-as contra os lados do berço. Esses momentos dão aos bebês a oportunidade de se acalmarem.

Os bebês não são completamente indefesos. Eles são capazes de mudar a posição do corpo; conseguem aproximar as mãos da boca[19] e até chupar os punhos ou os dedos. Eles olham ao redor, prestam atenção aos sons, fecham os olhos e às vezes viram a cabeça. É claro que bebês diferentes têm capacidades diferentes: prematuros e bebês com problemas de saúde podem não conseguir ainda chorar ou mover o corpo instintivamente. Siga seus instintos e ofereça apoio quando seu bebê precisar de apoio – quando você sentir que ele já se esforçou suficientemente por conta própria.

Parentalidade responsiva

As três etapas da parentalidade responsiva servem como excelentes guias: observar os sinais exteriorizados pelo bebê, interpretar o que eles significam e agir. *Observar os sinais do bebê* significa prestar atenção aos sinais exibidos pelo corpo do bebê. *Interpretar os sinais* significa conhecer seu bebê e cuidar do *motivo* visível subjacente ao comportamento dele (p. ex., alimentar ou trocar o bebê). E *agir* significa atender em primeiro lugar às necessidades manifestas e depois observar o bebê por mais um ou dois minutos para ver como ele se comportará em seguida. Se o bebê estiver olhando para você, isso pode indicar que é um bom momento para conexão. Por outro lado, ele pode desviar o olhar, se estiver precisando descansar. Essas são pequenas formas de começar a respeitar e responder com base na sabedoria proporcionada pelos sinais corporais de seu bebê.

Um guia para a responsividade: ajudando Ben e Kerri a enfrentar a dificuldade

Independentemente de nossas intenções, a privação de sono nos primeiros meses do bebê pode comprometer a resistência da plataforma dos pais, fazendo com que todas as coisas pareçam uma emergência. Sem dúvida, foi o que aconteceu com Ben e Kerri, o casal que me ligou pedindo ajuda com seu bebê. Quando falou comigo pela primeira vez, Kerri parecia exausta; sua voz estava triste, monótona e débil. Quando eles chegaram ao meu consultório, notava-se claramente o ônus no rosto deles – as olheiras sob os olhos de Kerri. Em meio às lágrimas, ela falou da alegria de ser mãe, mas também da sobrecarga que sentia.

Os primeiros meses: a importância do sono

A primeira prioridade para os pais é estabelecer um parâmetro mínimo de sono, que, como vimos no Capítulo 5, é nosso sistema de suporte à vida.[20] Ben e Kerri precisavam dormir para conseguir pensar direito, orientar-se e encontrar seu ritmo como família de três pessoas. O sono é uma necessidade inegociável. Sim, é possível passar dias ou até semanas com uma quantidade de sono inadequada, mas esse casal sofria essa privação havia meses, e a carência estava cobrando um preço alto.

Para ajudá-los a se recuperar, começamos com um plano cujo objetivo era permitir que o casal administrasse as diferentes funções da rotina noturna, revezando-se nas pausas de sono até que Selwyn desenvolvesse padrões de sono mais previsíveis e passasse a exigir menos mamadas noturnas. Ben, que costumava dormir tarde, cobria o primeiro turno, permitindo que Kerri dormisse algumas horas. Ela bombeava o leite materno para que Ben pudesse alimentar o bebê com a mamadeira. Ben também estendeu sua licença-paternidade por algumas semanas, para que o casal pudesse se revezar nas cochiladas durante o dia até que ambos tivessem colocado o sono em dia. A mudança na plataforma dos pais foi extraordinária. Agora, mais descansados, sua perspectiva sobre todas as coisas mudou de repente, passando da sensação de desespero para a de esperança.

Aceitar a ajuda de familiares e amigos

Vale a pena buscar soluções criativas para superar a carência de sono: dormir um pouco enquanto o bebê cochila durante o dia; recrutar a ajuda de amigos ou parentes para cuidarem do bebê enquanto você dorme. Sob os efeitos da privação de sono, alguns pais se afastam do convívio social, porque estão conservando energia no modo de sobrevivência. *Nessa circunstância, você pode não sentir vontade de pedir ajuda a amigos ou familiares, mesmo quando precisa.* Há uma razão na relação cérebro-corpo: nós recuamos para economizar energia, porque nossa carga de estresse é muito alta. Quando estamos em tal estado de esgotamento, muitas vezes fugimos do contato humano exatamente no momento em que mais precisamos. Amigos e familiares podem observar e perguntar: "Há algo que eu possa fazer?". Em vez de recusar uma ajuda, considere dizer um "sim", e faça uma lista de ações simples por meio das quais as pessoas em seu círculo podem oferecer alívio: oferecer uma refeição feita em casa; levar seus filhos mais velhos ao parque por algumas horas; lavar um cesto de roupa; pegar seu filho na escola; fazer uma visita de meia hora só para conversar.

Quando minhas filhas eram pequenas, minha forma preferida de recarregar a bateria era ter um (raro) dia do pijama. Eu providenciava para que amigos e familiares saíssem com as crianças enquanto eu ficava em casa e relaxava. Como, via de regra, minha vida era programada, eu não fazia planos para aquele dia e, em vez disso, dedicava-me a qualquer coisa que me ocorresse espontaneamente: ler um livro, fazer chá com biscoitos, ver TV. Porém, a parte mais importante do dia do pijama era tirar uma soneca – sem programar o despertador para acordar.

Quando meus amigos ou familiares traziam as crianças de volta no fim do dia, eu me sentia uma pessoa renovada. Eu tinha mais paciência e conseguia me divertir com minhas filhas novamente, em vez de apenas tomar conta delas. É importante que os pais de crianças pequenas reconheçam o preço que a parentalidade pode cobrar do corpo e da mente, e não se envergonhem de admiti-lo. Lembre-se do mantra da parentalidade do Capítulo 5: "Isso é difícil.

Eu não estou sozinho. Posso ser bondoso ou gentil comigo mesmo". Uma maneira de sermos bondosos conosco é aceitar ajuda.

Depois que Ben e Kerri encontraram maneiras de colocar o sono em dia, passamos para o problema seguinte: as crises de choro de Selwyn.

Acalmar o bebê chorão

Por meio da capacidade de observação, podemos ler os sinais externalizados pelo bebê e, em seguida, usar a estratégia de tentativas e erros para descobrir o que consegue acalmar o corpo dele.

Sua voz

Os bebês reagem ao *tom* da sua voz. Vozes tranquilas fazem com que eles se sintam seguros. Quando você está calmo, tende a ter um tom de voz mais ritmado e musical.[21] Provavelmente, esse é o motivo pelo qual os bebês gostam tanto do som ameno da voz dos pais:[22] ela é calmante, porque eles sentem que uma pessoa com uma voz naturalmente ritmada transmite segurança. Alguns pais podem se sentir um tanto idiotas ao usar uma voz mais melódica, mas é notável como isso consegue fazer muitos bebês se sentirem seguros.

Você pode também fazer um teste do *volume* da sua voz. Tente usar um tom mais suave e depois um mais forte, e observe se seu bebê tem reações diferentes. Experimente variar o ritmo, falando ou cantando mais depressa ou mais devagar. Teste diferentes sons e observe o que acontece no corpo do seu bebê. Ele fica quieto ou calmo? Ele olha para o seu rosto ou relaxa o corpo? É possível que ele feche os olhos e vire para o lado. Nesse caso, é um sinal de que seu bebê precisa descansar ou tentar outra coisa.

Os pais de Selwyn descobriram que, nos momentos de crise de choro da tarde, o ato de segurá-la junto do peito e emitir um som "sibilante", rítmico e forte, parecia deixar o corpo dela relaxado. Cada bebê tem preferências sensoriais únicas.

Sons e música de segundo plano

Observe as reações do seu bebê aos sons. Se em sua casa costuma haver muito ruído ambiente, ou se você normalmente deixa alto o som da televisão ou de músicas, veja como seu bebê reage a menos sons. Algumas vezes os bebês precisam de tempo para apenas "estar" em ambientes mais tranquilos e vivenciá-los.

Quando seu bebê não estiver agitado (ou estiver apenas começando a se agitar), experimente diferentes formas de música de fundo. Pode ser que ele goste de Mozart ou das canções da Disney com vozes femininas, ou talvez ele prefira o tipo *rock'n'roll*. Eu perdi a conta do número de vezes que toquei a música "Kokomo", dos Beach Boys, porque ela fazia uma das minhas bebês se acalmar e sorrir. Talvez fosse por causa de suas muitas características calmantes: uma batida previsível e constante, vozes amistosas e muita repetição. Cada bebê processa os sons e reage a eles (e a todos os estímulos sensoriais) de maneira singular. Os pais de Selwyn, por exemplo, compraram um dispositivo barato de "ruído branco" e descobriram que ela se acalmava ao som de água corrente.

Movimento

Tente diferentes experiências de movimento para ver como seu bebê reage. Experimente diferentes ritmos e padrões de movimento, segurando o bebê no colo. Talvez ele goste de ser segurado com o rosto voltado para fora, ou quem sabe aconchegado e olhando para dentro, ou ainda segurado como uma bola de futebol, com o seu braço apoiando firmemente a frente do corpo dele. Procure descobrir quais movimentos suaves ajudam a acalmar seu bebê quando ele estiver agitado ou chorando. O corpo dele fica mais relaxado ou mais tenso quando você se move mais rapidamente ou mais devagar? E quando você o balança para a frente e para trás, ou mais verticalmente, para cima e para baixo?

Os pais de Selwyn descobriram que ela gostava de ser segurada no alto na altura do ombro, com pressão em determinado ponto entre o peito deles e a barriga dela. Quando ela chorava, essa parecia ser a posição mais favorável, muitas vezes chegava a provocar um arroto ou dois.

Toque e pressão sobre a pele

Assim como você pode tentar usar variados tons de voz e tipos de movimento, também é possível experimentar diversos tipos de pijamas e cueiros para ver como os diferentes tipos de toque acalmam o bebê. Algumas vezes os bebês ficam mais tranquilos quando estão firmemente envolvidos em um cobertor.

Você pode observar como o bebê responde a massagens suaves nos braços e nas pernas, passando do toque leve para um pouco mais de pressão.

Selwyn se acalmava quando estava firmemente envolta em um cueiro aconchegante com os dois braços para dentro. Em seus primeiros 4 meses de vida, ela parecia gostar de sentir seus membros presos com firmeza – a posição que acabou se mostrando a melhor para dormir.

Eliminar as estimulações

Algumas vezes, o bebê precisa de menos estimulação, não mais. Quando um bebê está recebendo estímulos em excesso, você pode observar que ele desvia o olhar ou vira a cabeça, fecha os olhos, agita-se ou chora e – no caso de bebês com mais de 3 ou 4 meses – empurra, se você o estiver segurando. Esses são sinais de fadiga ou sobrecarga. Você pode reduzir delicadamente um pouco da estimulação, continuando, por exemplo, com o bebê no colo, e diminuindo uma atividade por vez. Se você estiver embalando o bebê enquanto fala ou canta, então pare de falar e cantar e simplesmente continue embalando-o. Se isso não acalmá-lo, continue falando e cantando, mas pare de balançar e observe se há alguma diferença.

Prestar atenção ao choro do bebê é importante porque, assim fazendo, você estará estabelecendo os canais de calma e previsibilidade de que os bebês necessitam para desenvolver confiança no mundo e no próprio corpo. Contudo, às vezes eles simplesmente precisam chorar para liberar energia.

Nos primeiros meses de vida, os bebês choram e se agitam, e cabe a nós descobrir se a agitação ou o choro indicam alguma forma de estresse que podemos ajudar a aliviar – alimentando-os ou acalmando-os, por exemplo – ou se eles precisam apenas de um pouco de tempo para explorar a vida em seu corpo que se desenvolve. Se você estiver preocupado porque seu bebê chora demais, consulte sempre o pediatra ou o profissional de saúde que o atende, a fim de descartar quaisquer causas físicas que exijam atenção.

Ben e Kerri me relataram que, no período da tarde, Selwyn chorava regularmente mesmo depois de ter tirado uma soneca, mamado, arrotado e tido sua fralda trocada. Quando o pediatra a examinou, disse que ela estava passando por um período de cólicas, tornando a causa do choro um mistério. (A causa da cólica ainda é desconhecida, mas parece estar relacionada ao sistema gastrintestinal[23] e, felizmente, em geral desaparece em torno dos 3 ou 4 meses.)

Por sorte, as intensas crises de choro de Selwyn, que duravam cerca de duas horas, cessaram quando ela tinha 3 meses e meio. Em nosso segundo mês de trabalho conjunto, os pais dela me disseram que começavam a se sentir "estáveis" novamente e estavam prontos para enfrentar outra grande preocupação: o sono noturno da garotinha.

A amamentação sob demanda, seja no peito ou na mamadeira (se esta for sua escolha ou única opção), durante a noite e o dia, é uma das primeiras maneiras de provermos cuidados responsivos para que as necessidades corporais do bebê sejam atendidas o mais rapidamente possível. Durante as semanas ou meses iniciais, é assim que o bebê aprende a confiar no mundo em que nasceu, e é também a forma como estabilizamos a fisiologia dele. Porém, quando estiver pronto – e levando em conta a resposta do seu bebê, a sua filosofia e o conselho do seu pediatra –, há coisas que você pode fazer para estimular padrões de sono noturno para bebês e crianças de todas as idades.

Hora de dormir!

Não faltam livros sobre como fazer um bebê ou uma criança dormir. O melhor é você consultar seu pediatra e outros orientadores confiáveis a respeito de sua situação específica. Mas vale a pena ter em conta algumas pesquisas e dicas capazes de melhorar a higiene do sono de toda a família.

O plano de revezamento noturno adotado por Ben e Kerri os ajudou a superar as crises de choro iniciais de Selwyn. Mas, depois que ela completou 1 ano, eles estavam prontos para tentar ajudá-la a dormir por períodos mais longos. No começo, Selwyn os empurrava quando tentavam acalmá-la na hora de dormir – um dos muitos indícios de que ela estava tentando descobrir como se controlar. No entanto, as noites eram difíceis, pois ela chorava quando eles a colocavam para dormir, mas os empurrava com os bracinhos e as perninhas quando eles ofereciam apoio. A dúvida dos pais era saber como poderiam ajudá-la a se aquietar e adormecer sozinha. E quão importante era isso.

Como é sabido, o sono é tão importante para os bebês quanto para os adultos. A pesquisadora do sono Jodi Mindell descobriu que bebês e crianças pequenas que dormem melhor têm mais êxito no desenvolvimento da linguagem, na relação com outras pessoas, na alfabetização futura, além de melhor regulação comportamental e emocional.[24] O sono permite que todos nós operemos em nossa capacidade máxima.

Nutrição do sono, não treinamento do sono

Uma das perguntas mais comuns que as pessoas costumam fazer a pais de primeira viagem é: "Como o bebê está dormindo?". Grande parte da formação em parentalidade se concentra no sono; no entanto, eu evito o termo *treinamento do sono*, pois ele implica que existe uma forma específica de ensinar. Não existe um "jeito certo", pois não há dois bebês iguais. Nós precisamos descobrir o que funciona para cada criança e modificar essa fórmula à medida que a criança cresce e enfrenta novas dificuldades para dormir. Sem dúvida, quando se trata de dormir, os pais têm um amplo conjunto de opções, preferências e práticas. Alguns dormem com os filhos – seja por escolha ou necessidade. O ideal é seguir as orientações do pediatra de confiança que atende seu filho. A American Academy of Pediatrics recomenda que "os bebês durmam no quarto dos pais, perto da cama destes, mas em um espaço separado e próprio para bebês, idealmente durante o primeiro ano de vida, mas, pelo menos, nos primeiros 6 meses".[25]

Algumas pessoas associam treinamento do sono com deixar o bebê chorar por longos períodos de tempo. Na minha opinião, isso não é desejável nem necessário. Em vez de treinamento, eu uso o termo *nutrição do sono*. Vocês não devem deixar de ser os pais emocionalmente sintonizados que são durante o dia para se transformar em treinadores à noite. A nutrição do sono pode, de fato, ser responsiva e coerente com a ação de se sintonizar com as necessidades emocionais de seu bebê durante o dia.

Quando mudamos nossa forma de pensar para *acalentar* uma criança, em vez de *treiná-la* para dormir, o processo se converte em uma consequência natural da parentalidade responsiva, cujo objetivo é ajudar os bebês e as crianças a encararem o sono como algo *relaxante, previsível e seguro.*

O sono apresenta às crianças vários desafios. Em primeiro lugar, se ela criou o hábito de só adormecer com o seu suporte, você deve procurar mudar esse padrão. Caso contrário, toda vez que a criança acordar (como todos nós fazemos após ciclos de 90 a 110 minutos de sono[26]), ela precisará de ajuda para voltar a dormir. Um dos problemas de Selwyn estava no fato de que acordar representava a necessidade de que os pais a ajudassem a se acalmar.

Em segundo lugar, o sono envolve a passagem para um estado diferente do de vigília; portanto, mesmo que seu filho durma com você, ele vivencia uma *separação*. Dormir significa perder a capacidade de ter percepção de você e da própria consciência. Se seu filho tiver um espaço dele para dormir, a separação também é física. *É compreensível, portanto, que o sono tenha um componente emocional, e devemos esperar que ele seja um processo de desenvolvimento que cada criança leva tempo para conseguir entender.* Em resumo, é um grande passo, para o qual paciência e sintonia são fundamentais. Como em todos os outros aspectos, precisamos ajudar nossos filhos a operar em sua zona de desafio na medida certa, que respeita seu orçamento corporal e sua plataforma.

O sono como uma experiência previsível, agradável e relacional

A pesquisa demonstra que um dos fatores primordiais que ajudam as crianças a dormir são as rotinas da hora de ir para a cama, "as atividades previsíveis que ocorrem no intervalo de mais ou menos uma hora antes de as luzes serem apagadas e antes de a criança adormecer".[27] Bebês e crianças que seguem rotinas previsíveis na hora de ir para a cama dormem melhor[28] – e, como seria de esperar, seus pais também.

As rotinas da hora que antecede o sono podem proporcionar uma experiência calmante e relaxante, algo positivo que as crianças podem associar ao sono. Os rituais da hora de ir para a cama são reconfortantes, pois oferecem previsibilidade, o que ajuda crianças de todas as idades a se sentirem seguras. Sem dúvida, também é útil levar em conta o horário das sonecas e o de dormir, para garantir que a criança esteja suficientemente cansada e pronta para isso.

As rotinas que a Dra. Mindell et al. descobriram que ajudam as crianças a dormir incluem *quatro componentes básicos*[29] realizados no período de cerca de uma hora antes de colocar a criança na cama:

- Nutrição (p. ex., alimentação ou um lanche saudável).
- Higiene (p. ex., tomar banho ou escovar os dentes).
- Comunicação (p. ex., cantar canções de ninar, falar baixinho, ler uma história para dormir).
- Contato físico (p. ex., aconchegar, abraçar, massagear).

Essas categorias não são requisitos rígidos, mas sim um guia geral para ser personalizado de acordo com as preferências de seu filho, seu estilo de parentalidade, bem como a programação e as preferências de sua família. Se, por exemplo, um bebê tem sensibilidade à água na pele, um banho pode não ser uma boa escolha para a rotina da hora de ir para a cama. Alguns bebês gostam de aconchego e massagem, enquanto outros preferem apenas um toque leve ou simplesmente ser embalados. Para alguns bebês, apenas uma ou duas das atividades da lista podem ser suficientes. Tomando por base o que você descobriu no Capítulo 6, sobre as preferências sensoriais calmantes de seu bebê ou seu filho mais velho, veja o que funciona melhor para você.

Logo depois que Selwyn completou 1 ano, Ben e Kerri estavam ansiosos para elaborar um plano que pudesse ajudar a menina a dormir por um período maior durante a noite. Nós conversamos sobre os benefícios de uma rotina noturna mais previsível, que envolvia colocar Selwyn no berço quando estivesse sonolenta – mas não totalmente adormecida – para ver se isso conseguia estimulá-la a dormir durante mais tempo à noite. Eles estabeleceram uma rotina que incorporava aspectos de cada um dos quatro componentes da hora de ir para a cama. Uma hora antes do horário de dormir, eles davam o jantar a Selwyn (agora incluindo alguns alimentos sólidos). Em seguida, davam um banho nela e, enquanto ainda estava alerta e acordada, amamentavam-na, em vez de fazer isso como indutor do sono. Então, eles brincavam com ela, falando em voz baixa por cerca de dez minutos, esfregavam suavemente suas costas, fechavam a cortina, cantavam uma breve canção de ninar, davam-lhe um beijo de boa-noite e a colocavam no berço. Selwyn se deu bem com esse sistema, que pareceu conveniente para os pais, criando assim uma transição lenta para a hora de dormir. É bom lembrar mais uma vez que as crianças são diferentes, e a sua pode não precisar de tantas etapas quanto Selwyn.

Nas semanas seguintes, Ben e Kerri entravam no quarto dela e a acalmavam tranquilamente quando sentiam que ela precisava de apoio. Com o tempo, quando acordava à noite, ela se agitava durante alguns minutos e depois voltava a dormir sem precisar da presença dos pais. Depois de um mês, Selwyn passou a acordar apenas uma vez por noite para mamar. Essa rotina se mostrou um padrão viável para Kerri e Selwyn. As duas acordavam apenas uma vez por noite, e Kerri adorava a proximidade e a intimidade da silenciosa amamentação noturna. Vários meses depois, Selwyn parou de acordar no meio da noite para mamar. Toda a família passou a dormir a noite toda, exceto no caso de contratempos ocasionais e esperados, como quando Selwyn pegou o primeiro resfriado e acordava com o nariz entupido, e quando o início da dentição começou a incomodá-la.

Independentemente da idade do seu filho, as rotinas reconfortantes da hora de dormir proporcionam um extraordinário momento para conexão, relaxamento e promoção da previsibilidade. Os quatro componentes da rotina do sono também são alicerces do desenvolvimento saudável da criança, incentivando bons hábitos que se mantêm durante a infância e depois dela. Essas atividades saudáveis – uma refeição nutritiva compartilhada com os pais, a comunicação serena durante o jantar e a hora do banho, o contato físico e afetuoso – são todas elas depósitos significativos no orçamento corporal da criança. Nós fazemos do relacionamento envolvido na preparação para dormir uma experiência previsível, agradável e relacional.

Se as suas mais bem-intencionadas tentativas de ajudar seu bebê a dormir ainda não surtem efeito, lembre-se de que alguns bebês simplesmente têm mais facilidade do que outros para entender o ciclo sono-vigília. Não se desespere, experimente novas alternativas, tenha compaixão por si mesmo e ofereça a seu bebê indicativos de segurança para o sistema nervoso dele. E peça ajuda se se sentir sobrecarregado. Se necessário, o pediatra do seu filho ou um especialista em sono infantil pode fornecer apoio personalizado.

À medida que seu filho cresce, as rotinas noturnas mudam, acompanhando a evolução das necessidades dele, mas é sempre bom terminar o dia com um momento previsível de conexão. Se a família toda estiver dormindo melhor, você poderá aproveitar mais a explosão de desenvolvimento que acontece todos os dias no primeiro ano do bebê – quando a comunicação, a exploração espontânea e as brincadeiras acontecem durante todo o dia.

A segunda metade do primeiro ano

Não raro, ficamos surpresos com a rapidez com que o bebê cresce em seus primeiros meses: "Ele está tão grande!" "Será que ele ficou mais alto da noite para o dia?" Tudo parece muito rápido. "Devagar", dizem os pais. "Quero aproveitar esta etapa por mais alguns dias!" A taxa de crescimento no primeiro ano é notável, pois o cérebro desenvolve um milhão de conexões entre os neurônios[30] a cada segundo. Desde o momento do nascimento, o recém-nascido, olhando para o seu rosto e aconchegando-se confortavelmente em seus braços, experimenta uma explosão de desenvolvimento. Todos os dias são repletos de crescimento e exploração.

Na segunda parte do primeiro ano, os bebês desenvolvem um controle cada vez maior, e o mundo se torna um grande experimento científico: esticar os braços para alcançar os objetos, colocá-los na boca, examiná-los, deixá-los cair, tirar coisas de gavetas ou caixas e colocá-las de volta. A cada dia os bebês ganham um pouco mais de controle sobre o corpo, começando pela contemplação de um móbile, depois batendo nele com golpes descontrolados e, em seguida, esticando os braços com mais determinação para apanhar objetos específicos.

Imagine o poderoso estímulo para ganhar controle, pouco a pouco, sobre o corpo – e a alegria que a consecução desse objetivo proporciona. De repente você percebe que pode mover o braço e dar uma pancada em algo para onde você estava olhando! Esse controle se expande, permitindo que você agarre as coisas e as coloque na boca. No primeiro ano, o bebê passa de contemplador das coisas para explorador do mundo por meio de todo o corpo. Com a sua ajuda, seu bebê está aprendendo a apreciar e tolerar um mundo de novas experiências sensoriais.

A cada habilidade adquirida a criança avança ainda mais no mundo da exploração: sentar, engatinhar, vagar pelo ambiente e, no final, andar. A interação com o mundo é atraente e divertida para o seu bebê. Ele quer manipular, ouvir, provar, rasgar, mover e largar as coisas! Tudo é novo, e ele está experimentando os eventos de causa e efeito.

E os bebês são fascinados pela repetição. Eles encontram satisfação e descobrem dinamicamente os padrões fazendo as coisas de maneira reiterada. Tenha paciência, e lembre-se de que eles são cientistas e precisam fazer suas descobertas *por meio da ação e não da observação*. Seu trabalho é manter o bebê seguro – e isso requer vigilância.

Você pode ficar tentado a dizer "não" com frequência no primeiro ano, mas lembre-se do equilíbrio entre nutrir o desejo natural que o bebê tem de explorar e estabelecer limites cedo demais. Os bebês ainda não têm consciência da segurança – esse é um processo de aprendizagem. É saudável que eles queiram descobrir como funciona o mundo e também seu próprio corpo. À medida que introduzimos os limites necessários para garantir a segurança do bebê, precisamos também nutrir esse impulso extraordinário de exploração e experimentação das coisas – sem dúvida, de maneira tal que faça sentido para você e para a condição de sua família.

Comunicação por meio da brincadeira

Três palavras simples orientam nossas interações com bebês e crianças de todas as idades à medida que eles se envolvem no mais poderoso propulsor do desenvolvimento: as brincadeiras. Deixe que eles conduzam.[31]

No começo, esteja apenas presente, deixando de lado telefones e telas, para se concentrar na tarefa de observar. Como os bebês são máquinas de exploração, nós não precisamos organizar muita coisa. Se você acompanhar as iniciativas do seu bebê, ele lhe mostrará em que está interessado. A curiosidade espontânea da criança é uma força motora que, à medida que ela vivencia os diferentes estágios do primeiro ano de vida, conduz ao desejo natural de se conectar e comunicar com você por meio do importantíssimo processo de saques e devoluções.

Pense nas brincadeiras divididas em três categorias abrangentes: **brincadeira exploratória autodirigida, brincadeira com um dos pais ou outro adulto e brincadeira com amigos.** Nos primeiros 6 meses de vida, a maior parte das brincadeiras da criança está enquadrada nas duas primeiras categorias: olhar, tocar, manipular objetos, colocá-los na boca e, por fim, compartilhar essa experiência com você. Essas são formas importantes de exploração do mundo. A brincadeira com amigos só passa a ocorrer em um estágio posterior.

Quando você permite que seu bebê tome a dianteira, acaba descobrindo que ele quer fazer algo mágico com os objetos que está explorando: mostrá-los a você ou entregá-los a você. Essa simples interação é o alicerce básico da comunicação, uma extensão do processo de saques e devoluções, que começou como olhos ternos olhando para a frente e para trás, enquanto seu bebê compartilhava o mundo dele com você.

Ele vai pegar um chocalho e entregá-lo a você – e ficar esperando uma resposta. O que você vai dizer? Seu bebê pode bater em uma tigela com uma colher de pau e se assustar com o som – e olhar para você em busca de segurança. "Nossa, que barulhão!", você pode dizer. "Está tudo bem, meu amor." Ele pode comer sozinho e, se você abrir a boca, tentar colocar comida na sua boca, na primeira vez em que vocês compartilham algo. Você se alegra e diz: "Que delícia! Muito obrigado!". Seu bebê sorri e tenta novamente dar comida para você. Isso é uma brincadeira – o que acontece quando seguimos os sinais indicados pelo bebê. As simples trocas de risadas e murmúrios de ternura dos primeiros 6 meses se convertem no compartilhamento de objetos com você na segunda metade do primeiro ano e, finalmente, nas gesticulações do bebê em direção àquilo que ele deseja – um importante passo na capacidade dele de se comunicar com você. O gesto de apontar é um precursor da resolução de problemas sociais, e a atenção aos sinais dados pelo bebê em uma brincadeira é um poderoso elemento básico que define a capacidade de resolver problemas ao longo da vida.[32]

À medida que se desenvolve o processo de saques e devoluções, algo maravilhoso acontece: as trocas ficam mais sofisticadas e a brincadeira se torna um exercício de fortalecimento da plataforma, permitindo que o bebê e a criança testem novas formas de se movimentar e experimentem um espectro mais amplo de sentimentos. É por essa razão que uma brincadeira é denominada *exercício neural ou cerebral*.[33] Na verdade, é o melhor exercício cérebro-corpo. Ele contribui para que a criança desenvolva a autorregulação, ao mesmo tempo que incorpora uma série de sensações, ideias e emoções no contexto divertido e atraente da segurança relacional. Um exemplo perfeito é o jogo de cadê-achou.

A magia do cadê-achou

Brincar de cadê-achou com um bebê é um passatempo que exercita a capacidade de conter um momento de estresse ou tensão (quando o parceiro esconde o rosto) e depois liberá-lo (quando o parceiro reaparece), para deleite do bebê. Um jogo de cadê-achou é um desafio na medida certa para bebês que estão aprendendo a andar, pois eles descobrem e confirmam, reiteradamente, que, quando alguém desaparece de vista, não significa que deixou de existir.

Mais tarde na infância, jogos mais complexos, como esconde-esconde, promovem o mesmo tipo de tensão tolerável – uma forma de tensão que é aliviada quando você encontra a pessoa que se escondeu ou ela encontra você. Essas atividades lúdicas favorecem uma série de habilidades em desenvolvimento para resolução de problemas, proporcionando diversão ao mesmo tempo. Por meio de ações divertidas e prazerosas, elas preparam as crianças para uma crescente independência. Nos capítulos subsequentes, nós abordaremos as brincadeiras com bebês e crianças mais velhas.

A emancipação de Selwyn

Pouco antes do primeiro aniversário de Selwyn, seus pais me fizeram uma visita. Cautelosa no início, ela ficou segurando a mão da mãe quando eles entraram no meu consultório. Todos nós nos sentamos no chão. Ela pegou um brinquedo dentro de uma caixa e o mostrou para o pai. Afastando-me para observar a jovem família brincando junta, lembrei-me da aparência abatida dos pais seis meses antes, bastante contrastante com os sorrisos de agora, o que refletia plataformas sólidas desenvolvidas desde então. Então veio a maior surpresa: Selwyn se levantou e começou a andar cambaleante através da sala. Exatamente naquela semana ela dera os primeiros passos. Quando chegou ao final da sala, que dava para um corredor, ela olhou para os pais com um largo sorriso no rosto, enquanto começava a cambalear à frente deles na grande sala de jogos, um sinal da confiança e segurança que todos haviam fortalecido.

Observando-a, lembrei-me de quão importante é o primeiro ano para a formação de uma sólida conexão cérebro-corpo. Quando atendemos às necessidades dos bebês, eles se sentem seguros e passam a ter confiança no mundo, confiança esta que usam para estender os braços, comunicar-se e fazer descobertas. Essa é a base sólida que, um dia, garantirá a eles a capacidade de compartilhar suas ideias, de ajudar você a entender do que eles precisam e de resolver problemas em conjunto com você.

> **Dica para o desenvolvimento da resiliência:** a satisfação das necessidades de seu bebê envolve a observação da linguagem corporal dele, a compreensão do que ela indica e, depois, a adoção de ações afetuosas e sintonizadas para atender a essa necessidade, sem deixar de respeitar a capacidade de autotranquilização que se desenvolve na criança. Pode ser difícil, mas ignore os ruídos das recomendações de parentalidade que contrariam sua intuição, e confie naqueles instintos que o levam a ser responsivo para seu singular e precioso bebê.

8

Crianças pequenas fazendo birra

Contextualizando a criança pequena

Apoie serenamente as crianças em seus momentos de frustração, decepção e até mesmo fracasso, para que possamos normalizar essas experiências de vida difíceis, mas saudáveis.[1]

– Janet Lansbury

A vida com uma criança pequena pode parecer uma corrida frenética. A compreensão das emoções e do comportamento das crianças pequenas no contexto do processo de desenvolvimento pode torná-lo mais administrável, ajudando-nos a reconhecer e valorizar sua curiosidade natural, bem como sua criatividade, ousadia e exuberância na exploração do mundo.

Eu estava em uma vagarosa fila de controle de segurança no aeroporto, quando notei, logo à minha frente, um casal com um garotinho cuja demonstração de descontentamento era cada vez maior. Ele começou a choramingar e os pais tentaram delicadamente acalmá-lo. Mas, à medida que todos nós serpenteávamos ao longo da fila, o choramingo dele escalou para um apelo em altos brados por seu ursinho de pelúcia, que, aparentemente, fora colocado por engano em uma mala despachada. No momento em que os pais se aproximaram do agente da Administração de Segurança dos Transportes (TSA, na sigla em inglês) para mostrar seus documentos, o apelo se transformou em uma demanda e o menino se atirou no chão.

Assistindo a essa cena bastante conhecida, senti o coração bater um pouco mais depressa, com meus neurônios-espelho em pleno disparo. Observei os pais estressados que faziam tudo que estava ao seu alcance, levantando o filho do chão enquanto ele chutava e gritava. Desculpando-se com o agente da TSA, a mãe deu um passo para trás e acenou para que eu passasse na frente. Ao passar, escutei os pais conversando em voz alta. "Levantá-lo?" o pai perguntou. A mãe balançou a cabeça. "Vamos esperar um pouco", disse ela. Eles se afastaram, tentando manter o menino seguro enquanto se debatia. Ao avançar em direção ao terminal, eu ainda podia ouvir o lamento do garoto, e lembrei-me de como tinha sido difícil viajar com minhas filhas pequenas.

Um pouco depois, no terminal, avistei a mesma família. O pai carregava o menino, que agora dormia em seu ombro. Sorri, pensando nos muitos pais de crianças pequenas com quem trabalhei ao longo dos anos, muitos dos quais têm as mesmas dificuldades: como lidar com o ritmo frenético do crescimento e das mudanças de emoções e comportamento de uma criança e, claro, com seus ataques de birra?

Pensei em Roger e seu marido, Vince, um casal que me procurara pouco tempo atrás para falar sobre seu filho, Jordan, adotado aos 2 anos. Quando Jordan tinha 4 anos, a pré-escola que ele frequentava já o havia suspendido duas vezes. Então o diretor da escola pediu minha ajuda. Naqueles dias, Jordan empurrara outra criança após uma briga por causa de alguns brinquedos no tanque de areia, e agora os pais estavam preocupados com a incapacidade do menino para controlar sua raiva. O diretor me relatou que os professores tentaram de tudo, sem sucesso, para ajudar Jordan a "usar as palavras" e não as ações. Roger e Vince também estavam confusos. Algumas vezes eles conseguiam argumentar facilmente com Jordan, quando ele estava calmo, mas outras vezes parecia que ele perdia o controle em virtude de coisas tão irrelevantes quanto um de seus pais acidentalmente colocar leite no copo de canudinho geralmente usado para água.

As crianças pequenas são, em geral, imprevisíveis, e seu comportamento deixa muitos pais e mães confusos. Aqui estão alguns dos desafios conhecidos para muitos pais de crianças pequenas:

Birra
Disputas por poder
Ser desagradável
Choramingar
Gritar
Dizer não para tudo
Testar os limites

Não entender que "justo" não significa conseguir tudo o que querem
Pedir alguma coisa e desistir dela depois de conseguir
Negociar constantemente
Não saber ou não conseguir dizer o que quer ou precisa
Morder
Bater
Puxar o cabelo ou arranhar
Atirar comida ou objetos
Rivalidade entre irmãos

Eis algumas histórias que meus pacientes compartilharam comigo:

"Meu filho pequeno pediu insistentemente torradas com manteiga. Eu acabei cedendo, fiz a torrada, entreguei a ele, e ele desatou a chorar. Ele gritou 'não quero torrada!' e jogou-a no chão."

"Depois de um dia maravilhoso e divertido no zoológico, meu filho de 3 anos pediu mais uma das balas de dinossauro que eu comprara para ele na loja de suvenires. Eu falei que ele não poderia comer outro doce porque já era quase hora do jantar. Ele implorou muito e, como eu não cedi, foi gritando no carro durante vinte minutos até chegarmos em casa. Fiquei com os ouvidos zumbindo."

"No meio de um ataque de fúria, perguntei à minha filha o que poderia ajudá-la a se acalmar. Como ela não respondeu, ofereci algumas sugestões. Ela disse 'Não! Eu não quero fazer isso!' Então eu permaneci quieta e tranquila, e ela acabou pedindo: 'Diga o que eu posso fazer!'"

"Meu filho passou por uma fase na qual se mostrava incrivelmente difícil de agradar. Não era cansaço nem fome. Eu achava que todas as suas necessidades estavam atendidas, mas ele simplesmente perdia o controle e eu não tinha ideia de como ajudá-lo. Eu costumava perguntar se ele precisava de um abraço. Algumas vezes ele dizia que sim, e havia momentos em que eu o abraçava com os dentes rangendo, tentando entender qual teria sido o problema dele momentos antes!"

O que os pais devem fazer? Ignorar os comportamentos que desejam desencorajar? Prestar atenção naquilo que querem que o filho faça mais?

Certamente não há uma resposta simples, e uma variedade de livros, *podcasts*, *blogs* e outras fontes propõem uma profusão de opiniões. Alguns aconselham tratar as birras com amor e compreensão, oferecendo apoio empático mas, ao mesmo tempo, impondo limites e também permitindo que a criança expresse suas emoções negativas. Outros sugerem o uso de castigos, para que a criança não conclua que uma birra é a melhor maneira de conseguir o que deseja. Alguns especialistas adotam uma abordagem cognitiva: tentar pacientemente argumentar com a criança e mostrar como ela está se comportando e o que esse comportamento significa. Outros adotam uma abordagem menos ativa, permanecendo calmos e aguardando; as birras são inevitáveis. É provável que você ouça conselhos diferentes dados por seu pediatra, pelo professor da pré-escola de seu filho, pelos amigos, pais e até mesmo por estranhos na fila do caixa do supermercado, ansiosos para se intrometer enquanto seu filho chora sem parar.

Neste capítulo, explicarei como aplicar às crianças pequenas tudo o que vimos até agora. Nós perceberemos que a personalização de uma abordagem para o sistema nervoso de seu filho é a estratégia-chave para apoiar os altos e baixos dos primeiros anos da infância. Nós adotamos como guia a plataforma, não o rótulo que atribuímos ao comportamento. Nossa diretriz deve ser o sistema nervoso da criança: se ela estiver no caminho vermelho, tomamos uma direção; se não, uma outra.

Como você pode saber o que é melhor para a *sua* criança pequena? Vamos começar mudando a conversa de como administrar comportamentos para um maior entendimento da capacidade de autocontrole das crianças.

Um manual sobre o desenvolvimento das crianças pequenas

As crianças evoluem rapidamente, desde os primeiros meses, quando têm muito pouco controle sobre o corpo, até a primeira infância, período em que são capazes de apontar e usar os gestos – e por fim as palavras – para se comunicar. Essa notável explosão de desenvolvimento acontece muito depressa, e os estirões de crescimento podem ser enganosos. As crianças pequenas podem nos parecer bem maduras: perguntam, apontam e nos falam sobre seu mundo. Mas isso não significa que elas tenham capacidade de controlar seu comportamento com segurança, tampouco de entender o contexto das coisas, planejar com antecedência ou tomar decisões acertadas. Essas capacidades, ou *habilidades emergentes*, estão ainda em desenvolvimento; não podemos esperar que uma criança se comporte dessa maneira o tempo todo. Como vimos no Capítulo 1, aprender a pensar de forma reflexiva e controlar de forma segura as emoções e o comportamento (nossas habilidades executivas) é um projeto de desenvolvimento que *começa* na primeira infância e continua até a faixa dos 20 anos.[2] Em resumo, muitas vezes esperamos mais das crianças pequenas do que elas têm condições de oferecer.

A neurociência oferece uma explicação sobre a razão pela qual uma criança pode ter um ataque de fúria se o *ketchup* destinado aos *nuggets* de frango se misturar com as ervilhas em seu prato. A explicação está em algo denominado aprendizado estatístico,[3] que é basicamente a capacidade que o cérebro tem para aprender padrões. As crianças pequenas ainda estão muito no início do processo de acumular experiências de vida, portanto não possuem um grande repertório; assim, estão ainda aprendendo a fazer previsões precisas[4] sobre seu ambiente. Elas também estão no início do processo de compreender que as outras pessoas podem ter pensamentos e opiniões diferentes dos delas. (*Como assim você não sabia que eu não gosto das ervilhas misturadas com o ketchup?!*) É por esse motivo que uma criança pequena pode, com frequência, perder o controle por razões que parecem bizarras e irrelevantes: é compreensivelmente estressante o fato de a realidade não corresponder às suas expectativas. A resposta de uma criança a tais decepções depende de quão forte a plataforma dela está naquele momento – em outras palavras, o equilíbrio de seu orçamento corporal. Eu espero que esse breve apanhado sobre neurociência ajude você a entender por que as birras são tão comuns (e esperadas) na primeira infância.

Tudo isso tem como consequência a lacuna de expectativas[5] que discutimos no Capítulo 4 – o mal-entendido que ocorre quando presumimos que as crianças são capazes de fazer coisas para as quais seu cérebro e seu corpo ainda não estão prontos. Essa lacuna atinge o auge na primeira infância. Nós assumimos que essas crianças são capazes de controlar suas emoções, pedir coisas educadamente, conter o impulso de bater ou chutar e seguir orientações. *Mas as crianças pequenas estão ainda começando a desenvolver essas habilidades.* É por isso que precisamos ter compaixão por elas (e por nós mesmos) enquanto elas aprendem a antever de modo mais correto, a adotar perspectivas divergentes e a ser mais flexíveis mentalmente. Esse processo leva tempo e é uma corrida frenética, mas, quando todas as coisas estão em sincronia, você consegue ter vislumbres da pessoa madura que seu filho será um dia. E a próxima coisa que você sabe é que ele está jogando torradas na sua cara.

São as nossas expectativas desproporcionais em relação aos pequenos que explicam frases como "os terríveis 2 anos" e "crianças birrentas". *Contudo, em vez de entender os comportamentos das crianças pequenas como "ruins" ou indesejáveis, devemos vê-los como marcos esperados de um desenvolvimento saudável.* Eles acontecem por uma razão: a tarefa de uma criança é tentar entender e descobrir como o mundo funciona, enquanto sua capacidade de autocontrole está ainda nos estágios iniciais de desenvolvimento.

Na verdade, esse é o tipo de comportamento que devemos *esperar* de crianças pequenas: pedir bolo no lugar do cereal no café da manhã; querer desenhar nas paredes com batom; tentar derrubar um ancinho pesado que está pendurado na garagem; pegar as coisas dos irmãos em vez de pedir educadamente; resistir quando precisam interromper uma atividade favorita. Tudo isso faz parte da exploração do mundo delas! Muitos dos pais e professores com quem trabalho *superestimam* a capacidade das crianças pequenas de controlar suas emoções e seu comportamento. Isso explica por que são tão elevados os índices de suspensões e expulsões de crianças da pré-escola nos Estados Unidos.[6] Precisamos começar nos perguntando: o comportamento é de cima para baixo – uma tentativa de testar uma ideia ou hipótese? Ou é de baixo para cima – um indicativo de que o orçamento corporal da criança está esgotado e que ela ultrapassou o desafio na medida certa e entrou na zona de excesso de desafios? Lembre-se de que as crianças pequenas não concluem que um desafio é grande demais – é o corpo que faz essa determinação por elas. *Quando entram na zona de excesso de desafios, elas precisam que façamos um depósito em seu orçamento corporal – por meio de nossa sintonia emocional.* Precisamos entender que o imaturo sistema nervoso dessas crianças está lutando para se acalmar, e o comportamento delas reflete seu estágio inicial de desenvolvimento.

Nada disso é fácil. A parentalidade de crianças pequenas é física e emocionalmente exaustiva e inexorável – e os riscos são altos. As crianças ainda não sabem como se manter seguras. Nós precisamos ensiná-las a ficar seguras; devemos estabelecer continuamente limites apropriados e ajudá-las a aprender o que podem e o que não podem fazer.

O fato de compreendermos que as crianças pequenas ainda não têm a capacidade de agir como os cidadãos educados que queremos que elas sejam muda nossas expectativas e contribui para a redução de nossa própria frustração.

Também é importante lembrarmos que as crianças vão adquirindo autocontrole e consciência de segurança em um ritmo próprio. Não é benéfico comparar seu filho com os colegas (ou os irmãos), porque cada criança é única e as etapas de desenvolvimento variam. Você certamente verá outras crianças fazendo coisas que seu filho não é capaz de fazer (ou vice-versa), mas tente não sofrer com a frustração de suas expectativas.

Quando temos expectativas irrealistas em relação às crianças pequenas, corremos o risco de enviar-lhes mensagens de que elas não conseguem se controlar, então estão *escolhendo* fazer algo "errado" e que elas são "ruins". Nosso tom de voz, bem como a expressão de nosso rosto, envia instantaneamente uma mensagem de aprovação ou desaprovação que a criança absorve. Considere estas afirmações: "Se você não se acalmar, vamos parar essa brincadeira já!" ou "Se você não parar de chorar, nada de telas esta noite!". Embora possam parecer incentivos viáveis para alguém que *tem o controle de suas emoções*, uma criança no auge da birra não consegue processá-los. Em vez disso, ela percebe a falta de sintonia, o que aumenta o nível de ameaça e acaba deixando-a *mais* transtornada.

As crianças pequenas são passíveis de sentir constrangimento e vergonha, assim como todos nós. Quando fazemos uma afirmação negativa para corrigir uma criança que está fora de controle, estamos usando a vergonha de forma improdutiva, dando a entender que ela *escolheu* estar fora de controle quando, na verdade, não o fez. Isso afeta a autoimagem da criança. Certamente há exceções: se uma criança corre para uma rua movimentada, podemos gritar ou agarrá-la para mantê-la segura. Mas devemos usar uma abordagem mais delicada no caso de uma exploração inofensiva e segura *e* quando uma criança perde o controle sobre suas emoções. Devemos respeitar o senso natural e amigável de curiosidade e exploração da criança, sabendo que leva tempo para que ela entenda completamente o impacto de seu comportamento. Em resumo, não precisamos culpar uma criança por algo que ainda não está sob seu controle. *Em geral, as crianças pequenas não fazem birras, as birras fazem as crianças pequenas.* Nós devemos entender que as dores emocionais do crescimento das crianças pequenas não são simplesmente comportamentos "negativos" ou de "busca de atenção". Na verdade, *precisamos deixar* que elas expressem um vasto espectro de emoções negativas e positivas porque essas diferentes experiências constituem uma parte sólida do que é ser humano e refletem a capacidade do sistema nervoso de reagir às mudanças. Certamente impomos às crianças limites e expectativas bem definidos, afetuosos e firmes – elas precisam deles. Mas não devemos puni-las por comportamentos decorrentes do estresse.

Birras *versus* comportamentos que testam limites

Durante esse estágio em que é mínimo o autocontrole da criança, ela também está aprendendo a perceber o mundo e a entender o que está certo e o que não está. Naturalmente, esse processo inclui testar os limites. Pense em todas as coisas que crianças pequenas fazem *para* elas e em todas as decisões que foram tomadas *por* elas. Isso acontece exatamente no momento em que suas ideias e sua capacidade de fazer descobertas estão florescendo. Elas anseiam por controle em seus pequenos mundos. Eu acredito que a palavra *exploração* é um termo melhor para descrever o comportamento de uma criança pequena do que *teste de limites*, pois este último tem uma conotação negativa. As crianças pequenas estão descobrindo o poder de conectar suas ideias com suas habilidades, e também descobrindo os limites de sua autonomia. Isso não é fácil! Por um lado, você sente que o mundo é sua concha e, por outro, descobre que não pode fazer tudo o que está imaginando ou cogitando. É por essa razão que é melhor sermos pacientes, relaxados e equilibrados ao ensinar. *A exploração faz parte do desenvolvimento natural de toda criança. Devemos satisfazê-la com aceitação afetuosa das emoções negativas e positivas da criança, mantendo, ao mesmo tempo, limites firmes e claros e ensinando quando necessário.*

Considere dois exemplos:

Teste de limites: você vê seu filho abrir furtivamente a geladeira e pegar um pouco de massa de biscoito para comer. O corpo da criança está calmo, suas ações são deliberadas e planejadas – realmente brilhante! Mas é aqui que entra em jogo nossa capacidade de entendimento. Em primeiro lugar, é um não-não e, em segundo, não é seguro, porque contém ovos crus. Esse é o momento de ensinarmos pacientemente e estabelecermos um limite.

Birra: seu filho tem um ataque de fúria na hora de ir embora de uma festa de aniversário. Como podemos saber se não é um ato intencional de desafio? A criança mostra sinais de resposta do caminho vermelho do tipo luta ou fuga: rosto vermelho, olhos fugidios, agitação, gritos ou estresse na voz, talvez chutes e também a tentativa de se afastar de você. (Divertido, hein?) Hora de acalmar a plataforma da criança.

As crianças pequenas têm um *longo* caminho a percorrer até adquirirem a capacidade de controlar suas emoções e seu comportamento. Elas desenvolvem esse tipo de autocontrole por meio da corregulação. Ao longo de muitos anos, um relacionamento estável pautado por uma presença tranquila, sintonia e limites claros e consistentes conduz a um autocontrole mais efetivo, à medida que a criança aprende a usar seus pensamentos para administrar sentimentos e emoções.

Mães e pais sob os holofotes

Conheço muitos pais maravilhosos que se perguntam se o comportamento "malcriado" de suas crianças pequenas indica alguma coisa negativa sobre elas ou sobre a qualidade da parentalidade praticada por eles. É natural sentirmos que o comportamento de nossos filhos reflete nossas habilidades parentais. Mas aquilo que consideramos maus comportamentos, especialmente na primeira infância, é, na verdade, um componente esperado e natural do desenvolvimento. As crianças crescem por meio de sua capacidade de testar causas e efeitos. Nossa tarefa é mantê-las seguras enquanto experimentam esse impulso natural para a exploração. Não existe uma medida de parentalidade competente capaz de evitar as birras ocasionais de certas crianças.

Para compensar as expectativas frustradas, podemos realinhar as nossas expectativas e as soluções associadas às disputas por poder, o que pode prejudicar nosso relacionamento em desenvolvimento com a criança. Para conseguirem desenvolver as vias cerebrais relacionadas ao controle de suas emoções, as crianças pequenas precisam de milhares de horas de cuidado responsivo (ver Capítulo 7) e corregulação (ver Capítulo 4). É assim que elas descobrem com o passar do tempo como se acalmar ou encontrar ajuda para controlar ou administrar grandes dificuldades emocionais.

Portanto, temos que estabelecer constantemente limites firmes, afetuosos e inequívocos. Mas isso não significa que não possamos tentar compreender a perspectiva, as intenções e os sentimentos da criança *em relação a* esses limites. Afinal, a capacidade de defender a ingestão de um pedaço de bolo no lugar de cereais saudáveis no café da manhã é sinal de uma habilidade precoce de argumentação! A mesma coisa se diz sobre explicar por que você quer ir ao parque em vez de ficar dentro de casa – um exercício inicial de defesa das próprias ideias. Isso é bom. Podemos valorizar um bom debate – e o espectro de sentimentos negativos, incluindo raiva e frustração, quando tolhemos as ideias da criança – mantendo, ao mesmo tempo, o limite do que sabemos ser melhor para nosso filho. Como veremos, não são coisas incompatíveis.

Soluções para administrar as emoções e o comportamento de crianças pequenas

Lembrando a diferença entre comportamento de cima para baixo e de baixo para cima

Vamos rever uma das perguntas mais importantes que você pode fazer sobre o comportamento de uma criança: o comportamento do meu filho neste momento é de cima para baixo ou de baixo para cima? Comportamentos diferentes exigem soluções diferentes, e a resposta a essa questão é o que determinará a ação seguinte, bem como se você deve começar argumentando ou corregulando. Haverá momentos para as duas alternativas, contudo o primeiro passo é entender a diferença entre os comportamentos *de cima para baixo e de baixo para cima*. Vamos então começar pela explicação dos comportamentos de baixo para cima, dos quais as birras são um exemplo.

Comportamentos de baixo para cima são instintivos e resultam do orçamento corporal escasso ou deficitário de uma criança e/ou do registro de problema ou ameaça pelo sistema de detecção de segurança dela. Nós os denominamos "de baixo para cima" porque são decorrentes de sinais dados pelo corpo e envolvem comportamentos motivados pela fisiologia da criança, não por obstinação ou teste de limites.

Lembre-se de que o sistema de detecção de segurança da criança pode sinalizar perigo mesmo quando ela está objetivamente segura. É uma percepção muito subjetiva. É possível que, para uma criança pequena, o fato de ter sua banana cortada em quatro pedaços em vez de dois possa, algumas vezes, parecer uma ameaça! Certamente isso desafia a lógica, e é por essa razão que pode ser tão difícil agirmos com ternura e empatia. *Mas não se esqueça de que as crianças pequenas ainda estão desenvolvendo a capacidade de compreender se algo é racional ou não, e de dizer para si mesmas que está tudo bem. Elas precisam da nossa ajuda para conseguir isso.*

Essas crianças também estão aprendendo a modular ou controlar a intensidade de suas reações às situações. *Modular* significa regular ou moderar em função de uma medida ou proporção.[7] Mais à frente as crianças desenvolvem a capacidade de usar as próprias palavras e o raciocínio "de cima para baixo", além de reagir de uma forma diferente que não seja chorar, gritar ou ter um ataque de fúria quando experimentam decepções. Com o tempo, a criança adquire a capacidade de pensar *Talvez não tenha problema se minha banana for cortada em dois pedaços, porque vai continuar com o mesmo sabor,* ou até mesmo pedir a um dos pais uma faca (sem fio) para que ela mesma corte a banana. Esses ajustes podem parecer simples, mas são, na verdade, habilidades complexas de raciocínio "de cima para baixo" que, na maioria das crianças pequenas, ainda está em desenvolvimento.

Raciocínio lógico, diálogo interno, autorregulação – as crianças pequenas ainda não têm uniformemente desenvolvidas essas capacidades que nos ajudam a lidar, nas etapas posteriores da vida, com decepções ou eventos inesperados. É por isso que o comportamento infantil pode ser tão difícil de lidar e parecer tão ilógico. E, dependendo do equilíbrio do orçamento corporal da criança, o comportamento dela pode fugir ao controle em questão de instantes.

Aquela criança que eu vi no aeroporto, por exemplo, não conseguia pedir a ajuda dos pais, tampouco se convencer a não fazer cena. Ele estava enfrentando um evento *"de baixo para cima"* e os pais tentavam dar um tempo até que a explosão cedesse e aquela situação embaraçosa fosse superada. Não parecia que eles tivessem outras estratégias além de deixá-lo superar o problema sozinho. Essa é uma forma de enfrentar a questão, mas é bem melhor contar com estratégias mais proativas.

Jordan, a criança em idade pré-escolar que de repente empurrava um colega ou tomava um brinquedo de alguém, também estava lidando com um comportamento "de baixo para cima". Sua plataforma reagia a mudanças repentinas em seu sistema de detecção de segurança, que registrava sensações profundamente desagradáveis em seu corpo. Além disso, uma história de trauma vivido em seus primeiros 2 anos de vida fez de Jordan um garoto mais propenso a interpretar erroneamente os sinais sociais ou a registrar como ameaça situações objetivamente seguras. (Também vale a pena registrar que Jordan é negro, condição que o torna muito mais passível de ser punido por seus problemas de comportamento[8] do que os colegas brancos, em decorrência do preconceito e do racismo implícitos que assolam o sistema educacional nos Estados Unidos.)

Comportamentos de cima para baixo são deliberados e intencionais. Nós os denominamos "de cima para baixo" porque estão relacionados à parte superior de nosso corpo, as funções executivas do cérebro. Tenha em mente os atributos dos executivos de sucesso, incluindo a capacidade de se adaptar e flexibilizar com as mudanças, de avaliar o panorama geral e os detalhes à disposição, além de tomar decisões com base nas lições do passado e nos resultados esperados. Nas crianças pequenas, certamente estão *surgindo* as habilidades e o comportamento de cima para baixo, mas não podemos esperar que elas tenham um desempenho em níveis adultos.

O autocontrole das crianças pequenas é irregular e emergente

Algumas vezes, pode parecer que seu filho pequeno está no controle em uma situação, mas o perde rapidamente. Na maioria das situações, os comportamentos fora de controle – gritar, chorar, bater, chutar, fugir, atirar coisas – são instintivos ou do corpo para o cérebro, indicando a ativação de uma resposta do sistema nervoso simpático do tipo luta ou fuga. Problemas comportamentais, se acompanhados da ativação do caminho vermelho (a resposta de luta ou fuga), são um exemplo de comportamentos de baixo para cima (ou do corpo para o cérebro). Tais comportamentos são respostas decorrentes da ativação do sistema de detecção de segurança da criança. Nesses momentos ela não está pensando, mas sim defendendo sua sobrevivência. As crianças pequenas ainda não têm a capacidade totalmente desenvolvida de se acalmar ou usar a lógica, planejar ou raciocinar a fim de identificar um plano que permita a autorregulação e a manutenção da calma. Essa habilidade leva muitos anos para ser desenvolvida, e muitos adultos também têm dificuldades com ela.

Atividade: tente se lembrar da última vez que você agiu movido por uma "birra de adulto" e perdeu o controle sobre seu comportamento ou suas emoções. Se você estava com outro adulto, essa pessoa tentou argumentar com você ou convencê-lo a mudar de opinião? Se sim, essa atitude foi útil? E se essa pessoa tivesse se afastado abruptamente, ignorando você – ou simplesmente ido embora? Quem sabe você estava com alguém que viu sua dificuldade, entendeu e percebeu que você precisava da presença e aceitação de alguém que testemunhasse sua dor e o abraçasse (fosse em mente ou fisicamente). A maioria das pessoas, independentemente da idade, quer ser compreendida e observada sem julgamentos.

Não tenha pressa para ensinar às crianças pequenas como o cérebro delas funciona

Diante de nosso conhecimento cada vez maior da neurociência, é natural que queiramos ensinar aos nossos filhos sobre a atividade do cérebro e seus caminhos. Contudo, nós desenvolvemos a autorregulação e o autocontrole primeiramente por meio do relacionamento, não dos ensinamentos. Precisamos esperar para ensinar as crianças a usarem o cérebro como meio de se autocontrolar, até que elas estejam prontas para isso em termos de desenvolvimento. *Antes de ensinarmos estratégias de autorregulação, devemos nos certificar de que a criança tenha os alicerces necessários para a corregulação.* Caso contrário, o resultado será frustrante para a criança e para os pais.

Se você tentou ensinar ao seu filho – de qualquer idade – estratégias destinadas a ajudar com o comportamento dele, e isso não está funcionando, é provável que ainda seja cedo demais; você pode estar pedindo que ele faça algo para o que ainda não está preparado do ponto de vista do desenvolvimento. Muitas pré-escolas utilizam cartazes e gráficos que combinam expressões faciais com emoções para ensinar as crianças a nomearem sentimentos e se acalmarem. Essa estratégia não é fundamentada do ponto de vista científico nem culturalmente sensível. Ao contrário do que diz a crença popular, não existe uma correspondência integral entre as expressões faciais e os estados emocionais.[9] Algumas escolas têm um cantinho da "pausa" para onde as crianças podem se retirar a fim de se acalmar. Com certeza todos nós adoramos estar em um cantinho aconchegante de vez em quando, mas o que de fato ajuda as crianças a construírem caminhos cérebro-corpo para a autorregulação é a experiência de uma sintonização afetuosa com adultos atenciosos e pacientes, não a associação de figuras de rostos com palavras.

Antes de ensinar, devemos fazer primeiro o necessário trabalho de *relacionamento*. A resiliência psicológica é desenvolvida principalmente por meio de relacionamentos,[10] *não* pela ação de ensinar as crianças a se comportarem ou mesmo (especialmente crianças pequenas) a acalmarem seu corpo por conta própria. Nossos sistemas de educação infantil precisam entender esse fato, porque muitos empregam, cedo demais, modelos de ensino que consideram as crianças responsáveis pela própria autorregulação. *Quando substituímos a corregulação por regras, disciplina e valores de grupo (como nas situações em que a atenção é orientada por um gráfico em vez de indicativos exteriorizados pelo corpo das crianças), podemos enfraquecer a plataforma que uma criança precisa ter para aprender o autocontrole.* Essa é a diferença entre ensinar para crianças pequenas *sobre* a autorregulação e desenvolver sua plataforma *para* a autorregulação.

Mas há muita coisa que podemos fazer. É possível nutrir a alfabetização emocional desde cedo, observando e ajudando as crianças a prestarem atenção às sensações de seu corpo.[11] Podemos então ajudá-las a encontrar palavras simples para nomear suas sensações. *Eis aqui um superpoder humano: usar palavras e conceitos para compreender nossas experiências e compartilhá-las com outras pessoas.*[12] Antes de tratarmos das soluções para comportamentos de cima para baixo, vamos primeiro examinar as soluções para comportamentos de baixo para cima.

Soluções para comportamentos do corpo para o cérebro (de baixo para cima) de crianças pequenas

Quando sabemos que uma criança está reagindo instintivamente no modo de baixo para cima, empregamos soluções de baixo para cima. Em outras palavras, se o corpo da criança está tendo um ataque de birra (um clássico comportamento de baixo para cima), o primeiro passo é tentar acalmar o corpo, se possível. Mudanças de comportamento geralmente são sinais de um orçamento corporal deficitário e indicam que a criança precisa de apoio emocional, de um ritmo diferente ou de menos demandas para conseguir retornar à zona de desafio adequada a ela. O que ela *não* precisa é ser imediatamente ignorada, nem de uma ação disciplinar inflexível.

Se o comportamento de seu filho sinalizar uma reação de estresse de baixo para cima, use a avaliação (consultar o Capítulo 3): verifique primeiro a sua plataforma e, em seguida, verifique a plataforma da criança. Depois disso, adote estratégias do tipo "corpo para o cérebro" a fim de ajudar o corpo da criança a voltar a um estado de calma para que ela consiga se conectar com você novamente.

A fórmula simples para ajudar as crianças a encontrarem a calma quando estão chateadas: irradiar empatia e responder

De repente, seu filho começa a chorar porque quer granulado colorido no seu pedaço de bolo, mas só há o do tipo comum disponível. O comportamento das crianças pequenas nem sempre é lógico ou proporcional. Mas uma fórmula simples, dividida em duas partes, pode ajudar a acalmar a reatividade emocional de crianças – ou adultos na mesma situação. Na verdade, esses dois passos podem ajudar em muitas situações comuns de disputa por poder entre pais e filhos, ou até mesmo entre adultos.

Quando a birra acontecer, fique por perto e, em primeiro lugar, observe por alguns segundos para ver se a criança está tentando encontrar uma forma de entender o problema ou se acalmar. Se seu filho estiver se aquietando por conta própria, admire-se com a autorregulação emergente e ofereça sua presença afetuosa – e ajude, se ele pedir. Mas, se ele *não* estiver se acalmando sozinho e parecer aflito, zangado, agitado, ansioso, estressado ou precisando de apoio emocional, tente estas duas etapas: primeiro irradie empatia, depois responda.

Irradiar empatia: comece com a resposta que atinge o sistema nervoso da criança mais rapidamente. Como já vimos, uma criança muito agitada não consegue ouvir bem o que você fala – ela está pronta para correr, não para escutar. *Portanto, comece a irradiar empatia oferecendo uma forma de reconhecimento não verbal com seu tom emocional, sua voz e/ou sua linguagem corporal.* Isso comunica à criança que você *percebe* a angústia dela e que está presente *emocionalmente e sem fazer julgamentos.* Como a expressão indica, irradiamos empatia ou vibramos metaforicamente com uma energia ou um nível emocional semelhante ao da criança.[13] Nós partilhamos nossa regulação por meio de nossa presença tranquila.

Quando irradiamos empatia, tentamos estar presentes sem fazer julgamentos, e *ajustamos a posição e a postura de nosso corpo* em relação à criança, talvez sentando ou ajoelhando ao lado dela. Em seguida, *ajuste seu olhar* para uma posição que seja reconfortante para a criança (olhar direto, periférico ou sem contato visual direto, dependendo do que seja tranquilizador) e concentre-se no *tom* de sua voz, tornando-a suave e adaptando-a às preferências de seu filho conforme discutimos no Capítulo 6, e observando para ver se ele se aquieta ou relaxa um pouco. Você pode introduzir um componente físico, como uma mão no ombro ou um toque suave no braço, mas apenas se o toque for um elemento calmante para seu filho, naquele momento. *Algumas vezes a melhor forma de corregulação é o silêncio solidário, a presença afetuosa sem palavras.*

Pode parecer estranho e exigir alguma experimentação com diferentes abordagens até você conseguir descobrir o que funciona para seu filho: um suspiro suave enquanto o encara com um olhar compassivo e compreensivo; a momentânea reprodução do olhar que você vê no rosto da criança, para que ela se sinta compreendida e menos sozinha. Temos propensão a administrar e resolver problemas por meio das palavras, não pela demonstração de empatia sem automaticamente falar. Com esse primeiro passo, seu filho percebe como é ser o objeto do interesse de outra pessoa. A criança se sente menos sozinha em seu sofrimento quando você mostra que aceita todas as emoções dela. Tal atitude garante um poderoso alicerce para a futura confiança das crianças em si mesmas. A psicoterapeuta Deb Dana afirma que essa corregulação profundamente sintonizada funciona como uma *amarra para a estabilidade do sistema nervoso.*[14]

É assim que começamos a ajudar a criança a se recuperar de uma birra. Compartilhando dessa maneira nosso caminho, contribuímos para que a criança encontre a via de retorno para a sensação de segurança. Uma advertência: se *nós mesmos estivermos perturbados* – o que não é raro no momento da birra de uma criança –, fica difícil conseguirmos uma bem-sucedida irradiação de empatia. Esse ponto é tão importante que eu espero que esteja claro agora: não conseguimos fazer uma corregulação eficaz quando nosso próprio sistema nervoso não está estabilizado. Como vimos nos capítulos anteriores, nós compartilhamos o estado de nosso sistema nervoso com as pessoas que nos cercam – gostemos disso ou não. Esse é também o motivo por que a autocompaixão e as outras técnicas que aprendemos no Capítulo 5 são tão importantes.

Certamente, enquanto irradiamos empatia, podemos usar espontaneamente palavras que captem as emoções do momento: "Ah, meu filho querido", ou talvez "Nossa, isso é difícil", ou alguma outra afirmação breve e afetuosa que transmita aceitação e não crítica. *Porém, a essência da irradiação de empatia é a irradiação não verbal de aceitação e presença.*

Prática: pense em alguma ocasião em que você estava sentindo dificuldade para se controlar emocionalmente e alguém simplesmente ficou ao seu lado sem fazer julgamentos. A pessoa não tentou resolver seu problema nem convencer você a ignorar os seus próprios sentimentos. Em vez disso, ela lhe ofereceu uma presença afetuosa transmitida por meio da linguagem corporal. É bem possível que você tenha sentido muita solidariedade. Se você não se lembrar de uma experiência assim, crie uma em sua mente. Imagine o rosto gentil de um amigo de confiança ou mesmo de um amado animal de estimação, transmitindo, por meio da presença, a mensagem de que você não está sozinho.

A irradiação de empatia é uma poderosa atitude de autoconstrução que podemos oferecer às crianças pequenas. *É o primeiro passo sereno da sintonização.* Com muita frequência, nós ignoramos o comportamento de uma criança pequena ou tentamos corrigir a criança cujo estado emocional é "de baixo para cima". Mas, se percebemos que é nesse momento que o sistema nervoso dela mais precisa de conexão, conseguimos olhar por outra perspectiva e dar uma resposta cordial antes de dizer uma palavra sequer. Como afirma o Dr. Porges: "Não se trata do que você diz, mas como você diz".[15]

Responder: o primeiro passo, o componente emocional, prepara a criança para a próxima etapa: a identificação do tipo de depósito que deve ser feito a seguir no orçamento corporal da criança. De que seu filho precisa para que o sistema dele se estabilize? Se ele tiver idade suficiente para responder, a melhor maneira de saber é perguntar: "O que posso fazer para ajudar você?" ou "Do que você precisa, meu amor?". Se a criança não souber responder, pergunte a si mesmo: será que meu filho precisa de algo básico de que talvez não tenha consciência, como um lanche ou uma soneca? Ele precisa de um gesto, talvez um abraço? (Reveja as anotações que fez no Capítulo 6 sobre as estratégias sensoriais que acalmam seu filho.) Será que ele precisa de algumas palavras reconfortantes? Agora podemos responder com uma linguagem que a criança entenda e em tom empático, *descrevendo ou representando simbolicamente* a experiência da criança.

Depois que ela estiver menos agitada, você pode *acrescentar palavras simples* a fim de ajudá-la a entender as próprias emoções, ou a situação, para se sentir melhor. Pergunte a si mesmo o que pode ter lançado a criança no caminho vermelho. Ela esperava uma coisa e acabou recebendo outra – como Jordan, que esperava leite e em vez disso recebeu água? *Nesse caso, podemos conversar com eles sobre a experiência perturbadora.* "Ah, meu Deus, você estava esperando uma coisa e recebeu outra! Que surpresa!" Ou "Ah, eu entendo que isso é muito chato. Você não esperava ou não queria (preencha o espaço em branco)".

Ou tente falar gentilmente qual você acha que foi o gatilho: "Ah, meu amor, seu biscoito caiu. Que coisa!". Ou "Eu entendo como isso é frustrante, meu amor. Você realmente não quer ir embora da festa justo agora". O objetivo é simplesmente reconhecer a existência de um problema e expressá-lo em algumas palavras, formulando compassivamente a situação em termos neutros, sem perder a calma.

As palavras ajudam a criança a começar a usar conceitos[16] para entender sua experiência. O objetivo não é *resolver* a situação, mas sim contribuir para que a criança sinta precisamente que estamos em sintonia com ela.

Exemplo: ao ver qual é o cardápio do jantar, seu filho de 4 anos começa a chorar e anuncia: "Não vou jantar. De jeito nenhum!". Você pode se sentir tentado a dizer algo como: "Ah, sim, você vai!" ou "Sem jantar, não tem TV!" ou ainda "Você deveria agradecer por ter o que comer!". Mas, em vez de levar as palavras para o lado pessoal, tente irradiar empatia por meio da energia que existe por trás da emoção. Vá além do comportamento e veja o gatilho: um grande sentimento de desregulação.

Irradiar empatia: busque equilibrar-se e *olhe para o seu filho (ou na direção dele) mostrando no semblante que você reconhece o desapontamento ou a dificuldade.* Irradie empatia por meio de seu rosto, de sua linguagem corporal, de palavras simples. Quer a plataforma da criança esteja debilitada por causa do estresse adicional do dia, ou em virtude da carência de sono na noite anterior, ou por qualquer outro motivo, recorremos à irradiação de empatia com a mensagem emocional *eu compreendo você e percebo sua dificuldade.* Nós desejamos que nossos filhos se sintam validados por suas emoções e seus sentimentos, porque queremos que eles se valorizem e não se sintam mal por terem ideias, vontades e opiniões diferentes das nossas.

Responder: "Estou vendo que você ficou desapontado. Você pensou que teríamos outra coisa". (Tente supor o que pode ter perturbado a criança – por exemplo, uma mudança inesperada, como ter peixe quando ela esperava macarrão com queijo). "É difícil, eu entendo. Será que você poderia tentar comer um pouco?". Ou, "Talvez seja bom fazermos uma pequena pausa e voltar à comida daqui a pouco". Ou ainda "Há três coisas no prato, então, se você estiver com fome, talvez possa experimentar alguma delas. Não precisa ter pressa". Adapte sua resposta àquilo que funciona para seu filho naquele momento.

Exemplo: chateado porque uma criança mais velha ganhou duas bolas de sorvete enquanto ele só recebeu uma, seu filho de 3 anos perde o controle e começa a gritar e a bater no irmão. Seguindo o instinto, você explica: "É porque ele tem três anos a mais do que você" ou diz: "Você deveria estar feliz por ganhar um sorvete!".

Irradiar empatia: em primeiro lugar, certifique-se de que a criança mais velha esteja bem, garantindo a segurança de todos os envolvidos. Em seguida, estabeleça um limite, dizendo à criança de 3 anos que não é certo bater nos outros, se isso estiver de acordo com os valores de sua parentalidade. Depois, por meio de seu tom emocional e do seu olhar, reconheça a forte reação e lembre-se de que a dificuldade dele é reflexo de uma plataforma instável e que ele está no caminho vermelho, o modo de luta ou fuga. Você pode também mostrar seu reconhecimento verbalmente, ou optar por não fazê-lo. Observe a angústia em seu corpo e cérebro – ela está refletindo uma reação protetora gerada subconscientemente, e que não é lógica nem modulada, uma situação comum no caso de crianças pequenas.

Responder: ofereça uma mensagem apoiando a ideia ou o sentimento de seu filho. "Eu entendo que você queria muito a mesma quantidade que seu irmão." Ou "Você ficou chateado porque ganhou uma quantidade menor". Então faça uma pausa e observe como ele responde. Ainda assim, permaneça firme em sua posição quanto ao sorvete, mantendo sua autoridade parental e oferecendo vocabulário adicional para ele empregar no futuro. *Nós podemos validar, contextualizar, irradiar empatia e estabelecer limites – tudo ao mesmo tempo.*

Medo do cachorro que late: um exemplo de irradiação de empatia e resposta

Uma mãe que eu atendi usou a ferramenta da irradiação de empatia e resposta para ajudar a filha pequena a superar o medo de cães que latem, medo este que ela passou a demonstrar desde que se assustou com um cachorro barulhento quando era bebê. A garotinha chorava toda vez que ouvia o latido de um cachorro – uma reação clássica do tipo "do corpo para o cérebro". Em algumas reuniões de pais, nós tratamos da questão de como as crianças pequenas conseguem dominar seus medos. Depois, quando eles visitaram meu consultório, fizemos o teste. Abrimos uma janela e, com a menina no colo, a mãe disse: "Vamos escutar". Nós logo ouvimos um latido a distância (por acaso eu sabia que sempre havia cachorros naquela região), e a reação da criança foi fechar os olhos, colocar a mão sobre a orelha e começar a choramingar. A mãe *irradiou empatia*, com um olhar afável de interesse no rosto, e imitou a reação da criança, colocando a mão no próprio ouvido (irradiação não verbal e emocional de empatia).

A menina olhou então para a mãe, que *respondeu* com voz doce e carinhosa: "Aham, sim, cachorro latindo". Ainda olhando para a mãe, a expressão facial da menina ficou mais relaxada, e ela abaixou a mão. Em seguida, olhou pela janela novamente. O cachorro voltou a latir e ela, de novo, colocou a mão no ouvido e olhou rapidamente para a mãe. Esta reproduziu a ação: afável, reconfortante, primeiro *irradiando empatia com seu tom emocional compreensivo* e depois respondendo assim: "Isso mesmo; cachorro latindo". Então ela acrescentou à sua resposta palavras como "cachorro barulhento", enquanto a criança esperava pelo próximo latido, tapava os ouvidos e olhava para a mãe repetidamente. Alguns dias depois, a mãe relatou que sua filha continuou colocando a mão no ouvido e dizendo "cachorrinho" várias vezes ao dia nos dias seguintes. Ela estava encenando de novo e adquirindo controle sobre o evento estressante. Algumas semanas depois, a mãe relatou que, em vez de choramingar e tapar a orelha, a pequena agora apontava para os cachorros quando os via pela janela, e até mesmo em caminhadas, dizendo "cachorrinho", mas não chorava mais.

Por mais simples que esse intercâmbio possa parecer, ele foi extremamente complexo. A mãe ajudou a filha, primeiro observando sua dificuldade e, em seguida, formulando-a com palavras (*cachorrinho, latido, barulhento*). Por meio de sua sintonia emocional, irradiando empatia primeiro e respondendo depois, ela ajudou a transformar o medo da filha. Quando ouviu o cachorro latir novamente, a criança usou *palavras e gestos* para se autorregular (apontar e dizer *cachorrinho*); e suas ações demonstraram que ela já não sentia medo.

Descubra o que funciona para seu filho

Se seu filho estiver mostrando uma reação "do corpo para o cérebro", pare um pouco e tente descobrir como ele responde a diferentes tipos de estímulos que você provoca. Suas interações podem ser adaptadas às preferências sensoriais de seu filho. Algumas das principais formas de acalmar as crianças são:

Proximidade: para descobrir as estratégias "do corpo para o cérebro" que funcionam melhor para o seu filho é necessário tempo e experimentação.

Quando seu filho pequeno está angustiado, ele prefere que você o abrace ou fique perto? Ou talvez ele se sinta mais confortado quando você fica a alguns passos de distância, ou mesmo do outro lado de uma sala ou uma porta, fazendo-o sentir sua presença calma e afetuosa. Você descobre por meio de tentativas e erros.

Tom vocal e emocional: com seu tom e sua voz carregados de afetividade, você transmite sinais de segurança personalizados para seu filho, passando a mensagem de que "Você não está sozinho. Mamãe (ou papai) está aqui". "Estou com você nisso". "Não estou julgando você por essa reação forte". Quais atributos de sua voz ajudam mais quando *seu* filho tem uma crise de fúria? (Cantada? Silenciosa? Sussurrante? Neutra? Forte?) Talvez uma ou duas palavras ajude mais – ou simplesmente um som que diga à criança: "Eu entendo você, vejo você e não estou julgando você".

O toque certo: que tipos de toque acalmam seu filho quando ele está enfrentando dificuldades? Exemplos: toque leve no braço ou na mão, abraços firmes ou fortes, a mão colocada sobre o ombro ou a testa, um cobertorzinho ou brinquedo especial para ele segurar, ou talvez nenhum toque.

Movimento: que tipos de movimento acalmam seu filho quando ele está perturbado? Ele gosta de ser carregado ou embalado? Precisa de espaço para se movimentar com segurança por conta própria? Prefere ficar no próprio espaço com pouco movimento?

Sinais visuais e contato: que tipos de suporte visual ajudam seu filho a se acalmar? Ele gosta de ter contato visual com você? Percebe um olhar afetuoso em seu rosto? Ou talvez seu filho precise desviar o olhar ou até mesmo que você desvie o olhar.

Suas palavras e ideias: as palavras são os elementos com os quais construímos pontes entre nossas ideias e as dos outros,[17] e propiciamos às crianças ferramentas para superar suas preocupações e seus medos. Você pode testar para ver quais palavras irradiam empatia para seu filho em diferentes circunstâncias, observando o nível de tensão e calma ou agitação no corpo e na expressão de sentimento dele. Perceba que algumas vezes as crianças podem responder defensivamente quando dizemos a elas o que achamos que elas estão sentindo. Escolha as palavras que funcionam melhor para seu filho.

Outras ideias possíveis para ajudar a mitigar os comportamentos "do corpo para o cérebro":

Procure sinais iniciais de fadiga e de uma plataforma insegura. Aproxime-se emocionalmente da criança, permitindo que ela "tome emprestado" com antecedência um pouco de seu próprio controle. Um envolvimento mais íntimo com seu filho pode ajudar a diminuir a carga de estresse dele, evitando, às vezes, um surto de birra.

Seja flexível em seus planos. Se você perceber que seu filho pequeno está começando a se agitar, a reclamar e a mostrar no corpo sinais de estresse, ajuste suas expectativas e dê um passo para trás naquilo que está exigindo dele. O melhor momento para pedir à criança que ultrapasse seus limites é quando ela está com um bom equilíbrio em seu orçamento corporal (uma boa noite de sono, barriga cheia, sensação de segurança).

Proporcione ao seu filho controle sobre pequenas coisas. As crianças pequenas adoram tomar decisões e ter controle dentro do ambiente em que vivem. Nós desejamos que elas pratiquem essas habilidades, então permita que seu filho pequeno ajude você nas decisões apropriadas ao seu problema. Permita que ele crie ou brinque com objetos ou alimentos ao seu lado na cozinha, ou que decida a ordem das refeições ou onde colocar os brinquedos "para dormir" à noite. Dê a ele a oportunidade de sentir como é bom tomar decisões independentemente de suas diretrizes.

Soluções para o comportamento de cima para baixo da criança pequena

As crianças pequenas ainda não possuem sofisticadas habilidades de pensamento de alto nível, porém dia após dia elas adquirem mais controle sobre seu corpo e passam a interagir com o mundo por meio de gestos e palavras.

Podemos observar essa reação quando elas dizem: "Mamãe, você pode sentar ao meu lado?" e colocam a cabeça no seu ombro, em vez de choramingar, ou até mesmo chorar sozinhas quando se sentem ansiosas. Com o passar do tempo, as interações responsivas ajudam as crianças pequenas a desenvolverem essas habilidades "de cima para baixo".

Certamente, *algumas vezes*, quando as condições são favoráveis, essas crianças podem pedir educadamente em vez de agarrar, ou talvez dizer que preferem não comer brócolis agora em vez de jogá-lo fora. Mas essas habilidades estão em *desenvolvimento* e ainda não são confiáveis.

As habilidades de cima para baixo emergem gradativamente

Jenna, uma menina de 3 anos, estava chorando e se recusava a ir para a cama. Separar-se da mãe à noite era um desafio constante. Ela tinha que viajar frequentemente com a mãe, que era profissional da música. Quando dividia o quarto com a mãe, ela adormecia com facilidade, mesmo não estando na mesma cama. Em casa, contudo, Jenna não parava de chamar a mãe em seu quarto. Sempre havia a desculpa de mais um copo de água, mais uma pergunta ou um pedido. Deitada em sua cama, ela se sentia oprimida pela necessidade de ter a mãe por perto e ainda não possuía muitos recursos que a ajudassem a se acalmar a não ser pedir coisas – um comportamento de cima para baixo.

A capacidade de usar a própria mente para acalmar seu corpo era uma habilidade de cima para baixo ainda em desenvolvimento para Jenna. *Planejar ações, tomar decisões, comparar escolhas, conter os impulsos são habilidades que levam muito tempo para se desenvolver plenamente.* As crianças não adquirem magicamente essas habilidades em determinada idade; elas evoluem com o amadurecimento das crianças e o apoio dos adultos que as cercam. Com o tempo, as crianças adquirem a capacidade de empregar as próprias estratégias, como formas de movimentar seu corpo ou de usar a mente para resolver sozinhas os problemas.

Nós precisamos proporcionar às crianças o tempo e o espaço necessários para a criação e experimentação de diferentes opções e para o exercício de seu poder emergente de autorregulação. Para tanto, estabelecemos limites empaticamente, ajudando-as a se sentirem seguras e não envergonhadas ou culpadas por procurarem respostas da maneira que seu cérebro as compele a fazer. Também apoiamos sua crescente capacidade de debater usando o raciocínio de cima para baixo, sem abrir mão de nossa autoridade e liderança. Podemos levar a criança a compreender que não há problema no fato de ela ter uma opinião diferente e discordar de nós, validando sua progressiva independência. Quando tolhemos uma criança ou a rejeitamos por discordar de nós, estamos na verdade dizendo a ela que esperamos determinado comportamento (positivo, obediente) para que ela conquiste nossa aceitação.

Alguns exemplos:

Pequeno cientista

Exemplo: seu filho de 2 anos despeja no chão o conteúdo de sua bolsa de maquiagem. Você fica tentada a dar uma bronca, mas se lembra de que, para uma criança pequena, *tudo* tem o sentido de um experimento científico, então você diz algo como: "Ah, meu Deus, você encontrou a maquiagem da mamãe! Ela não é para você brincar, mas que tal se nós formos procurar outras coisas para brincar?". Você não precisa ser intolerante nem dura, mas pode certamente estabelecer limites. Lembre-se, contudo, de que explorar o ambiente é uma parte natural do comportamento de uma criança pequena.

Atos controlados de mau comportamento

Exemplo: seu filho de 4 anos pega furtivamente do prato do irmão mais novo os biscoitos próprios para dentição, e depois se enfia embaixo da mesa a fim de comê-los em segredo. Você fica tentado a repreendê-lo imediatamente, mas se lembra de que essa é uma idade para testar a resolução de problemas sociais e a compreensão das emoções de outras pessoas. Então, em vez de falar "Largue já esse biscoito!" você pode dizer: "Eu vi que você pegou o biscoito do seu irmão sem pedir primeiro. Humm, não é assim que nós nos tratamos uns aos outros em nossa família [ou qualquer outro valor que você queira compartilhar com seu filho]". *O objetivo é perceber e transmitir os valores ou ensinamentos de sua família adequados para a situação, mas não envergonhar a criança com uma hostilidade tal que ela acabe se fechando.*

O fato de uma criança pequena pegar o biscoito do irmão não reflete realmente um comportamento inaceitável; ela está aprendendo a entender como o mundo funciona. *Está apenas aprendendo a se colocar no lugar de outra pessoa.* Quase sempre essas crianças precisam de nossa ajuda para conseguir parar e pensar nas consequências do que fizeram com base nas reações das pessoas que as cercam. Elas querem explorar e aprender, testando todos os tipos de comportamento para ver como eles funcionam e que consequências produzem. Nós enfrentamos tranquilamente esses comportamentos e procuramos promover momentos de reflexão e aprendizagem, lidando com essa etapa natural do desenvolvimento.

Negociar, barganhar, testar os limites

Exemplo: esquecendo-se de que você deixou sua filha de 3 anos abrir o pote do iogurte favorito dela na última vez que o serviu, você entrega a ela o pote sem a tampa. Chateada com isso, ela teima que quer abrir sozinha e exige que você pegue um novo pote da geladeira para que ela possa abrir (um admirável ato de negociação e resolução de problemas). Você não quer abrir um novo pote, mesmo sendo para evitar uma disputa por poder. Então, em vez de dizer: "Que pena, é isso o que temos", *você a envolve em uma conversa com o propósito de ajudá-la a lidar com a decepção.*

Você diz, "Eu sei que isso significa muito para você". "Da última vez você abriu o pote sozinha e desta vez esperava poder fazer isso de novo. É normal você se sentir desapontada." Você faz uma pausa e espera que a criança processe o que você disse. Então, prepara-se para estabelecer uma corregulação tendo como base o material emocional e as palavras que sua criança pequena devolveu para você. Se a criança ainda estiver negociando, é excelente. Ela está aprimorando as habilidades de debate! O uso de palavras significa que ela está expandindo o conhecimento e o vocabulário que serão necessários para ela administrar as emoções no futuro, e assim você tem muito material com que trabalhar. Seja paciente e lembre-se de que você ainda pode demonstrar empatia para com sua filha sem precisar concordar com ela ou dar o que ela quer. *Ceder, estando consciente de que tal atitude não favorece sua filha, não aumenta a resiliência dela, mas a degrada – porque nega à criança a oportunidade de experimentar e suportar uma decepção.* Por outro lado, podemos reconhecer que os seres humanos gostam de se sentir no controle, e assim conseguimos entender a emoção e a intenção sem abrir mão de nossa autoridade de pais.

As crianças pequenas ficam encantadas com o poder da comunicação e do autocontrole. Elas passam da condição de bebês – dependentes de que outras pessoas adivinhem o que precisam ou como se sentem – para a de seres capazes de se comunicar, apontando e gesticulando e, mais tarde, na infância ou adolescência, usando palavras para traduzir seu mundo interno e suas emoções. É revigorante e libertadora a possibilidade de sentir que o mundo está sob seu controle, mas depois é decepcionante descobrir que ainda há muitas coisas que você não consegue fazer.

Brincadeiras: ferramenta poderosa para ajudar a desenvolver habilidades "de cima para baixo"

No Capítulo 7, discutimos a importância de três palavras que orientam nossas brincadeiras com as crianças: *Deixe elas conduzirem*. Com isso, podemos identificar os interesses, as intenções e motivações da criança. As brincadeiras nos primeiros anos da infância estão totalmente associadas à exploração, permitindo que as crianças explorem o ambiente enquanto você garante que elas estejam seguras. Essa definição livre de brincadeira inclui esparramar vasilhas e panelas dos armários da cozinha e jogar reiteradamente comida de cima do cadeirão. Acompanhar uma criança e entender o mundo a partir da perspectiva dela é um exercício de estar presente e observar a vida com um novo olhar. *A capacidade de compreender a exploração autodirigida de uma criança nos dá o benefício de estar presente e experimentar a alegria por vias novas e surpreendentes.*

Paciência com a repetição

As crianças pequenas adoram repetir e descobrir como as coisas funcionam. Abrir, fechar, retirar, colocar de volta e depois repetir tudo! Por quê? Todos nós, humanos, adoramos prever ou imaginar o que vai acontecer. Isso nos faz sentir segurança. Desse modo, uma criança acha gratificante abrir e fechar um recipiente *vezes sem fim*. Mas não é só isso: ao repetir as coisas, ela está aprendendo tudo sobre seu mundo físico. Está também se familiarizando com os padrões, e o reconhecimento de padrões é uma habilidade encontrada na matemática e em outras formas de raciocínio. Portanto, procure ser paciente e entender que esparramar, despejar e repetir não são ações inúteis; todas elas estão na descrição da atividade de crianças saudáveis que usam seu corpo e seu cérebro para explorar o ambiente que as cerca. *E a melhor forma de previsibilidade vem de pais cujas reações emocionais são previsíveis e estáveis.*

As crianças pequenas se desenvolvem desde bebês, passando da fase de bater nos objetos para a de colocar na boca tudo que pegam, depois a de entregar as coisas para você, até chegar às interações humanas e às brincadeiras mais ativas de saques e devoluções. Elas mostram uma bola e você responde com um olhar de interesse. É possível que lhe entreguem a bola, e você diz: "Bola!", então a devolve e espera para ver o que elas farão em seguida. Talvez elas a devolvam ou deixem cair, esperando para ver qual será sua ação. Nessa fase inicial do jogo sensorial, na segunda metade do primeiro ano, é maravilhoso priorizar o movimento de vaivém e observar aonde ele leva, em vez de impor limites quando vocês estiverem brincando. Lembre-se de que a criança pequena é um cientista, e todas as coisas representam um novo território a ser explorado. Deixar cair, espremer, misturar alimentos e observar a mudança de cores – são lições do mundo real.

À medida que os anos passam, a brincadeira das crianças vai da exploração sensorial ao uso realista dos brinquedos: embalar uma boneca ou empurrar um carrinho para a frente e para trás. A partir daí, a brincadeira evolui para as ideias e os temas que interessam a cada criança em particular. As brincadeiras se tornam um dos melhores instrumentos que temos para descobrir o que se passa na cabeça da criança e que tipo de coisa a aflige ou desperta seu interesse ou sua curiosidade.

Foi por essa razão que eu escolhi uma abordagem lúdica para ajudar Jordan, que estava enfrentando dificuldades na pré-escola. Os pais dele entenderam que as experiências da primeira infância tinham consequências. Quando ele carecia de uma corregulação suficiente, sua capacidade de autorregulação diminuía. Portanto, a melhor maneira de ajudá-lo a desenvolver o controle sobre seu comportamento não era impor a ele mais regras, mas sim oferecer-lhe oportunidades baseadas em brincadeiras para praticar a *modulação* ou aprender a controlar suas reações diante das decepções. Jordan precisava vivenciar diariamente muita corregulação baseada em brincadeiras para conseguir perceber o mundo como um lugar seguro – uma confiança inexistente durante a fase de bebê e o início da primeira infância. Com o tempo e o apoio inabalável (e a proteção) de seus pais, Jordan conseguiu encontrar segurança como filho amado e aluno respeitado do ensino fundamental.

A experiência desse garoto ilustra como as brincadeiras podem ajudar as crianças a compreender e explorar seu mundo e suas emoções, contribuindo para o desenvolvimento da autorregulação. (No próximo capítulo, examinaremos o que uma brincadeira revela sobre o mundo interior da criança.) Por outro lado, crianças pequenas como aquela que eu vi no aeroporto apresentam reações de baixo para cima, porque carecem das habilidades necessárias para que consigam tolerar experiências como fadiga ou fome – elas ainda precisam de corregulação para atingir essa condição. O menino estava em uma fase muito inicial de seu desenvolvimento para saber que sentia fome ou cansaço e pedir um lanche aos pais, bem como para entender que veria novamente seu ursinho de pelúcia em algumas horas, quando o voo deles chegasse ao destino. Nós desenvolvemos essas habilidades por meio de nossos relacionamentos: como interagimos, como brincamos, todas as interações que proporcionam ao seu filho a possibilidade de usar palavras para enfrentar um vasto espectro de dificuldades, para desenvolver uma autorregulação mais efetiva e falar sobre o que sente ou necessita em vez de ter uma crise de fúria. Depois que as crianças saem da primeira infância com uma base sólida proporcionada pela corregulação, podemos apresentar todo um conjunto de expedientes para ensinar a elas as maravilhas do *feedback* que o corpo envia para o cérebro – nosso próximo tópico.

Dica para o desenvolvimento da resiliência: as crianças pequenas começam a desenvolver a autorregulação quando os pais têm expectativas e oferecem desafios e suporte adequado compatíveis com a nascente capacidade delas para controlar as emoções e o comportamento. Brincadeiras de caráter exploratório são a maneira mais natural de apoiarmos o desenvolvimento de uma criança pequena.

9

Crianças do ensino fundamental I
Flexibilidade e criação de uma
grande caixa de ferramentas

A alfabetização emocional ajuda suas emoções a trabalharem por você e não contra você.[1]

– Claude Steiner

Algumas vezes pensamos que teremos condições de tornar mais segura a vida futura de nossos filhos se oferecermos a eles recursos como brinquedos, aulas de reforço e instrução. São todos muito profícuos. Mas nosso trabalho parental mais importante é garantir a saúde emocional de nossos filhos no futuro. Para tanto, precisamos cultivar neles uma característica fundamental: flexibilidade, ou seja, a capacidade de se adaptar em resposta às demandas e aos desafios da vida. A flexibilidade é um dos sustentáculos da resiliência.

Nas ocasiões em que enfrentei dificuldades emocionais quando era criança, meus pais procuraram me tranquilizar, afirmando que não havia nada a temer e nada com que me preocupar. A exemplo de muitos pais de sua geração, eles preferiam desconsiderar ou ignorar as emoções negativas, em vez de entendê-las como sinais valiosos que mereciam atenção. Quando minhas filhas eram pequenas, eu adotei outra abordagem, e fazia todo o possível para estabelecer uma corregulação com elas, dando-lhes razão quando achavam assustador um barulho forte, escutando compassivamente quando alguma delas se sentia rejeitada por um colega. Consequentemente, agora que são adultas, minhas filhas são muito mais flexíveis e resilientes do que eu era na idade delas.

Quando nossos filhos são pequenos, nossa ajuda consiste em fazer depósitos em seu orçamento corporal por meio da corregulação, confortando-os quando bebês, escutando-os e respondendo a eles enquanto crescem. À medida que amadureçam, surge uma nova prioridade: ajudá-los a adquirir a capacidade de administrar o *próprio* orçamento corporal. Neste capítulo, vamos nos concentrar em duas formas de ajudar nossos filhos a desenvolverem a flexibilidade para a resolução de problemas por meio de dois canais principais: a magia das brincadeiras e a maneira de falarmos com eles sobre as emoções.

As crianças em idade escolar carregam uma bagagem formada por tudo aquilo que aprenderam durante a primeira infância, mas ainda estão desenvolvendo as habilidades necessárias para conseguirem administrar a vida nos anos posteriores. Após a primeira infância, elas se deparam com novas demandas à medida que abrem caminho no mundo da escola e entre os colegas, assim como fazem novas descobertas sobre si mesmas. É um processo acompanhado de dificuldades e sentimentos capazes de desencadear comportamentos que os pais costumam achar desconcertantes ou problemáticos.

Neste capítulo, abordaremos maneiras de cultivar *habilidades de cima para baixo* – discernimento, resolução de problemas, flexibilidade para lidar com o imprevisível – sobre a base sólida da confiança e da segurança. Podemos ensinar as crianças a usarem a mente para ajudar o corpo a apoiá-las enquanto aprendem maneiras de se defender. O objetivo não é ensinar nossos filhos a memorizar as reações e respostas "corretas" para todos os problemas que encontrarem. *Trata-se de ensiná-los a se ajudar e desenvolver a flexibilidade mental necessária para serem capazes de usar o cérebro a fim de acalmar e direcionar o pensamento – o foco deste capítulo.*

Veremos que as brincadeiras podem ser uma ferramenta poderosa no suporte ao desenvolvimento geral da criança. E aprenderemos maneiras de conversar com elas sobre sua própria saúde emocional, de modo a apoiar nelas a conscientização e a compreensão das suas sensações corporais. Em resumo, exploraremos uma fonte primordial da resiliência e base de referência da minha área da psicologia: a capacidade de usar a mente para mudar a forma como você pensa e sente.

Rivalidade entre irmãos

Alan e Camilla estavam enfrentando dificuldades para administrar a rivalidade entre seus filhos. Mira, de 7 anos, e Leo, de 4, brigavam e discutiam cons-

Crianças do ensino fundamental I

tantemente por causa de brinquedos e outros objetos. Os pais descreveram Mira como uma criança sensível que adorava a escola e obtinha bons resultados, ajudando rotineiramente a professora e os colegas da primeira série. Ela se desenvolvia bem em um ambiente de previsibilidade, regras e organização.

Contudo, conforme explicou o pai, era quando Mira voltava para casa todos os dias que "começava o inferno". Depois de cumprimentar a irmã com entusiasmo, Leo pegava papéis da mochila dela e fugia com eles ou os rasgava, fazendo Mira gritar e chorar por causa da folha de exercícios ou do projeto de arte que ele havia destruído. Ela apelava ao pai, que corria atrás de Leo, mas o garotinho encarava todo o episódio como uma diversão. No final, Mira acabava perdendo o controle e empurrava o irmão, tomando de volta as suas coisas. Como seria de esperar, Leo desatava a chorar. Com o tempo, Mira encontrou uma solução: tornou-se uma déspota e controlava todos os movimentos do irmão para ter domínio da situação. E assim, com os irmãos enredados em brigas, as tensões aumentaram na família e a casa se converteu em uma zona de batalha constante.

Eu tranquilizei os pais, dizendo que a rivalidade entre irmãos, embora desafiadora, é um ingrediente esperado da vida, e até tem seus benefícios. Os irmãos criam entre si oportunidades permanentes para aprender a resolver problemas de maneira cooperativa. No entanto, o tom emocional da casa estava carregado negativamente, e eu percebi que as duas crianças eram imaturas no quesito resolução de problemas. Então, sugeri analisar individualmente cada um dos irmãos, a fim de procurar oferecer sugestões para expandir neles as zonas de desafio e a capacidade de resolver as coisas por conta própria, além de proporcionar mais equilíbrio e de incorporar algumas brincadeiras alegres entre irmãos.

Concentrei-me primeiramente em descobrir a abordagem correta para a família e para cada criança. Acabei percebendo que Leo e Mira precisavam do tipo de ajuda para a qual a brincadeira é perfeitamente adequada, porque desenvolve a tolerância à frustração e a capacidade de enfrentar suas desavenças usando as próprias palavras. Com o tempo, Mira também precisou de uma abordagem mais direta: conversar sobre a compreensão "de cima para baixo" que ela tinha de seus sentimentos "de baixo para cima". Em outras palavras, ela estava aprendendo a usar habilidades de resolução de problemas – incluindo a autorregulação e a linguagem ativas – para lidar com suas frustrações, descobrir soluções e exercitar seus músculos sociais e emocionais.

Apresentei aos pais minha metodologia e eles sentiram alguma esperança, pois entenderam que estavam lidando com um comportamento normativo que conseguiam compreender melhor. Eu sugeri que começássemos com o mais profícuo elemento constitutivo (e o mais subutilizado) das habilidades de resolução de problemas das crianças: as brincadeiras.

Jogo simbólico ou faz de conta: um poderoso nutriente que sustenta todos os aspectos do desenvolvimento

Em décadas de aplicação de brincadeiras terapêuticas com crianças e seus pais, aprendi lições importantes: quando deixamos que uma criança indique o caminho em uma atividade lúdica, conseguimos entender o que se passa na mente dela, bem como com que ela está preocupada e onde precisa de apoio adicional. Brincar é também uma forma orgânica e eficaz de nutrir a capacidade emergente em uma criança para o raciocínio executivo. Brincar é a maneira pela qual as crianças desenvolvem habilidades desde o estágio embrionário. *Se você já tentou conversar com seu filho sobre assuntos difíceis em um momento em que ele está em crise e não conseguiu, então brincar com ele pode ser o melhor ponto de partida.*

As atividades lúdicas são consideradas um propulsor tão poderoso do desenvolvimento que a American Academy of Pediatrics recomendou recentemente que os pediatras prescrevam brincadeiras[2] para as crianças atendidas nas consultas de puericultura. Tenho testemunhado com frequência essa magia. A ação de brincar estimula nas crianças a capacidade de falar sobre os sentimentos em vez de explodir, e também de resolver problemas exercitando com segurança as dificuldades ou os conflitos que estão enfrentando. A brincadeira mediada pelos pais, como é conhecida, ajuda as crianças a lidar com a rivalidade entre irmãos, a ansiedade e os desafios mais complicados, como estresse e trauma, com enfermidades graves e a perda de um ente querido.

As brincadeiras também contribuem para as habilidades executivas que queremos que nossos filhos desenvolvam. Conforme registro do relatório clínico para pediatras, "a pesquisa demonstra que atividades lúdicas adequadas ao desenvolvimento, realizadas com pais e colegas, são uma oportunidade única de estímulo das habilidades socioemocionais, cognitivas e também de linguagem e autorregulação, que desenvolvem a função executiva e um cérebro pró-social".[3] Isso é muito poderoso.

Um cérebro pró-social é aquele que ajuda o indivíduo a ser cooperativo, a entender os pontos de vista de outras pessoas e a resolver problemas – exatamente as habilidades que ajudariam crianças como Mira e Leo a enfrentar e administrar as tensões afloradas entre eles. Um cérebro pró-social também é aquele que capacita as crianças a se envolverem nas atividades no parquinho e na sala de aula, bem como a participar de projetos em grupo e interações acadêmicas, participar de esportes coletivos e administrar as complexidades da vida social no ensino médio e na faculdade.

Outro estudo descobriu que os benefícios promovidos pelas brincadeiras ativas alcançam também os estudos e outras funções importantes do desenvolvimento. A pesquisa revelou que um recreio escolar de alta qualidade contribui significativamente para o desempenho executivo das crianças[4] (concentração, planejamento e eficiência na resolução de problemas), bem como para o autocontrole, o comportamento positivo em sala de aula e a resiliência. As crianças que tiveram mais tempo para brincar no recreio apresentaram maior capacidade para superar adversidades, recuperar-se de erros e enfrentar mudanças.

Nossa sociedade tem um viés que privilegia a instrução em sala de aula em lugar das atividades lúdicas. *Mas há muito tempo venho observando que as crianças que brincam mais são mais felizes, menos estressadas e mais criativas em sua maneira de resolver problemas.* Com esses benefícios em mente, vamos examinar algumas formas de incorporar esse tipo de brincadeira benéfica à vida de sua família.

Noções básicas sobre brincadeiras

Reserve um tempo para seu filho brincar

Sabendo que a pesquisa mostra claramente que as atividades lúdicas são benéficas para as crianças, é importante que você as incorpore à vida de seu filho. Se ele estiver na pré-escola, certifique-se de que o programa aplicado contemple muitas brincadeiras *não estruturadas*. O que ajuda as crianças pequenas a aprender a resolver problemas e a se autorregular não é a aprendizagem acadêmica estruturada ou em grupo, mas sim as atividades lúdicas. Se, como fazem muitas escolas tradicionais, a escola do seu filho não priorizar as brincadeiras, tente oferecer regularmente a ele oportunidades para brincar com amigos ou familiares. Então, certifique-se de que as crianças estejam seguras e apenas observe, tentando não interromper a brincadeira (a menos que uma delas esteja correndo risco de se machucar ou que a intervenção seja claramente necessária). É nas atividades lúdicas livres e sem interrupção que as crianças exercitam a resolução de problemas, e elas precisam de tempo para experimentar e descobrir o que funciona. Começando desde cedo, elas desenvolvem a criatividade e ganham confiança em suas habilidades. Recentemente, ao observar uma criança brincar sozinha, eu só consegui entender o que estava estimulando suas ideias depois que vi que ela havia organizado alguns brinquedos em uma mesa, usando uma configuração que lembrava uma mesa de jantar, e ela sorria e dizia para si mesma: "Eu fiz isso!". As atividades lúdicas independentes e a exploração criam resiliência. Deixe que aconteçam.

Mas existe outro tipo de brincadeira interativa na qual *você* pode participar com seu filho. Nos capítulos anteriores, nós tratamos das brincadeiras exploratórias nos primeiros meses de vida e falamos sobre o valor do cadê-achou, uma das primeiras formas de brincar que os adultos adotam com os bebês. Descrevemos também a maneira como as crianças pequenas usam os sentidos para explorar seu mundo como cientistas. O que vem logo em seguida é a *brincadeira de faz de conta*, também conhecida como *brincadeira simbólica*,[5] na qual a criança transforma os brinquedos ou ela mesma em personagens ou participantes das histórias que cria. Esse tipo de atividade lúdica abre uma janela única e maravilhosa para o mundo interior do seu filho.

Brincadeira mediada pelos pais

Brincadeiras de faz de conta são oportunidades naturais para as crianças explorarem, praticarem suas ideias e superarem aquilo com que estão lidando emocionalmente. Quando deixamos que a criança indique o caminho, as atividades lúdicas revelam os problemas e as preocupações presentes na mente dela,[6] o que nos fornece pistas sobre as áreas em que ela precisa de apoio ou de uma ação adicional.

Tive a sorte de conhecer brincadeiras *mediadas pelos pais* (aquelas nas quais os pais brincam com seus filhos) por intermédio da Dra. Serena Wieder, uma das maiores especialistas mundiais no uso terapêutico de atividades lúdicas realizadas em conjunto com os pais. Ela me ajudou a entender a importância

Crianças do ensino fundamental I

de confiar no processo lúdico, lembrando-nos sempre de simplesmente seguir o caminho indicado pela criança e entender aonde esse caminho vai chegar. Embora as brincadeiras com os colegas proporcionem muitos benefícios, incluindo o estímulo ao desenvolvimento cognitivo de crianças em idade pré--escolar,[7] e as brincadeiras solitárias ajudem bebês e crianças pequenas a descobrirem o próprio corpo mediante a exploração de seu mundo, as atividades lúdicas mediadas pelos pais são oportunidades para que eles conheçam mais profundamente seus filhos por meio da língua nativa mais natural da criança. Esse tipo de brincadeira é uma forma não ameaçadora de ajudar a criança a explorar uma vasta gama de emoções naturais e previstas, como raiva, ciúme, empatia, sentimentos positivos e competição.

Vale ressaltar que é nos países mais industrializados que se encontram os fundamentos e as pesquisas desse tipo de atividade lúdica. Como tudo neste livro, o reconhecimento de seus instintos parentais, sua cultura e seus valores deve ser prioritário. Se a brincadeira que descrevo aqui não servir para sua família, tudo bem. Existe uma grande variedade de coisas que nós, humanos, consideramos diversão, e os benefícios surgem de nossas diferenças individuais e da pluralidade de valores culturais, normas e crenças.

Não se estresse - isso pode levar só alguns minutos por dia

A vida de todos os pais é atarefada, mas esse tipo de atividade lúdica não requer um investimento significativo em termos de tempo. Até mesmo uma brinca-deira ininterrupta de apenas *cinco minutos por dia* com seu filho pode ser signi-ficativa, e os benefícios aumentam com o tempo. Além disso, se você satisfizer sua criança interior, também colherá os benefícios felizes, desestressantes e anti-inflamatórios do exercício lúdico. O fundamental para a obtenção desses benefícios de saúde adicionais é que a experiência seja agradável para você e seu filho. Certamente, uma atividade lúdica se afigura diferente dependendo da idade e do estágio de desenvolvimento da criança. Com um pré-adolescen-te ela pode assumir a forma de boas risadas e conversas enquanto vocês passeiam pelo *shopping* ou compartilham uma guloseima em uma cafeteria. Mas tudo começa com uma brincadeira de faz de conta.

Um benefício desse tipo de brincadeira é que, ao brincar com uma crian-ça, fica mais fácil descobrir o que se passa na cabeça dela do que perguntando diretamente sobre assuntos delicados. Quando conheci Mira, por exemplo, seus

213

pais pediram que ela me falasse sobre um incidente ocorrido na noite anterior, quando ela havia empurrado o irmão. A menina lançou um olhar reticente e envergonhado, e se limitou a dizer: "Eu esqueci". Claramente, ela se sentiu em uma posição embaraçosa. Eu sabia que a intenção dos pais era apenas ajudar, mas eles apertaram o botão da vergonha da garota – não é a maneira de revelar as informações mais proveitosas!

Em vez de fazer perguntas categóricas, é melhor focarmos nossa atenção abaixo da ponta do *iceberg*, para, em primeiro lugar, procurar descobrir e entender as motivações e os gatilhos da criança por meio do envolvimento lúdico e do desenvolvimento de confiança. Mais tarde, uma vez desenvolvida essa conexão, teremos condições de entabular conversas mais diretas.

Como visto, Mira estava em uma fase precoce do processo de dominar o uso de palavras para descrever suas ações e motivações, então logo percebi que deveríamos começar com exercícios lúdicos, o que lhe daria a oportunidade de exercitar os músculos emocionais e de resolução de problemas, a fim de que ela acabasse conseguindo usar palavras para expressar sentimentos e ideias.

Os fundamentos das brincadeiras mediadas pelos pais

O que você precisará para uma brincadeira mediada pelos pais:

- **Você:** se puder, desconecte-se por pelo menos cinco minutos (ou mais, se possível). Se seu filho estiver enfrentando desafios, vinte minutos costuma ser um período de tempo adequado para permitir que surja um tema. Se você conseguir relaxar, ignorar a lista de tarefas que ocupa sua cabeça e oferecer sua curiosidade, ponderação e um pouco de espírito de diversão, abrirá o caminho para que seu filho compartilhe o mundo dele com você da maneira que ele escolher.
- **Brinquedos:** se for viável e estiver dentro das suas possibilidades, tenha à mão alguns brinquedos básicos. Eles não precisam ser sofisticados. Além disso, os brinquedos não são uma exigência absoluta – outras pessoas são o melhor brinquedo que uma criança pode ter! Elas têm imaginação, e, se nos permitirmos mudar de função, poderemos assumir o papel de "brinquedo" – um gatinho ou um leão, uma princesa ou um rei. Uma família criativa com a qual trabalhei produzia bonecas simples com meias usadas, utilizando botões como olhos e bocas bordadas com linha. As generosas

crianças me presentearam com uma singela "família" de bonecas de meia, de valor inestimável para mim e que, ao longo dos anos, muitas crianças que visitaram meu consultório usaram para representar diversos personagens. A brincadeira que vou descrever não requer brinquedos caros nem mecânicos, apenas objetos que estimulem a imaginação e inspirem inversões e recriação de papéis, de acordo com os interesses de cada criança. E, embora jogos de tabuleiro e quebra-cabeças sejam atividades divertidas (e eu os recomendo para práticas familiares, se você gostar), eles não estimulam as questões emocionais da criança como fazem os brinquedos mais básicos.

- **Animais de brinquedo (de pelúcia ou não):** é interessante termos à mão alguns animais de brinquedo amigáveis e não ameaçadores, como ursinhos de pelúcia ou cachorrinhos, e alguns menos afáveis – talvez cães mais imponentes, um urso, um tigre ou até mesmo dinossauros. Os animais podem ter a forma de fantoches, bonecos de pelúcia, bem como ser de plástico, madeira – qualquer coisa capaz de atrair o interesse de seu filho e inspirar ou despertar uma série de emoções. Você não precisa apenas de gatinhos fofos ou cachorrinhos meigos, porque um leão ou um lince de brinquedo podem levar a criança a lidar com questões de segurança e ameaça durante a atividade lúdica – sentimentos com que todos nós humanos nos deparamos. Algumas crianças podem sentir vergonha de se envolver na brincadeira se os bonecos humanos parecerem muito realistas, o que pode torná-la próxima demais da realidade. A ideia central é que as crianças costumam ter mais facilidade nas brincadeiras de faz de conta com animais, porque estes estão um pouco distantes da experiência pessoal delas mas, ainda assim, permitem que elas projetem neles suas emoções.
- **Objetos inanimados, como carros, caminhões, trens:** brincar com esse tipo de objeto também é uma forma de suscitar temáticas e fornecer caminhos para as crianças revelarem o que estão pensando. Carros e caminhões podem ter "sentimentos", competir entre si, participar de aventuras, ir à escola ou à casa da vovó, ou mesmo chocar-se uns com os outros. Em outras palavras, as crianças conseguem projetar neles qualidades humanas. E, certamente, muitas crianças gostam de brincar com eles.
- **Figurinhas de pessoas ou super-heróis,** como um menino, uma menina e bonecos mais andróginos, bebezinhos ou outros fantoches ou bonecos com aparência humana. Se possível, tenha bonecos que se pareçam com

a mamãe, o papai, o bebê e os irmãos. Uma casa de bonecas simples é útil, mas não necessária. Você pode também usar apetrechos simples da cozinha – pratos de papel, colheres de plástico, tigelinhas ou qualquer outra coisa – como acessórios domésticos que inspiram as crianças a "assumirem o papel" de mamães, papais, bebês ou irmãos na brincadeira.

Deixe as crianças conduzirem

Depois de se mostrar disponível para seu filho, tendo à mão alguns brinquedos simples, simplesmente se sente e espere, lembrando-se das três palavras mágicas de que tratamos no Capítulo 7: *Deixe eles conduzirem.*[8] Observe o que seu filho faz durante o tempo que passa com você. Ele pode deixar de lado os brinquedos e simplesmente começar a falar ou fazer perguntas. Isso é ótimo! Ouça o que ele tem em mente. Quando você se mostra disponível para uma criança sem que isso tenha sido programado, pode descobrir muita coisa a partir daquilo que aflora espontaneamente. Mais cedo ou mais tarde, porém, é provável que seu filho comece a brincar com você, e vale a pena esperar por isso.

Se o seu filho pegar um brinquedo, não tente direcionar a brincadeira, apenas deixe que ele mostre aonde quer chegar. Acima de tudo, resista à tentação de fazer perguntas – especialmente aquelas para as quais você já conhece as respostas (p. ex.: Você sabe o nome daquele animal? Qual é a cor do carro? Quantos filhotes você está vendo?). *Em uma atividade lúdica, nosso objetivo não é ensinar conceitos concretos à criança, mas sim deixar que ela explore seu mundo do faz de conta, ou seja, experimente-o através de alegorias.* É isso que as crianças fazem naturalmente. Portanto, espere para ver o que seu filho faz com o objeto por ele escolhido e depois interaja, se ele envolver você na brincadeira de alguma forma.

Pode ser que ele pegue um gato e o coloque no colo, dizendo: "Aqui está a mamãe", e então entregue a você um "bebê" gatinho. Ou quem sabe ele pegue um carrinho e dê um para você também. Bingo! A brincadeira começou. Essa é a sua deixa para assumir um personagem. Talvez seu gatinho solte um miado ou seu carrinho diga "vrum", deixando seu filho saber que você está participando com ele em seu mundo do faz de conta. Agora começa a magia!

Espere para ver o próximo passo de seu filho. Se ele fizer ou disser alguma coisa encarnando um personagem, você responde. Pode ser que o gatinho dele diga "tchau". Esse é o indicativo de um *tema* para a brincadeira. A despedida expressa por um gatinho, um carro ou qualquer outro personagem evoca uma temática relacionada à separação. Se esse tema aparecer de forma reiterada, é possível que seu filho esteja trabalhando emocionalmente para se separar de você ou de outras pessoas. Você pode usar sua melhor voz de gatinho para miar um "tchau". Continue encarnando o personagem para que seu filho também o faça, trabalhando assim em todos os ângulos necessários por meio de uma brincadeira espontânea. Apenas espere para ver o que o personagem dele faz e, em seguida, dê uma resposta que permita evoluir com o tema.

Amplie aos poucos os temas da brincadeira

À medida que permite que seu filho continue indicando o caminho, você consegue expandir e aprofundar a atividade lúdica, fazendo assim descobertas ainda mais significativas. Acrescente uma pergunta ou reflexão simples. Lembre-se de que a resposta não deve ser algo que você já saiba, mas sim alguma coisa que a criança possa elaborar. Em vez de fazer uma pergunta para a qual você sabe a resposta, como "Qual é a cor do gatinho?", fale com voz de gatinho e diga: "Ei, gatinho, aonde você está indo?", *expandindo* a brincadeira.[9] Você faz uma pergunta com o objetivo de obter informações adicionais sobre o que está na mente da criança. Vamos imaginar que seu filho responda: "Para a escola de gatinhos". Você acertou na mosca novamente! Agora descobriu mais uma coisa que ocupa a mente da criança: a escola.

A partir daí, continue expandindo. Seja paciente e apenas observe o que acontece em seguida: O gatinho vai para a escola? O gatinho não quer ir? O gatinho está feliz ou triste na escola? O que acontece na escola? Limite-se a seguir as deixas dadas pelo gatinho. Talvez a criança entregue a você um gato de brinquedo maior e lhe peça para ser o professor. Ou quem sabe ela lhe dê um gato menor e assuma o papel de professor. Você tem aí mais oportunidades de abrir janelas para o mundo interno da criança. Siga em frente. O que o professor e os alunos gatinhos dizem ou fazem? Naturalmente, não há respostas certas ou erradas. A relevância está na jornada de exploração. É importante permanecer no personagem e não quebrar a magia da brincadeira. Não pergunte de repente: "Querido, você tem medo da escola?". Em vez disso, permaneça no jogo de faz de conta, seguindo o rumo indicado pela criança. Mais tarde você terá oportunidade de fazer perguntas específicas – talvez durante uma caminhada ou quando vocês estiverem relaxando juntos. *Mas enquanto brincamos chancelamos o faz de conta, sem pedir ao nosso filho que abandone a brincadeira.*

Enquanto brincam juntos, siga as deixas da criança e *amplie* o contexto apenas o necessário para manter ativo o processo de saques e devoluções. A criança se ocupará dos temas de que necessita para seu próprio desenvolvimento. Isso é o que torna tão poderosas as atividades lúdicas. As crianças reproduzem aquilo com que estão lidando – consciente ou subconscientemente.

Obviamente, não estou sugerindo que os pais se tornem ludoterapeutas de seus filhos. É provável que seus pais, por mais afetuosos que fossem, não costumassem se envolver nesse tipo de brincadeira com você. Eu sei que os meus não o faziam. Se brincadeiras de faz de conta não lhe parecerem adequadas, ou lhe soarem artificiais ou desconfortáveis, não se sinta obrigado a usá-las. Pode ser que, com o tempo, você venha a considerá-las mais divertidas. Mas, se não for assim, deixe-as de lado.

Contudo, se você tentar, descobrirá que as atividades lúdicas são um método poderoso de conexão alegre e segura com seu filho – e uma chance de diversão conjunta que lhe permite abrir uma janela para os interesses e as preocupações da criança. Não há necessidade de impor correções à criança durante a brincadeira, apenas observe o que ela faz e interprete os vários personagens que ela designar a você. *Isto faz parte da magia da brincadeira: as crianças podem testar conceitos, ideias e emoções fora da vida "real", mas em uma simulação criada por elas mesmas. O poder dessa simulação não deve ser subestimado.*

As atividades lúdicas, mediante a experimentação consciente ou subconsciente de novas soluções para problemas, ou do simples teste de alguma coisa apenas para conhecê-la melhor – como quando uma criança representa um médico que aplica injeções (um tema comum) –, podem ser uma espécie de encenação que ajuda a criança a lidar com alguma questão que ela está enfrentando. É um processo de cura: o gatilho assustador torna-se menos assustador por meio da poderosa encenação.

Não tenha medo de temas negativos

É natural encontrarmos um vasto espectro de temas emocionais negativos e positivos em uma atividade lúdica. Na verdade, esse é um bom sinal; indica que a criança está *lidando ativamente com uma gama de emoções negativas* com as

Criancas do ensino fundamental I

quais não é tão fácil lidar na vida real. Na condição de pai/mãe, é possível que você tenha a tentação de aproveitar essa oportunidade para *ensinar* seu filho, especialmente se surgirem comportamentos negativos como o de agredir. Mas eu encorajo você a resistir a esse impulso. A agressividade de uma criança nesse tipo de brincadeira não a tornará mais agressiva na vida real. Assim, enquanto estiver brincando, tente evitar momentos de lições paralelas ("Sabe, não foi muito legal o gatinho bater no urso!"). Em vez disso, observe *todas* as emoções que os personagens de seu filho demonstram e considere-as um reflexo de um saudável espectro de expressões emocionais.

Em uma situação ideal, a atividade lúdica trará à tona uma variedade de temas – desde emoções positivas de proteção e empatia até temas mais negativos, como rivalidade, ciúme, raiva e tristeza.[10] Todos nós experimentamos essas emoções como parte de nossa condição humana. Na "vida real" – na escola, nas comunidades a que pertencem – as crianças quase sempre são induzidas a sentir vergonha por expressar emoções negativas e são recompensadas pelas emoções positivas. Em uma atividade lúdica, contudo, tratamos igualmente todas as emoções. É uma forma de fazer a criança entender que o fato de ela se sentir brava, com ciúme, triste ou feliz é algo esperado. Certamente, cabe a você, fora do ambiente da brincadeira, criar um modelo para seu filho e incutir valores que sirvam como guias enquanto ele aprende a *agir* em relação a essas emoções. Nós queremos que nossos filhos tratem a si mesmos com equanimidade, entendam que todas as suas emoções são válidas e não pensem que algumas delas são "boas" ou "ruins".

Para demonstrar os benefícios potenciais desse tipo de atividade lúdica, deixe-me compartilhar alguns exemplos de interações que testemunhei.

- Um garotinho portador de uma enfermidade crônica, espontaneamente, brincou de hospital com seus bichinhos de pelúcia, fingindo transportar alguns deles em uma ambulância. Ele delegou diferentes papéis aos animais que entregou ao pai: médico, motorista de ambulância, paciente. A ação de representar cenários que ele já vivenciara e alternar entre "ser" o paciente e o médico garantiu a ele um expediente poderoso para administrar o estresse de sua realidade médica.
- Uma criança cujos pais estavam em processo de separação criou "casas" de brincadeira separadas dentro de minha sala de jogos, com diversos personagens tendo as próprias casas, completas, com travesseiros e móveis de

boneca. Ela estava claramente definindo quartos e cozinhas, em um ensaio para a desagregação iminente da casa compartilhada pela família.

- Uma criança que estava enfrentando uma situação de intimidação na escola encenou dinossauros lutando entre si, com super-heróis que venciam os bandidos. Quando ela assumia o papel de super-herói na brincadeira, conseguia imaginar e sentir o poder de ter força em situações da vida real. Imaginar a sensação de ser forte garantia a ela uma forma de neutralizar a ansiedade que sentia na escola, além de simular e praticar a resolução de problemas.

- Uma criança que sobreviveu a um acidente automobilístico reencenava reiteradamente batidas entre carros, assim como acordava com pesadelos. Ela também vasculhou minha sala de jogos em busca de veículos que se parecessem com aquele em que ela estava quando aconteceu o acidente. A mãe da criança sentiu-se realmente perturbada com a brincadeira, tendo se afastado e pedido que eu assumisse seu lugar, o que foi uma atitude de autocompaixão. Depois de vários meses encenando acidentes de carro, a criança mudou para outros temas. Ela havia processado parte de seu trauma por meio da brincadeira, fazendo com que ele deixasse de ocupar um lugar tão significativo em sua mente. Esse progresso também foi sentido em casa, com a melhora do sono e o fim dos pesadelos.

Os benefícios das atividades lúdicas

Por meio das atividades lúdicas, as crianças agem, encenam e vivenciam muitos papéis diferentes, depois invertem esses papéis, de modo a experimentar todos os lados de uma questão a fim de compreenderem melhor a si mesmas ou aos outros. A brincadeira é um caminho para a expressão criativa e o enfrentamento de problemas. Ela propicia um espaço no qual seu filho consegue expressar um vasto espectro de emoções e onde é normal que os personagens fictícios sintam raiva, tristeza, ciúme, alegria, proteção – toda sorte de experiências humanas. *Nós chamamos as brincadeiras de exercício neural ou cerebral,*[11] *porque proporcionam uma chance para as crianças processarem diferentes sensações, sentimentos e ideias em condições de segurança.*

Enquanto as crianças brincam, elas desenvolvem sua capacidade de, no futuro, falar sobre sentimentos e ideias relacionados a eventos e problemas, tanto estressantes como alegres, da vida real. Precisamos apoiar e fortalecer essa habilidade por meio de atividades lúdicas, porque essa é a linguagem natural da infância.

Uma ressalva importante: se você e seu filho não estiverem se divertindo, ou se você perceber que a brincadeira está esgotando seu orçamento corporal ou o do seu filho, então é possível que ela não seja proveitosa. Tudo bem! Se você se sente perdido, ou se os temas que surgem são perturbadores para seu filho, ou, ainda, se você tem preocupações relevantes em relação aos temas que emergem, seria interessante entrar em contato com um terapeuta infantil que esteja familiarizado com atividades lúdicas voltadas ao desenvolvimento. Não se esqueça que a brincadeira *não* deve aumentar sua carga de estresse, tampouco prejudicar seu relacionamento com seu filho.

A atividade lúdica deve ser divertida tanto para os pais quanto para os filhos. Não faça análises, correções nem preleções. Você certamente pode aprender brincando com seu filho, mas o verdadeiro benefício está na diversão conjunta, em dar atenção total ao seu filho e ter momentos alegres de participação baseados em uma agenda livre. Isso é realmente um presente para seu filho, em especial no mundo cheio de compromissos e academicamente focado em que vivemos.

Brincando com Leo e Mira

Eu aprendo bastante sobre famílias observando a maneira como seus integrantes brincam juntos. Quando assisti à família de Mira e Leo brincando, Leo estava um pouco hesitante no início, permanecendo perto da mãe, enquanto Mira e o pai começavam a explorar a sala. Depois de pouco tempo, Leo também passou a examinar o ambiente, foi experimentar um escorregador infantil e depois começou a esquadrinhar minha grande casa de brinquedo, uma estrutura que já vi diversas crianças usarem como cafeteria, consultório médico, consultório veterinário, escola, creche e mercado, entre outras coisas. *Esta é a vantagem das atividades lúdicas: as crianças transformam os brinquedos e objetos naquilo que precisam que eles sejam.* Assim, uma casinha de brinquedo ou mesmo uma grande caixa de papelão pode inspirar inúmeros cenários.

Mira decidiu que era um McDonald's e recrutou Leo como cozinheiro, um papel que ele aceitou de bom grado, mostrando-se claramente satisfeito pelo fato de a irmã mais velha lhe ter conferido uma tarefa. Ela pediu que seus pais, Alan e Camilla, fossem os clientes, e eles representaram clientes famintos, tendo até mesmo feito pedidos especiais. Percebendo a facilidade com que todos assumiram os respectivos personagens, eu entendi imediatamente o potencial da brincadeira para ajudar a família, propiciando às crianças maneiras de explorar diferentes porções de si mesmas, bem como suas emoções, preocupações e seus conflitos.

A cooperação e a encenação continuaram até que aconteceu a inevitável ruptura. Isso costuma ocorrer no final de uma sessão, quando todos estão se sentindo descontraídos e baixam a guarda. Cansada do cenário de McDonald's, Mira foi até um canto da sala, onde encontrou um balde cheio de sapinhos de brinquedo, e passou a organizá-los em um círculo. Ela mal havia começado quando Leo chegou correndo e agarrou alguns dos sapos. "Ele bagunçou o círculo de sapos! Leo, não!" gritou Mira, chorando e pedindo a ajuda dos pais. Os dois tentaram intervir, mas Leo correu para outra parte do consultório, levando os sapinhos consigo.

Os conflitos entre os irmãos continuaram se repetindo nas sessões seguintes. Mira e Leo brincavam cooperativamente até que ele tomava uma atitude inesperada e a irmã tinha uma crise de raiva e choro, então ela pedia a ajuda dos pais ou tomava furiosamente os brinquedos de volta. Eu aconselhei Alan e Camilla a continuarem dando apoio aos filhos, enquanto eles resolviam seus problemas por conta própria. Também os orientei a retornar ao consultório com um filho de cada vez, para que tivéssemos a possibilidade de focar os problemas individuais das crianças.

Leo: usando a atividade lúdica para melhorar o autocontrole (e lidar com a rivalidade entre irmãos)

Eu esperava me dedicar à zona de desafio de cada criança, ajudando-as a aumentar sua capacidade de negociar e resolver problemas de uma forma melhor do que por meio de enfrentamentos e brigas. Meu objetivo não era eliminar o conflito entre irmãos, mas sim ajudar as duas crianças a incrementar sua tolerância à frustração e sua capacidade de usar com mais efetividade a linguagem como meio de comunicação. Como Mira e Leo estavam em níveis de desenvolvimento muito diferentes, comecei com uma *abordagem de brincadeira "de baixo para cima"* para Leo e uma *abordagem de resolução de problemas "de cima para baixo"* para Mira.

Leo: usando atividades lúdicas para fortalecer a capacidade de brincar e cooperar entre irmãos

Sem a presença de Mira, Leo se mostrou muito mais cooperativo. Isso fazia sentido: os pais brincavam tranquilamente e não representavam o tipo de estresse ou competição que ele associava à irmã. Para permitir um avanço maior em direção à zona de desafio saudável do garoto, treinei seus pais em brincadeiras terapêuticas. Nessa forma mais direta de atividade lúdica, encorajei-os a ampliar seus temas, introduzindo de forma lúdica oportunidades para que ele vivenciasse um espectro mais amplo de emoções e, na sequência, aumentasse sua tolerância.

Como Leo adorava brincar com o balde de sapos, estimulei sua mãe a assumir o papel de irmão ou colega, incorporando mais particularidades à brincadeira de Leo e acrescentando um leve componente estressor. Se o personagem do menino era o sapo bebê, ela assumia o papel de irmã; se ele escolhia ser o papai sapo, ela passava a ser a filha do sapo. Eu a ensinei a desafiar Leo ludicamente, a fim de ajudá-lo a trabalhar o músculo do autocontrole. Na brincadeira, ele tinha condições de inverter os papéis.

Se Leo era um sapinho, então mamãe pegava outro sapo, seu personagem passava a ser um irmão, e ela fazia alguma coisa para provocar o sapo de Leo de uma forma lúdica – por exemplo, roubar a comida fictícia e fugir com ela. Esse recurso fazia com que o garoto, para conseguir administrar a situação, exercitasse seus músculos de autorregulação de uma forma segura e divertida. Se ele precisava de ajuda, a mãe e eu atuávamos como orientadoras, ajudando-o a inverter os papéis.

Nas primeiras duas sessões, toda vez que o sapo conduzido pela mãe tomava alguma coisa de Leo, ele simplesmente pegava de volta ou até atacava o sapo da mãe. Mas na terceira sessão, a mamãe, encarnando o personagem do sapo, gentilmente o incitou a tentar outra resposta. "Você quer me dizer uma coisa, irmãozinho sapo?", perguntou ela, olhando para o sapo. "Sim," respondeu Leo, personificando seu personagem. "Não coma minha comida de sapo!" Perfeito! Ele havia criado uma solução usando *palavras*, em vez de meras ações físicas. Esse é um importante passo para as crianças pequenas. O sapo de Leo assumia a função de advogado de si mesmo e conversava com o sapo que havia violado a regra. Em essência, Leo se transformou simbolicamente na irmã, e conseguiu representar, por meio de brincadeiras de faz de conta, os problemas que aconteciam em casa, exercitando, assim, os músculos do controle e do autocontrole enquanto brincava. As atividades lúdicas permitem que as crianças sintam que detêm o controle e experimentem esse poder em seu corpo. Não causa surpresa o fato de elas adorarem brincar!

Essa abordagem se mostrou muito mais eficaz do que aquela que seus pais adotaram quando ele pegou os brinquedos da irmã: repreendê-lo ou colocá-lo de castigo em um canto para pensar sobre seu comportamento. *A atividade lúdica estava dando a ele a chance de inverter os papéis, experimentar táticas diferentes e defender a si mesmo.* A brincadeira deu-lhe a oportunidade de testar e aumentar sua tolerância à frustração e suas habilidades de resolução de problemas sociais. Brincar era um meio natural e de desenvolvimento para exercitar os músculos do uso da linguagem e de palavras, além de melhorar o controle emocional, porque permitia que ele praticasse de uma forma divertida e não ameaçadora, experimentando em diferentes cenários, com seu corpo em diferentes níveis de tranquilidade ou agitação.

Mira: desenvolvendo a compreensão "de cima para baixo" e a expressão dos sentimentos "de baixo para cima"

Quanto à irmã, a brincadeira de Mira já era consistente. Enquanto brincava comigo e os pais, ela mostrava interações complexas, cheias de nuances e altamente desenvolvidas. Mira conseguia inverter os papéis, tornando-se mãe ou professora, criança ou bebê. Não causou surpresa que seus personagens fossem flexíveis. Ela adorava controlar as situações e fazer o papel de professora ou de mãe, ensinando afetuosamente àqueles que faziam o papel de crianças e demonstrando capacidade de autocontrole quando se sentia segura e não era ameaçada.

Mesmo assim, embora conseguisse brincar com os pais, ela tinha dificuldade para empregar suas habilidades de resolução de problemas com o irmãozinho. Essa constatação me fez entender que Mira estava pronta para aprender e exercitar *o uso da compreensão "de cima para baixo" dos sentimentos emergidos "do corpo para o cérebro"* nos momentos em que as coisas ficavam difíceis, como quando Leo a atacava ou pegava seus pertences. Nosso esforço passou a ser no sentido de ajudá-la a desenvolver a poderosa ferramenta que todos nós temos para enfrentar desafios e resolver conflitos internos: o uso da capacidade de refletir para modificar nossas emoções, atitudes e comportamentos. Queremos que nossos filhos pensem sobre suas atitudes antes de tomá-las e orientem essas decisões com base em princípios coerentes com a forma como os criamos. *Precisamos nutrir seu pensamento "de cima para baixo", ajudando-os a entender os sinais de seu corpo e a reconhecer tudo o que podem aprender com suas emoções e sobre elas.*

Construir uma valiosa e robusta caixa de ferramentas

Quando as crianças têm condições de encontrar diferentes maneiras de resolver um problema, elas conseguem criar um número maior de soluções para os obstáculos que enfrentam na vida. Queremos que nossos filhos disponham de um vasto conjunto de instrumentos em sua caixa de ferramentas, não apenas um ou dois. E a maneira pela qual contribuímos para que eles construam sua caixa de ferramentas é ajudando-os a serem complacentes com seu sistema nervoso.[12]

Como você se sente?

No Capítulo 6, descrevi a consciência interoceptiva, a percepção das sensações dentro do corpo.[13] Aprendemos que "uma emoção é a forma como seu cérebro interpreta o *significado de suas sensações corporais* em relação ao que está acontecendo ao seu redor no mundo".[14] Além disso, os pesquisadores sugerem que a conexão da percepção dessas sensações corporais internas promove uma regulação emocional mais favorável.[15] Se você e seu filho estiverem mais conscientes de suas sensações corporais, terão uma vantagem inicial na sustentação de sua saúde emocional e mental. A pergunta "Como você se sente?"[16] assume de repente um significado novo, com nuances mais relevantes.

Nós podemos respaldar a autorregulação das crianças, ajudando-as a entrar em sintonia com suas sensações corporais e a entendê-las com autocompaixão.[17] E agora contamos com um recurso inteiramente novo para subsidiar a saúde mental e física de nossos filhos, bem como a nossa, que é congregar corpo e cérebro em nossa parentalidade. Esse conceito redefine a maneira como entendemos nossas emoções e ações.[18]

Eu tive a sorte de aprender com mentores que adotavam essa abordagem muito antes de ela se converter em teoria ou se tornar popular na neurociência. Conforme mencionei, minha formação interdisciplinar foi fundamentada no uso de relacionamentos estimulantes para entender como uma criança percebe seu mundo por meio de seus sistemas sensorial e motor. Eu descobri na prática clínica o que os pesquisadores estão descobrindo hoje ao estudar a interocepção e seu papel no discernimento emocional.

Percepção das sensações corporais e correlação entre sensações e palavras que expressam emoções

Desacelerar

Para ajudar as crianças a desenvolverem consciência das sensações corporais, nossa primeira atitude deve ser desacelerar e prestar atenção. Isso acontece mais facilmente com crianças pequenas do que com adultos. Quando você tiver alguns minutos e perceber que está no "verde", sente-se com seu filho e deixe que ele indique o caminho. As crianças têm um jeito de se encantar com coisas que tomamos como corriqueiras. A natureza exige que estejamos presentes e conscientes. Se você mora perto de árvores, folhagens, flores ou grama, dê um passeio com seu filho ou simplesmente se sente e observe o que chama a atenção dele. Se você não tem natureza por perto, saiba que pode encontrar coisas surpreendentes observando o que cresce nas fendas das calçadas ou apenas olhando atentamente para as formações das nuvens.

Uma criança que conheço adora sentar comigo no meio-fio e observar as formigas se movimentando apressadas. Certa manhã, ela começou a apontar para as formigas e nós nos sentamos juntas, imóveis e atentas ali. Esse tipo de presença vigilante estabelece uma base para a consciência interoceptiva. Pare alguns minutos e busque perceber o que seu filho observa sem a sua interferência. Limite-se a estar presente. As crianças sentem admiração diante do mundo natural. Tudo o que precisamos fazer é promover oportunidades de ficarmos juntos naquele momento – e, com isso, de nos tornarmos mais atentos.

Criar modelos de referência

Outra maneira de ajudar seu filho a desenvolver consciência das sensações corporais é *fazer delas um modelo*. Ao falar sobre sua experiência naquele momento, enquanto a vida acontece, você proporciona a seu filho um exemplo bastante poderoso. Transforme a auto-observação em parte integrante das conversas de sua família. Sempre que possível, quando perceber uma sensação, *estabeleça uma vinculação dela com um estado de espírito ou sentimento, ou até mesmo com uma emoção*. Isso ajuda seu filho a perceber a conexão de uma experiência ou sensação física com uma palavra,[19] ligando seu corpo e sua mente. O objetivo não é sobrecarregar nossas crianças com os medos ou as preocupações que sentimos, mas sim mostrar a elas que essas sensações e esses sentimentos são nossos aliados na tarefa de controlar nossas respostas a um mundo em constante mudança. Se você não está acostumado a agir assim, acabei de colocar ao seu alcance um recurso promissor para o cuidado mais eficiente de sua própria saúde emocional, para que *você e seu filho* se beneficiem!

Exemplos

- Você está dirigindo com as crianças no carro. Um carro de bombeiros tocando uma sirene alta se aproxima, mas passa por você. Em primeiro lugar, associe a sensação à sua reação física: "Aquela sirene alta atraiu minha atenção!". Depois, pergunte às crianças: "O que vocês notaram?" ou "Que sensação provocou em vocês?". As crianças podem seguir seu comando e expressar em palavras uma sensação, uma emoção ou ambas. Se não o fizerem, tudo bem também. Em seguida, se a situação assim permitir, você pode vincular a sensação física que sentiu a uma emoção que já **controlou com sucesso**: "Senti um pouco de medo, mas, agora que já passou por nós, estou melhor". Você acabou de estabelecer para eles um modelo do processo "da sensação para o sentimento e para a emoção".[20]
- O ensopado que você está preparando queima, um pouco antes de seus convidados chegarem para o jantar. Você dá nome ao evento que está fazendo com que você tenha consciência de suas sensações: "Ihhh, estou

sentindo cheiro de alguma coisa queimando". Então, se você estiver se sentindo firme e conseguir levar adiante um momento de construção de resiliência que modele a flexibilidade e o pensamento momentâneo, diga ao seu filho: "Vou usar a criatividade e fazer outra coisa. Alguém pode me ajudar a vasculhar a geladeira para ver o que mais nós temos lá?".

- Enquanto você tenta estacionar no supermercado, outro carro passa na sua frente e ocupa a vaga que você estava pacientemente aguardando. Ligando a sensação à emoção, você diz então: "Puxa, eu estava esperando calmamente. Agora meu coração começou a bater depressa (ou outra descrição precisa de como você está se sentindo) e estou começando a ficar com raiva". E então cria um modelo de autorregulação dizendo: "Coisas como essa acontecem. Antes de entrarmos no supermercado, vou respirar um pouco e acalmar meu corpo".

Quando você estabelece um modelo da percepção das sensações em seu corpo e da aceitação de suas próprias emoções positivas e negativas, você não apenas incrementa sua inteligência emocional[21] como também proporciona a seu filho um guia poderoso que lhe dará condições de fazer isso sozinho. As crianças desejam ser como os pais; assim, quando seu filho vê você narrando sua experiência com um sentimento de autoaceitação, ele percebe que você está sendo flexível e, ao mesmo tempo, exibindo resiliência.

Além de estabelecer modelos, você pode começar a fazer perguntas afáveis que ajudem seu filho a vincular as sensações às emoções. Por exemplo, se a criança disser que está nervosa ou com "borboletas na barriga" antes de uma apresentação na escola, você pode lhe dizer que esses sentimentos são um sinal de que o corpo dela está ajudando-a a se preparar para a apresentação. Nós podemos contribuir para que a criança *traduza as sensações*[22] do sistema nervoso em sinais de que o corpo está fazendo seu trabalho para ajudá-la a se preparar para a realização de alguma coisa. Ela tem assim um vantajoso ponto de partida na regulação emocional!

Ao perceber que a plataforma de seu filho está começando a demonstrar sinais de alteração, você pode ajudá-lo a entrar em sintonia com o próprio corpo, fazendo-lhe perguntas como: "Meu anjo, você está sentindo alguma coisa dentro do seu corpo?" "Seu corpo está com alguma sensação vinda da barriga, do coração, da cabeça ou de qualquer outra parte dele?". Para chegar ao âmago das emoções, pergunte à criança se algum lugar no corpo dela está lhe "dizendo" alguma coisa. Se ela for capaz de perceber a sensação, é interessante descobrir sua característica, ou seja, se ela é agradável ou desagradável. A partir daí, é possível descobrir se as sensações da criança podem ser classificadas em palavras que expressam emoções, como *preocupada, ansiosa, assustada* ou *triste*.

Compreensão de cima para baixo e administração de sentimentos de baixo para cima: ajudando as crianças a desvendarem seu sistema nervoso

Quando as crianças podem observar o estado de sua própria plataforma, elas conseguem entender o autocontrole e a autorregulação. Eu reitero que a ação de parar e observar nosso comportamento e o de nossos filhos é para nós, enquanto pais, a chave da corregulação com eles. Nós queremos que eles aprendam a fazer isso sozinhos. *O objetivo é contribuir para que as crianças aprendam a reconhecer, com curiosidade e sem julgamentos, quando saem de um estado regulado e como podem retomar a autorregulação usando ou incrementando sua caixa de ferramentas.* Com muita frequência as crianças se sentem culpadas, porque nossa sociedade costuma desaprovar as emoções negativas e tudo aquilo que é considerado um comportamento disruptivo ou que visa "chamar a atenção". Os professores recompensam as crianças que se comportam de forma positiva e obediente com adesivos de carinha feliz, enquanto não perdem de vista aquelas que agem em desacordo e enviam advertências aos pais sobre elas. *Nossa sociedade repudia as emoções negativas e os movimentos do corpo frequentemente associados a um orçamento corporal deficitário e aos estados resultantes de agitação, esgotamento ou, de resto, mal interpretados.* Inúmeros professores e outras pessoas carecem de uma compreensão integrada da conexão cérebro-corpo, bem como do papel protetor que os comportamentos ditos "negativos" têm na preservação de nossa segurança quando nosso sistema de detecção de segurança é disparado por uma ameaça percebida.

Em vez de *dizer* a uma criança como ela está se sentindo, *pergunte* como ela está se sentindo. Se ela não conseguir responder, vale a pena refletir sobre o que ela *pode* estar sentindo. Limite-se a observar, com empatia e emoções compatíveis com a intensidade da situação, que algo está acontecendo e, então, de forma aberta e sem fazer julgamentos, acolha todo o espectro de sentimentos ou emoções positivos e negativos. Dessa maneira, você contribui para que seu filho experimente a autocompaixão, pois ele reconhece e admite sua variedade de sentimentos e emoções.

Se você perguntar a uma criança como ela está se sentindo, e ela conseguir responder com uma palavra que retrate emoção, excelente. Na medida em que uma criança tem condições de usar uma palavra para descrever de maneira geral um estado emocional, ela pode desenvolver mais essa capacidade de forma a ampliar os detalhes e também seu vocabulário emocional. Por exemplo, em vez de dizer "estou me sentindo mal", ela pode se expressar de forma mais precisa e detalhada, dizendo "estou com medo (ou triste ou com raiva)". (Nós tratamos desse aspecto no Capítulo 5 sob o nome de "granularidade emocional".)[23] Isso abre espaço para inúmeras possibilidades de conversa sobre o que se passa na cabeça da criança, bem como o tipo de inquietação que ela está enfrentando e quais problemas está tentando resolver.

Contudo, existem maneiras de ajudar aquelas crianças que ainda não conseguem expressar um sentimento por meio de uma palavra. Uma opção é incentivá-las por meio de um exemplo neutro e simples de sua própria experiência. Se você acha, por exemplo, que seu filho está com ciúme, diga: "Eu gostaria de entender como é isso para você. Eu me lembro de quando meu irmão pegava meus brinquedos e isso me deixava com ciúme". *Às vezes, ficar junto da criança e normalizar o que ela está sentindo pode ajudá-la a mostrar receptividade e se abrir.* Se o seu filho der mostras de que está precisando de ajuda, em vez de dizer: "Acho que você está zangado demais", fale de maneira mais afetuosa: "Como você se sente? Talvez esteja triste (ou bravo ou frustrado) com (situação)".

Os pais de Mira entenderam que é importante nomear as emoções, mas descobriram que a menina reagia defensivamente quando diziam que ela estava brava ou chateada. Por exemplo, se a mãe dizia: "Ah, sim, seu irmão faz você ficar brava", Mira ficava ainda mais furiosa e respondia "Eu não estou brava!". Embora pareça uma boa ideia ajudar as crianças a nomearem seus sentimentos, o resultado pode facilmente ser contrário ao desejado e deixá-las *mais* agitadas, caso ainda não tenham conectado sensações corporais básicas a palavras impregnadas de emoção, ou se elas relacionarem emoções negativas ao sentimento de vergonha. As sociedades ocidentais, em particular, atribuem a determinadas emoções conotações negativas. É benéfico deixarmos que as crianças tirem as próprias conclusões sobre seu corpo, suas emoções e o que estão sentindo. Vamos examinar como fazer isso.

Encontrar as próprias soluções

Nós queremos que nossos filhos estejam sempre engajados socialmente, em vez de passarem para o modo de luta ou fuga. Para tanto, é importante ajudarmos as crianças a desenvolverem uma linguagem própria de sua plataforma e oferecermos soluções que proporcionem a elas condições de entenderem seu sistema nervoso. Como fazemos isso?

Em primeiro lugar, *não recomendo* o uso do conceito dos caminhos de cores (Capítulo 3) para ensinar às crianças como funciona seu sistema nervoso. Embora esses conceitos sejam úteis para os adultos, um dos motivos pelos quais não os emprego com as crianças é que os educadores costumam usar cores – em diagramas de comportamento, por exemplo – como forma de monitorar as atitudes ou ensinar as crianças a controlar seu comportamento. Em alguns desses sistemas, elas (ou seus professores) movimentam a pontuação nos gráficos até a cor correspondente ao comportamento apresentado (p. ex., verde = bom, amarelo = regular, vermelho = ruim). Infelizmente, esses diagramas de cores tendem a *aumentar* o estresse das crianças, porque representam uma ameaça visual, fazendo com que elas se preocupem com o constrangimento de ter suas cores "desqualificadas" na frente dos colegas. Os códigos de cores dos caminhos autônomos que descrevi no Capítulo 3 não têm qualquer relação com diagramas de comportamento. *Nós queremos que as crianças percebam todo o conjunto de sentimentos e emoções com equanimidade, e não com vergonha, pois todos eles são adaptativos.*

Para personalizar a experiência e ajudar as crianças a reconhecerem todas as maneiras pelas quais nosso corpo se faz perceber quando enfrentamos os desafios da vida, sugiro uma abordagem diferente. Começamos proporcionando condições para que elas consigam compreender de forma saudável seu sistema nervoso, entendendo como ele as protege. Em seguida, nós as ajudamos a organizar soluções baseadas na avaliação que fazem de si mesmas, ou seja, naquilo que funciona para elas. Mas não usamos palavras elaboradas. Deixamos que as crianças escolham suas próprias palavras.

Entenda o roteiro mostrado a seguir como um *guia geral* para uma conversa de apresentação do sistema nervoso para seu filho. Você pode certamente adaptá-lo para o nível de desenvolvimento, de linguagem e de compreensão em que ele está. Tenha à mão papel e lápis de cor ou marcadores, para que seu filho tenha a opção de desenhar ou escrever alguma coisa sobre o que estiver vivenciando, reforçando, desse modo, a perspectiva da aprendizagem. E prepare-se para usar uma linguagem com a qual seu filho tenha familiaridade.

Ajudar as crianças a reconhecerem os sinais de seu corpo[24]

Roteiro: os sentimentos e os humores que emanam de nosso corpo são a maneira pela qual ele nos protege e nos ajuda a permanecer saudáveis e equilibrados. (Introduza então dois exemplos recentes de situações estressantes e calmantes da vida da criança ou de sua própria vida. Por exemplo, "Você lembra que eu falei alto demais quando estávamos atrasados para o seu treino de futebol na semana passada? Não foi culpa sua. Eu estava estressado, e minha voz mostrava isso. Era o meu sinal para desacelerar". Ou talvez "Você lembra quando um dia desses assamos biscoitos e assistimos a um filme juntos? Você me disse que estava se sentindo muito feliz".)

Nosso corpo pode experimentar sentimentos diferentes, e todos eles são úteis e importantes. Vamos considerar três tipos principais de sensações que nosso corpo e nossa mente podem sentir. Algumas vezes nosso corpo parece calmo, e, quando acontece, também nos sentimos felizes, aconchegados e seguros. Nos momentos em que nos sentimos assim, é comum querermos brincar e fazer coisas divertidas com outras pessoas. Você consegue dar um exemplo de uma ocasião em que se sentiu assim? O que você estava fazendo? Você consegue encontrar uma palavra (ou palavras) que descreva seu corpo e sua mente quando você se sente calmo, aconchegado e seguro? (Dê a ele tempo para pensar e depois pergunte qual é a palavra especial em que ele pensou, ou se ele quer escrever a palavra e/ou fazer um desenho que a represente.)

Agora vamos falar sobre outra espécie de sentimentos que nós, humanos, podemos ter. Algumas vezes nos sentimos agitados, furiosos, assustados, zangados ou com vontade de fugir ou nos movimentar – rapidamente. Quando nos sentimos assim, podemos fazer coisas imprevisíveis, como bater ou empurrar, ou dizer algo maldoso, que mais tarde lamentaremos. Podemos dizer ou fazer algo que nos surpreende. Você consegue pensar em uma palavra que descreva seu corpo e sua mente em um momento em que você se sente agitado, com raiva ou com vontade de se afastar de alguma coisa ou de alguém? (Novamente, ofereça à criança a oportunidade de escrever a palavra e/ou fazer um desenho que a represente.)

Nós, humanos, podemos também ter outra forma de sentimento. Algumas vezes nos sentimos tristes, solitários ou apáticos. São os momentos em que nosso corpo não quer se mexer muito e não estamos interessados em fazer coisas com nossos amigos e familiares, nem mesmo coisas divertidas. Às vezes podemos até nos sentir "congelados", como se nosso corpo não tivesse condições de se movimentar muito. Você consegue pensar em algum momento em que se sentiu assim? Você consegue pensar em uma palavra que descreva seu corpo e sua mente quando você se sente apático, deprimido ou sem vontade de brincar ou estar perto de outras pessoas? (Ofereça à criança a oportunidade de escrever a palavra e/ou fazer um desenho que a represente.)

Agora permita que a criança faça associações livres. Você pode gerar condições para os caminhos mistos dizendo algo como: "Às vezes podemos nos sentir com medo, tímidos ou envergonhados e fingir que estamos bem, quando do por dentro estamos realmente enfrentando dificuldades. Você já se sentiu assim? O que eu deixei de fora? Você consegue me falar sobre algum outro sentimento de seu corpo?". Seja paciente e observe o rumo que a conversa toma.

Caminhos para a autorregulação

Uma vez que a criança saiba observar como seu corpo reage ao mundo, ela pode fazer algo inestimável: praticar a resolução de problemas, seja com você ou por conta própria. Quando a criança consegue reconhecer o momento em que sua plataforma está ficando vulnerável, surge um novo nível de autossuficiência.

Existem maneiras pelas quais você pode ajudar seu filho a atingir esse nível. Uma delas é, quando você estiver diante de um desafio ou cometer algum erro, mostrar à criança que você tem compaixão por si mesmo. Uma forma de aprendermos é por intermédio da criação de modelos de representação de autoconsciência e respeito por nossas sensações internas, à medida que solucionamos problemas e enfrentamos as inevitáveis reviravoltas da parentalidade. Podemos mostrar ao nosso filho que conseguimos reconhecer e valorizar toda a variedade de sentimentos que experimentamos como seres humanos – calma, sensação de ter o controle; sentimentos difíceis e necessidade de correr; estado de esgotamento; e tudo aquilo que permeia esse conjunto. Depois, as crianças aprendem que todas essas são condições *humanas* – nem ruins nem boas –, as maneiras esperadas de nosso corpo nos proteger. Conforme vimos no Capítulo 4, podemos corrigir e pedir desculpas quando erramos. Nós temos condições de ensinar nossos filhos a regular as emoções por meio de conversas básicas – por exemplo, perguntando sobre o dia deles e o que fizeram quando sentiram que seu corpo estava sofrendo uma mudança. Nesse processo, nutrimos em nossas crianças a florescente capacidade de autorregulação e resolução de problemas.

Bom senso e resolução de problemas

Depois que os pais de Mira se dedicaram em casa à tarefa de ajudar a menina a articular suas emoções, ela me trouxe alguns desenhos que fizera para expressar seus sentimentos agudos. Ela reconheceu que frequentemente era acossada por sentimentos fortes e sentia a necessidade de se movimentar. Ela adorava, em especial, fugir de Leo quando voltava da escola e ele a perseguia pela casa. Quando pedi para Mira escolher uma palavra que descrevesse os intensos sentimentos de luta ou fuga que a perturbavam algumas vezes e a faziam experimentar a sensação de estar explodindo, ela escolheu *fogos de artifício*. Seus desenhos, repletos de redemoinhos vermelhos e cor de laranja, ilustravam esse sentimento. Já no desenho que representava os momentos em que se sentia triste, solitária e apática, ela usou a palavra *caracol*.

O último desenho que Mira me mostrou era de seu espaço calmo, aconchegante e seguro. Ela deu a ele o nome de "piquenique". A figura mostrava os quatro membros da família sentados na grama, com pratinhos de biscoitos espalhados ao redor. Ela me contou que se sentia mais feliz quando estava com a família em seu parque favorito. Eu percebi o olhar de alívio dos pais diante desse comentário, pois mostrava que sua filha amava o irmão e que ele era uma parte importante e positiva da vida dela (além, certamente, de ser às vezes um aborrecimento).

Depois que uma criança como Mira tiver desenvolvido formas de descrever as diferentes maneiras pelas quais sua plataforma se altera, poderemos usar uma versão mais aprofundada da técnica de irradiar empatia e responder, descrita no Capítulo 8, para ajudá-la a aprimorar suas habilidades de resolução de problemas, incentivando-a a conceber as próprias soluções para os desafios.

Irradie empatia. Envolva-se emocionalmente com a criança, demonstrando por meio de sua atitude que você entende a dificuldade dela, reconhece sua realidade e lhe oferece a oportunidade de responder ponderadamente, em vez de se colocar na defensiva. Às vezes é uma ação tão simples quanto proporcionar um apoio silencioso. Em seguida, **responda**, indicando o problema/obstáculo que você observou, e dando à criança a oportunidade de apresentar diversas soluções possíveis para os problemas que ela está tentando resolver, a fim de incrementar nela a flexibilidade do pensamento e os recursos de sua caixa de ferramentas.

Eis aqui um exemplo de ação adotada pelos pais de Mira para ajudá-la a resolver o problema durante uma sessão:

Pai: "Eu vi que o Leo pegou depressa seu papel e saiu correndo. Ah, meu Deus!". *Então espere e observe o que a criança diz e em que ponto isso a atinge.* Ela sente que você está atento? Ela exibe no rosto uma expressão que lhe diz: "Sim, é isso; você está comigo".

Quando o pai falou isso, Mira imediatamente mostrou receptividade, dizendo: "Sim! Ele só quer pegar minha mochila!".

Em seguida, *incentive a criança a descrever a experiência dela a respeito do que aconteceu,* ampliando a demonstração de empatia com o objetivo de dar a ela a chance de assimilar e permitir que você participe do processo de pensamento dela, bem como de falar livremente sobre como se sente. Você pode formular uma pergunta simples e aberta, do tipo: "Como foi sua experiência?" ou "Que sensação você teve dentro do seu corpo?".

Se a criança usar uma palavra, ou até mesmo um desenho, para descrever seu sentimento ou seu estado de espírito – ou seja, *se ela der nome a uma emoção –,* isso significa que você acertou na mosca. É possível que seu filho use a palavra especial que vocês formularam juntos quando exercitaram a nomeação de sentimentos. Qualquer palavra – *bravo, frustrado, feliz, animado, triste, ansioso, envergonhado, assustado* – nos diz que a criança está usando a comunicação emocional, em vez de simplesmente responder com o próprio corpo, batendo ou se atirando. Não tem problema se a palavra refletir uma emoção rudimentar. Nós devemos ajudar as crianças a abraçarem esses sentimentos por meio das palavras.

Também não tem importância se a criança não empregar uma palavra nem uma descrição. É possível que ela se expresse por meio do rosto, e então você pode tentar responder a isso. Ou talvez, se você considerar apropriado, ofereça algumas sugestões de palavras que expressam emoções: "Será que isso te deixou frustrado? Ou com raiva?". Observe a resposta da criança. *Lembre-se de que, algumas vezes, quando damos nome às emoções de uma criança, pode ser que ela se coloque na defensiva ou fique mais agitada; portanto, tenha cuidado.* Depois, tente ajudá-la a *explicar melhor* o que está sentindo. Ajude-a a incrementar o vocabulário de que dispõe para descrever suas experiências. Por exemplo, se ela estiver dizendo: "Eu me sinto aborrecida", será que está querendo dizer, mais especificamente, sentindo-se doente, com raiva, frustrada, envergonhada, culpada? Quanto mais específicas forem as palavras, melhor será a granularidade emocional da criança e maior a caixa de ferramentas emocionais de que ela dispõe.

Em seguida, *encorajamos a criança a resolver ativamente problemas no futuro, levando-a a refletir sobre uma questão.* Diga alguma coisa como: "Minha curiosidade é saber o que você pode fazer na próxima vez". Seja paciente e, se perceber que seu filho só consegue pensar em uma solução (ou em uma solução que você não considere ideal), procure ajudá-lo a ver as coisas por ângulos diferentes, evitando explicitar as opções, mas fazendo perguntas que o levem a pensar, do tipo: "Você tem alguma outra ideia sobre o que pode ajudar nesta situação?". Então, espere com serenidade e observe o que a criança diz e se ela se mostra aberta para refletir mais profundamente sobre o problema.

As crianças são muito mais propensas a adotar uma solução criada por elas mesmas. É por esse motivo que devemos evitar oferecer nossas *próprias* respostas para um problema, a menos que a criança peça nossa ajuda ou precise de algumas sugestões que sirvam de ponto de partida para ela encontrar as próprias soluções. Portanto, é excelente a solução conjunta de problemas.

Mira: usar a própria mente para resolver problemas

Em uma sessão, incentivamos Mira a pensar sobre o que ela poderia fazer quando Leo pegasse suas coisas. Agora que ela dispunha de maneiras de autorregular suas emoções por meio do poder de sua observação e das ferramentas que desenvolveu, havia necessidade de ter algo a fazer por si mesma a fim de controlar as emoções e os sentimentos quando enfrentasse uma das expe-

Crianças do ensino fundamental I

riências do tipo "fogos de artifício" ou "caracol". Em outras palavras, encontrar as próprias soluções para os problemas. Ross Greene, psicólogo e criador do modelo Soluções Colaborativas e Proativas (CPS, na sigla em inglês), incentiva os pais a se envolverem com seus filhos a fim de identificarem o ponto de vista deles e se tornarem colaboradores no processo de descoberta conjunta da resolução de problemas. *A simples ação de pedir a uma criança para mostrar como resolver um problema, e entender a opinião dela sobre esse problema, pode proporcionar benefícios significativos, como aconteceu no caso de Mira.*

Animada com a pergunta, Mira recitou uma lista de sugestões. "Você quer que eu diga o que devo fazer quando Leo parecer fogos de artifício?", perguntou. Ela agora estava claramente analisando a situação sob a perspectiva de seu irmãozinho, e também da sua. Ideias que a menina apresentou: ela poderia tentar explicar objetivamente ao irmão que a mochila era dela e *não* uma propriedade dele. Ou poderia ir imediatamente ao encontro da mãe ou do pai quando chegasse em casa e entregar a mochila a um deles. Ou, ainda, poderia deixar a mochila no carro, para que a mãe a pegasse mais tarde. *Para deleite dos pais*, Mira estava concebendo toda sorte de soluções criativas. Eis aqui a flexibilidade! Ela incorporou mais recursos à sua caixa de ferramentas e agora conseguia administrar melhor o próprio orçamento corporal e avançava na direção de ter mais flexibilidade e resiliência. Então aconteceu a melhor parte da sessão: Mira anunciou espontaneamente o plano que imaginara para impedir que Leo pegasse os desenhos que ela fizera no começo da sessão. Ela queria aqueles desenhos em sua parede.

Essa era uma mostra de que Mira estava pensando em uma forma de resolver os problemas de seu irmão de maneira assertiva e *proativa*. Os pais elogiaram a criatividade da filha, e, nas semanas e meses seguintes, munida de suas novas ferramentas e tendo os pais como aliados, os conflitos entre irmãos diminuíram consideravelmente. Não significa que todas as escaramuças tenham cessado. Conforme expliquei aos pais dela, o objetivo não era *eliminar* o conflito. Todos os relacionamentos saudáveis – entre irmãos ou não – têm certa dose de conflito e solução. É desse modo que desenvolvemos e tornamos flexíveis os músculos da resolução de problemas sociais e da autoproteção. Parte da solução reside em deixar que as crianças resolvam seus conflitos por conta própria, sem uma interferência nossa precoce.

Outro aspecto da solução era encarar cada criança como um indivíduo e entender por que suas interações eram tão complexas algumas vezes. O que descobrimos foi que Mira e Leo precisavam de alguma prática e de apoio para conseguirem se autorregular e se expressar. Depois que os ajudamos a fortalecer suas habilidades individuais, os dois desenvolveram condições de resolver seus conflitos por conta própria. Vários meses depois, os pais relataram que a rivalidade entre os irmãos atingira um nível tolerável. Na verdade, Mira e Leo haviam começado recentemente a brincar juntos de forma mais cooperativa, e um terceiro irmãozinho estava a caminho!

Dica para o desenvolvimento da resiliência: as *brincadeiras* são um recurso poderoso para fomentar nas crianças as habilidades de aprendizado emocional e a capacidade de resolução de problemas pró-social. Nós podemos também criar *modelos para ensinar* às crianças as diferentes maneiras pelas quais nosso sistema nervoso nos protege, ao nos proporcionar sensações que conseguimos sentir. A vinculação das sensações aos sentimentos básicos e, depois, a palavras que expressam emoções contribui para que as crianças consigam administrar com flexibilidade as situações desafiadoras, contando com uma caixa de ferramentas dotada de um número crescente de habilidades para a resolução de problemas e tornando-se cada vez mais capacitadas a administrar seu próprio orçamento corporal.

10

O florescimento

Minha missão na vida não é apenas sobreviver, mas também florescer; e fazê-lo com certa dose de paixão, compaixão, humor e algum estilo.[1]

– Maya Angelou

Eu me tornei psicóloga antes de ser mãe. Ao estrear na maternidade, eu tinha vasto conhecimento teórico, além de cinco mil horas de experiência clínica. Com isso, minha confiança, que beirava a arrogância, levava-me a crer que eu dispunha de todas as fórmulas de que precisava. Contudo, a maternidade me ensinou que não existem fórmulas perfeitas para o exercício da parentalidade, que é a tarefa mais difícil e significativa que eu já realizei.

Para ser sincera, logo no início eu não me sentia feliz nem confiante no papel de mãe. Certamente, eu experimentava intensas ondas de gratidão por ter minhas filhas, um marido solidário e uma carreira gratificante. Mas eu era uma mãe dominada pela inquietação, e muitas vezes começava o meu dia tentando me convencer de que devia me sentir feliz. Eu estava quase sempre exausta, no limite de minhas forças e fazendo o possível para desfrutar das peripécias da parentalidade à medida que aconteciam, ano após ano. Olhando em retrospectiva, entendo que escolhi aquela vida agitada e fiz o melhor que pude.

Algumas lembranças de como desempenhei minhas funções parentais ainda me trazem um sorriso ao rosto. Uma das mais memoráveis é de um dia quente de primavera, quando minhas três filhas já tinham voltado da escola por causa de reuniões de professores. Eu estava observando as meninas enquanto elas se revezavam em um balanço que meu marido pendurara nos galhos de um sicômoro alto no quintal da casa para a qual havíamos recentemente nos mudado. Liguei uma mangueira para molhar o solo sob a árvore e uma das meninas correu em minha direção, desafiando-me a espirrar água nela. Eu tentei e ela saiu correndo, rindo enquanto eu apontava o esguicho para ela. As outras duas irmãs entraram na brincadeira. Elas corriam sobre a terra, que rapidamente ia se transformando em lama. Logo percebi que aquilo estava saindo do controle e nós todas estávamos ficando enlameadas.

Eu era uma pessoa tipicamente organizada, sem mencionar que tínhamos uma quantidade constante de roupa para lavar. Mas, naquele momento, minha criança interior emergiu lá do fundo. Sentindo um impulso de espontaneidade, gritei: "Banho de lama!". Juntei alguns punhados e joguei na direção de minhas filhas. Elas entraram na brincadeira e passaram a atirar lama em mim. Em pouco tempo, nós quatro estávamos cobertas de lama marrom-escura – era lama nos cabelos, lama cobrindo os rostos, lama entre os dedos. Eu me senti como se tivesse 10 anos novamente, cheia de euforia, compartilhando prazerosamente aquele momento com minhas filhas.

Uma sondagem das memórias

Com essa memorável lembrança em mente, eu me perguntei quais momentos as pessoas acalentam de sua própria infância. No meu trabalho, elas normalmente me falam mais sobre os problemas do que dos momentos felizes. Afinal de contas, ninguém procura um psicólogo para falar sobre aquilo que está indo bem. Mas eu queria saber quais conteúdos da memória da infância continuam significativos para as pessoas anos mais tarde. Então, fiz uma pergunta a centenas de crianças e adultos, de 5 a 88 anos: qual é a sua lembrança favorita da infância?

Atividade: antes de prosseguir com a leitura, reserve um momento para responder a essa pergunta. Qual é a sua lembrança favorita da infância? Escreva a primeira coisa que vier à sua mente. (Se você não tem uma lembrança preferida, ou não se lembra de nada feliz da sua infância, tenha compaixão por si mesmo e acolha *qualquer* lembrança ou pensamento que faça você se sentir bem internamente.) Vamos ver se a sua memória tem alguma coisa em comum com as respostas que obtive na minha pesquisa.

Eis aqui uma amostra das memórias favoritas da infância compartilhadas por muitas centenas de pessoas:

- "Estar sentado no quintal com meus avós, comendo suculentas fatias de melancia. Lembro do suco pingando em cima de mim."
- "Uma semana passada no lago Michigan com minha família, escorregando pelas dunas de areia quente até o lago refrescante."
- "Brincar no bosque com minha irmã, sentar no colo do meu pai e conversar com minha mãe durante horas."
- "Meu pai voltando para casa depois de longas viagens. Ele era piloto e cheirava a gasolina de avião. Esse cheiro ainda me deixa feliz!"
- "Ir à padaria com meu avô e comprar pastéis de creme."
- "Lembranças de me sentir aconchegado e apoiado firmemente por meus pais quando caminhávamos na neve."
- "Quando passávamos o dia todo colhendo amoras na Ilha das Orcas e depois fazíamos juntos geleia e torta de amoras."
- "Certa vez, em um acampamento com minha família, choveu muito durante toda a semana, e então tivemos que ficar dentro do trailer. Meus pais nos ensinaram um montão de jogos de cartas, nós lemos juntos e tostamos *marshmallows* na chama de um fogão a gás."
- "Estar sentado ao lado da minha avó, brincando com a pele flácida do braço dela, literalmente jogando a pele para cima e para baixo! Eu costumava fazer isso quase sempre, aninhando-me ao lado dela enquanto ouvia suas histórias."
- "Visitas de verão na casa de montanha dos meus avós. O cheiro tênue de naftalina nas colchas, o chão macio sob meus pés descalços, o fogo crepitando na lareira à noite, os vaga-lumes no campo e o som dos grilos enquanto eu adormecia."
- "Quando eu tinha 3 ou 4 anos, minha mãe fazia uma pausa (eu ficava na creche da Associação Cristã de Moços), vinha me pegar e nós íamos até a cantina e comíamos um pãozinho de canela."

Os resultados analisados

Fiquei impressionada com o fato de tantas respostas compartilharem temas comuns – e também com minha lembrança do banho de lama. Quase todas as recordações envolviam fragmentos de experiências sensoriais misturados com memórias de atividades reconfortantes, divertidas ou relaxantes. Melancia suculenta, dunas de areias quentes, cheiro do uniforme do pai aviador, toque na pele do braço de uma avó. E daí emergiu um padrão impressionante: *quase todas as memórias estavam envoltas em uma experiência relacional, alguma coisa compartilhada com pessoas queridas, assim como experiências sensoriais baseadas no corpo e experiências que despertavam sentimento de segurança ou alegria.*

Para minha surpresa, as recordações que as pessoas compartilharam reproduziam todos os pontos relevantes que nós abordamos neste livro: a importância das experiências corporais que fundamentam nossas memórias emocionais e os relacionamentos que circunscrevem nossas experiências.

É compreensível a ocorrência de tantas lembranças sobre relacionamentos e atividades significativos, que se revelavam seguros, afirmativos, sensoriais, aconchegantes, originais ou excitantes. Nós sabemos que, quando contamos com o respaldo de conexões sociais, absorvemos as informações com mais efetividade. Nesse modo, nosso corpo está mais receptivo a novas experiências, e, portanto, nossa memória se prende aos momentos em que experimentamos algum grau de *novidade*. Para ninguém a memória favorita da infância é colocar o uniforme e ir para a escola todos os dias.

Além da predominância de uma conexão humana, muitas das lembranças compartilham outra característica: o aconchego. Muita coisa já foi escrita sobre a palavra dinamarquesa que significa aconchego, *hygge*,[2] palavra derivada do vocábulo norueguês que designa bem-estar. De acordo com Meik Wiking, diretor executivo do Happiness Research Institute, o termo *hygge* envolve segurança e relacionamentos. Wiking escreve: "O tempo passado na companhia de outras pessoas gera uma atmosfera cordial, descontraída, amigável, realista, íntima, agradável, confortável e acolhedora. Ela se assemelha, de muitas formas, a um abraço reconfortante, mas sem o contato físico. É nessa situação que você consegue estar completamente sereno e ser você mesmo".[3]

Essas palavras também se aplicam às recordações mais prazerosas da minha infância: sentar sob uma árvore jogando jogos de tabuleiro com minha avó, tomar chá com biscoitos todas as tardes, sentar na minha cama com ela, ouvindo-a contar as histórias de sua infância. Algumas vezes, quando estávamos curtindo juntas um momento especial, o rosto de minha avó exibia uma expressão de satisfação e ela pronunciava uma palavra holandesa: *gezellig*.[4] Eu entendia que a palavra traduzia alguma coisa muito boa, mas, só anos depois vim a saber que significa "aconchegado ou confortável com outras pessoas". Claramente, muitas culturas concordam: aconchegante, *hygge*, *gezellig* são palavras que expressam bem-estar e vinculam o bem-estar ao compartilhamento de momentos de conexão com as pessoas próximas a nós.

Essa é também uma lição popularizada nos últimos anos pelo movimento da psicologia positiva, que começou com a busca de resposta para como gerar felicidade e satisfação com a vida e que também influenciou o movimento da parentalidade positiva.

Lições da psicologia positiva

O campo da psicologia se desenvolveu por meio de quatro grandes ondas,[5] começando com o modelo patológico, cujo foco eram a identificação e a cura de distúrbios da mente (Sigmund Freud fez parte dessa onda inicial). Depois surgiu o behaviorismo, popularizado em meados do século XX pelo psicólogo B. F. Skinner, que acreditava na possibilidade de modificação de todos os comportamentos humanos mediante o uso de recompensas e punições, ou consequências.[6] A terceira onda trouxe a psicologia humanista, associada aos psicólogos Carl Rogers e Abraham Maslow, cuja ênfase residia nos aspectos positivos do potencial humano, da dignidade e da pessoa como um todo. A quarta onda, influenciada pelo humanismo, foi o movimento da psicologia positiva,[7] que originalmente se concentrou no aspecto da felicidade e inspirou uma nova geração de abordagens positivas para a parentalidade.

O psicólogo Martin Seligman, considerado o fundador da psicologia positiva, dedicou-se inicialmente ao estudo da felicidade, que ele acreditava ser a melhor medida da satisfação com a vida. O termo tornou-se popular[8] no final dos anos 1990, depois que ele o elegeu objeto temático de seu mandato como presidente da American Psychological Association. Contudo, Seligman se deparou com um problema em sua pesquisa. Com outros pesquisadores, ele descobriu que, quando você faz perguntas às pessoas sobre a satisfação delas com a vida, as respostas são determinadas pelo modo como elas se sentem *no momento em que respondem à pesquisa*.[9] Quando o indivíduo está de bom humor, ele classifica como alto seu nível de satisfação com a vida. Por outro lado, um sentimento de tristeza naquele momento leva as respostas para o lado do descontentamento. Ficou, assim, evidente que os pesquisadores não estavam aferindo a satisfação com a vida, mas sim o humor momentâneo. Conforme descrevi ao longo do livro, nós podemos agora entender esses sentimentos básicos como reflexo de nossa plataforma e do equilíbrio do nosso orçamento corporal.

Em uma perspectiva cérebro-corpo, esse fenômeno é compreensível: nosso corpo está constantemente nos alimentando com informações, e é com base nelas que entendemos se estamos nos sentindo bem ou mal. Ao perceber o problema, Seligman mudou seu foco, deixando de analisar o nível de felicidade para se concentrar em uma ideia mais abrangente: a sensação de bem-estar.

O significado de florescimento

Em vez de aferir o nível de felicidade ou positividade, Seligman passou a estudar o *florescimento*, uma sensação de bem-estar mais profunda, que inclui emoções positivas, como felicidade, mas também outros elementos. Ele resumiu sua ideia em um modelo denominado PERMA,[10] o acrônimo em inglês cujas letras representam emoção positiva (*Positive emotion*), engajamento (*Engagement*), relacionamentos (*Relationships*), significado (*Meaning*) e realização (*Accomplishment*). O modelo PERMA passou a ser o parâmetro segundo o qual Seligman avaliava o bem-estar. De acordo com ele, todos esses elementos contribuem para o bem-estar, mas nenhum deles o define. *Emoções positivas* – felicidade, admiração, bondade, alegria, empatia – contribuem para o bem-estar. A mesma coisa se diz do *engajamento*,[11] ou seja, deixar-se envolver ou monopolizar completamente por uma atividade visando ao prazer. Na psicologia positiva, esse estado é denominado *fluxo*.[12] As pessoas podem também usar a expressão estar "em estado de completa absorção", para se referir à situação em que alguém está tão envolvido em uma atividade que é capaz de perder a noção do tempo.[13] A próxima categoria, *relacionamentos*, é fundamental para o bem-estar porque eles revigoram nossa saúde e, se forem positivos, melhoram o equilíbrio de nosso orçamento corporal, conforme aprendemos no Capítulo 5. Seligman descobriu que relacionamentos saudáveis nos ajudam a encontrar *significado* e propósito na vida, bem como a experimentar a sensação de *realização* e de que as coisas que fazemos são importantes.[14] Em essência, florescimento traduz uma ideia ampla de bem-estar, que inclui muito mais do que apenas felicidade.

Vamos florescer mais

Na qualidade de pais, este parece ser um propósito adequado: não buscar apenas momentos de felicidade, mas também procurar descobrir como nós e nossos filhos podemos florescer e prosperar. Para a consecução desse objetivo não temos como recorrer a um conjunto predefinido de possibilidades nem à criação de experiências para nossos filhos. Se você já tentou criar um momento mágico, como uma festa de aniversário para seu filho, sabe muito bem do que eu estou falando. Algumas vezes nosso impulso para proporcionar tais experiências gera expectativas muito altas e causa mais tensão e estresse do que alegria. Aprendi isso sozinha quando organizei a primeira festa do pijama no aniversário da minha filha; ela ficou tão sobrecarregada por causa da intensidade de tudo isso que acabou fugindo de seus dez amigos mais próximos e foi em prantos para o meu quarto. Às vezes, nossos melhores esforços simplesmente falham.

Para ajudar nossos filhos a florescer, podemos planejar menos, descontrair mais e reconhecer que não é necessário tanto esforço para o desempenho de nossa função parental. Algumas vezes, o melhor a fazer é concentrarmos a atenção no cuidado com o corpo e a mente de nossos filhos – e também em nós mesmos –, e depois desfrutarmos com determinação os momentos de alegria ou aconchego quando acontecerem espontaneamente, emanados de nosso corpo bem cuidado.

Em minha pesquisa informal sobre as recordações da infância, foram muitos os momentos que refletiram uma sensação de contentamento, alegria, segurança e espontaneidade. Ninguém mencionou eventos caros e de ostentação. Ao contrário, as pessoas descreveram ocasiões em que se sentiram seguras, tranquilas e, muitas vezes, encantadas com uma experiência cotidiana simples, porém profunda.

As memórias continham elementos de florescimento, não apenas emoções portentosas. Elas envolviam estado de fluxo, com uma espécie de característica atemporal. E o fato de as pessoas lembrarem desses momentos com ternura e consideração, em alguns casos muitas décadas depois, revela que eles tiveram um significado especial ou um pouco de novidade.

As memórias que surgiram em minha pesquisa guardavam outras características em comum. Quase todas estavam fundamentadas em *experiências relacionais:* momentos passados com pais, irmãos, primos, avós, amigos. Elas tinham *aspectos sensoriais:* cheirar ou saborear alimentos, ver fogos de artifício, sentir a grama, a neve ou a chuva. E muitas envolviam *padrões previsíveis e seguros:* reuniões em uma propriedade rural da família, férias de verão, feriados, rituais do tipo fazer assados ou acender velas em um candelabro. Essas são características que eu descrevi ao longo do livro, características que ajudam a desenvolver a resiliência.

Minha própria memória parental do banho de lama também envolvia aspectos de florescimento: emoções positivas (alegria, espontaneidade), fluxo (perdi a noção do tempo) e significado. Ela também continha certa dose de realização, pois eu era tão controladora que me entregar a um momento de espontaneidade e bagunça refletia crescimento da minha parte. No auge daquele "momento mãe", minhas filhas e eu florescemos, em meio a boas risadas, com o sol banhando nossos ombros e a lama amassada entre os dedos de nossos pés.

Lições para a jornada

Então, o que podemos aprender ao refletir sobre essas histórias da infância? Em primeiro lugar, a importância de eliminar a pressão sobre a parentalidade. A pressão reduz nosso orçamento corporal; a aceitação faz depósitos. No início do capítulo, quando eu lhe pedi para evocar sua lembrança favorita da infância, se não lhe ocorreu nenhuma, você não está sozinho. Algumas das pessoas que responderam à minha pesquisa disseram que não tinham recordações positivas da infância, e os participantes de outro subgrupo partilharam uma única lembrança positiva que guardavam. Se a mesma coisa acontece também com você, espero que a mensagem e as informações que eu deixei neste livro – o poder de criar novas experiências – lhe proporcionem algum consolo. Em minha carreira, tive oportunidade de testemunhar a reconstrução de muitas vidas depois que as pessoas enfrentaram traumas e tragédias inimagináveis. Desenvolvi um profundo apreço pela capacidade humana para se curar e seguir em frente. Embora eu seja realista a respeito do ônus elevado que a parentalidade acarreta, especialmente depois de uma pandemia global, não perdi a esperança.

Também espero que a leitura deste livro tenha lhe propiciado uma compreensão mais profunda e um sentimento de compaixão por si mesmo como pai/mãe. Espero que você se sinta mais confiante em ser autêntico em sua função parental, fazendo o que precisa ser feito, não o que você *acredita que deveria estar fazendo* ou o que vê outros pais fazerem. As interações que criam própria resiliência em nossos filhos também devem ser revigorantes para nós. Seu bem-estar é importante.

E considere as sugestões a seguir, cujo propósito é aumentar o nível de aconchego ou bem-estar na vida de sua família, ajudando você e seus filhos a florescerem. Esta lista não pretende ser taxativa, mas sim apresentar uma série de sugestões que você pode personalizar para sua família, seus filhos, sua situação específica.

- **Atribua prioridade máxima aos relacionamentos:** perceba o quanto as outras pessoas são importantes em sua vida e na de seus filhos. Nós somos criaturas sociais e, embora possa parecer que o cultivo e fortalecimento dos relacionamentos exigem mais energia do que você tem, o ganho proporcionado pelo contato com aqueles que você ama fornece energia estimulante em longo prazo. É benéfico para você e seus filhos a vivência regular de experiências relacionais seguras, divertidas e previsíveis. Tente envolver em sua vida a família, os avós, tias e tios e amigos íntimos – certamente, só se você os considerar uma influência positiva e saudável. Se o seu relacionamento com seus pais, irmãos ou amigos dedicados for marcado por conflitos ou dificuldades, faça o que estiver ao seu alcance (dentro de limites saudáveis) para tentar curar velhas feridas, porque os relacionamentos e um sentimento de união são os melhores aliados que você e seus filhos podem ter.
- **Empenhe-se para estar em estado de fluxo:** lembre-se de que é o estado de fluxo, e não necessariamente a "felicidade", que funciona como alavanca do florescimento; portanto, algumas vezes, permita-se praticar com seu filho coisas que façam você perder a noção do tempo, mesmo que seja só por alguns minutos. Abaixe a guarda, permita-se quebrar as regras e deixe de lado sua interminável lista de tarefas, em nome da espontaneidade, deixando sempre que seu filho o conduza. Essas ações podem criar lembranças preciosas. Você nunca saberá até experimentar o fluxo de engajamento.
- **Busque momentos de conexão nas experiências cotidianas:** não é necessário criar experiências novas e elaboradas para que seu filho tenha momentos de conexão com você. Experiências cotidianas, como os momentos das refeições e do banho, proporcionam oportunidades naturais de bem-estar. As refeições, envolvendo o planejamento, a preparação e a

limpeza posterior, podem certamente ser uma tarefa árdua. Mas elas são também oportunidades para vivência das experiências sensoriais de olfato, paladar, audição e visão combinadas com sua presença afetuosa e engajada, de modo que seu filho as associe com momentos de prazer. Ao comer, em vez de se concentrar na finalidade da alimentação, desacelere e aproveite a refeição em família. Coloque uma música tranquila (se você se sentir bem assim) ou faça um piquenique não planejado, no chão, com seu filho, em vez de deixar para comer mais tarde, depois que ele estiver alimentado. Saboreie cada mordida à medida que saboreia a essência da criança sentada à sua frente.

Se seu filho tiver idade suficiente, aproveite para aprofundar a experiência, pedindo-lhe que fale sobre algum fato daquele dia que ele se lembre ou sobre alguma coisa que lhe tenha provocado uma sensação de bem-estar ou de inquietação naquele dia, atribuindo igual peso ou importância aos dois cenários. Isso faz a criança entender que você não está interessado apenas em suas emoções positivas, mas também nas negativas, que são igualmente importantes. Se seu filho não quiser falar, não se preocupe. Limite-se a estar presente e receptivo naquele momento. A condição de proximidade na segurança proporcionada pela ausência de julgamento é poderosa por si só e não precisa incluir conversas.

- **Acrescente vez ou outra um pouco de diversão e imprevisibilidade segura:** embora nós, humanos, adoremos saber o que nos espera, nossas recordações são decorrentes em grande parte das novidades. Então, se você estiver disposto, acrescente um pouco de diversão ao dia do seu filho. Por exemplo, coloque o ursinho de pelúcia de seu filho de 3 anos na cozinha, segurando uma maçã, e observe a reação da criança ao encontrá-lo lá pela manhã. Novidade! "Agora, o que seu ursinho aprontou esta noite?" Ou, quem sabe, misture corante alimentar verde na mistura de panquecas do seu filho de 6 anos e observe a expressão do rosto dele quando você servi--las com um sorriso. (Sem dúvida, respeitando as diferenças individuais; se a criança franzir a testa ou não se impressionar com esses pequenos truques, esse é um momento perfeito para você promover uma corregulação com amor e ternura.) Lembre-se de respeitar a percepção de mundo de cada criança e de introduzir novidades que ela perceba como seguras ou divertidas.

O florescimento

- **Incremente o fator aconchego:** como vimos, existe uma valorização universal do bem-estar e da conexão que produzem sensação de aconchego. Você precisará descobrir o que é tranquilo e aconchegante para a condição específica de seu filho e da situação familiar – o que pode se traduzir em aconchegar-se sob cobertores quentes, saborear uma tigela de sopa apetitosa, sentar-se perto de uma lareira crepitante ou deitar-se na calçada ou no telhado para observar os aviões ou as figuras formadas pelas nuvens. Você terá essa sensação quando acontecer, pois esse sentimento é fruto da segurança e da conexão. As oportunidades estão postas, prontas para serem aproveitadas, e não exigem dedicação de horas, mas apenas minutos ou mesmo segundos.

Como pais ocupados e sobrecarregados podem ter êxito nessa empreitada? Observando e estando presente – por mais difícil que seja enquanto cuida de seus filhos. Se a tarefa lhe parecer impossível (como costumava acontecer comigo quando minhas filhas eram pequenas), não se preocupe. A autocompaixão é nossa aliada, nosso cobertor aconchegante para aliviar a dúvida que todos os pais experimentam vez ou outra. *Todos nós fazemos o melhor que podemos com os recursos que temos em todos os momentos e todos os dias. Isso é suficientemente bom.*

Terminamos no ponto em que começamos: com os relacionamentos. Nada é mais reconfortante para uma criança do que a presença tranquila e afetuosa dos pais. São os pais e cuidadores que promovem a sensação de segurança corporal sentida pela criança. Nós personalizamos nossa parentalidade em função do corpo e do cérebro de cada criança, levando em conta a forma como ela vivencia a segurança. Empregamos esse conhecimento para ajudar nossos filhos a atravessarem suas zonas de desafio, oferecendo o suporte e a presença que dão a eles a segurança de que podem adquirir novas potencialidades e, com o tempo, desenvolver a autorregulação e a autossuficiência necessárias para que prosperem dentro das próprias condições.

Nós, pais, estamos em uma jornada heroica. É uma jornada incrivelmente desafiadora e de grande pressão, porque os riscos são muito altos. Contudo, se você conseguir permanecer ancorado na compaixão quando sentir que carece de recursos para enfrentar o desafio, terá condições de proporcionar a você e seus filhos aquele cobertor aconchegante e reconfortante. Eu lhe desejo muitos momentos de afeto e conexão com sua família e uma vida inteira de bem-estar.

Glossário

Caminho azul: termo que eu uso para descrever a via vagal dorsal do ramo parassimpático do sistema nervoso autônomo.

Caminho verde: termo que eu uso para descrever a via vagal ventral do ramo parassimpático do sistema nervoso autônomo. Também é conhecido como sistema de engajamento social na teoria Polivagal.

Caminho vermelho: termo que eu uso para descrever a via simpática, ou de luta ou fuga, do sistema nervoso autônomo.

Consciência interoceptiva: aquela que está relacionada ao momento em que percebemos ou nos tornamos conscientes das sensações internas de nosso corpo.

Granularidade emocional: termo que descreve a capacidade de criar experiências e percepções emocionais mais ou menos específicas (Barrett, 2017).

Interocepção: sensações internas que carregam informações provenientes dos órgãos, tecidos, hormônios e do sistema imunológico do nosso corpo (Barrett, 2017).

Neurocepção: termo cunhado pelo Dr. Stephen Porges para descrever a detecção subconsciente de segurança e ameaça (*ver também* Sistema de segurança ou sistema de detecção de segurança).

Orçamento corporal: um termo cunhado pela Dra. Lisa Feldman Barrett que descreve a maneira como nosso cérebro aloca recursos energéticos dentro do corpo; o termo científico é *alostase*.

Plataforma: forma abreviada de descrição da conexão cérebro-corpo, ou do estado fisiológico do nosso corpo. Nunca somos apenas um "corpo" ou um "cérebro"; somos sempre as duas coisas. A plataforma é influenciada pelo estado do sistema nervoso autônomo.

Sistema de segurança ou sistema de detecção de segurança: termos simplificados que representam a neurocepção.

Sistema nervoso autônomo (SNA): a parte do sistema nervoso que regula os órgãos internos do corpo sem que tenhamos consciência disso. Esse sistema contém duas ramificações: os ramos simpático e parassimpático.

Teoria Polivagal: é uma teoria introduzida em 1994 pelo Dr. Stephen Porges que vincula a evolução do sistema nervoso autônomo dos mamíferos aos comportamentos sociais. A principal premissa da teoria é que nós, humanos, precisamos de segurança, e que nossa biologia tem um papel protetor, destinado a nos manter seguros.

Notas finais

Capítulo 1: Como entender a fisiologia do seu filho - e por que ela é importante

1. "Somos guardiões do sistema nervoso uns dos outros, tanto quanto somos dos nossos": Barrett, "Bloom Where You Are Rooted: What Neuroscience Can Teach Us about Harnessing Passion and Productivity".
2. nos mantém seguros: Porges, "Neuroception: A Subconscious System for Detecting Threats and Safety", 19.
3. capazes de fazer, constantemente, um prognóstico acerca do que está acontecendo: Barrett, *How Emotions Are Made*.
4. Nosso cérebro e nosso corpo estão constantemente conversando entre si: Porges, *The Polyvagal Theory: Neurophysiological Foundations of Emotions, Attachment, Communication, and Self-Regulation*; Craig, *How Do You Feel? An Interoceptive Moment with Your Neurobiological Self*.
5. o exclusivo sistema de comunicação bidirecional entre o corpo e o cérebro: Porges e Dana, *Clinical Applications of the Polyvagal Theory: The Emergence of Polyvagal-Informed Therapies;* Porges, *The Polyvagal Theory: Neurophysiological Foundations of Emotions, Attachment, Communication, and Self-Regulation*.
6. *nosso sistema nervoso, funciona como plataforma neural que influencia os comportamentos humanos*: Porges e Furman, "The Early Development of the Autonomic Nervous System Provides a Neural Platform for Social Behavior: A Polyvagal Perspective", 106.

7. alternância contínua entre os estados receptivo e defensivo: Porges, *The Polyvagal Theory: Neurophysiological Foundations of Emotions, Attachment, Communication, and Self-Regulation*.

8. Quando nos sentimos seguros, estamos em modo receptivo: Porges, *The Polyvagal Theory: Neurophysiological Foundations of Emotions, Attachment, Communication, and Self-Regulation*.

9. estado de seu sistema nervoso autônomo: Porges e Furman, "The Early Development of the Autonomic Nervous System Provides a Neural Platform for Social Behavior: A Polyvagal Perspective".

10. o que é denominado *alostase*: McEwen, "Protective and Damaging Effects of Stress Mediators".

11. *orçamento corporal*: Barrett, *How Emotions Are Made*.

12. recursos como água, sal e glicose, à medida que você os ganha e perde: Barrett, *Seven and a Half Lessons about the Brain*, 6.

13. tornam-se depósitos ou retiradas em nosso *orçamento corporal*: Barrett, *Seven and a Half Lessons about the Brain*; Barrett, *How Emotions Are Made*. Todas as referências futuras ao orçamento corporal são atribuídas ao Dr. Barrett.

14. É a maneira como o corpo da criança está reagindo a mudanças que exige uma adaptação ou resposta: Cleveland Clinic, "Stress".

15. poder de adaptação do ser humano: Porges, "The Polyvagal Theory: New Insights into Adaptive Reactions of the Autonomic Nervous System".

16. *desafio na medida certa*: Schaaf e Miller, "Occupational Therapy Using a Sensory Integrative Approach for Children with Developmental Disabilities"; Ayres, *Sensory Integration and the Child: Understanding Hidden Sensory Challenges*.

17. *zona de desafio*: A ideia geral vem da zona de desenvolvimento proximal. Vygotsky, *Mind in Society: The Development of Higher Psychological Processes*.

18. *tolerância à frustração*: APA Dictionary of Psychology, "Frustration Tolerance".

19. consegue adiar a gratificação: APA Dictionary of Psychology, "Frustration Tolerance".

20. *carga alostática*: McEwen e Norton Lasley, *The End of Stress as We Know It*.

21. *nutrimos a natureza de nossos filhos*: Immordino-Yang et al., "Nurturing Nature: How Brain Development Is Inherently Social and Emotional, and What This Means for Education".

Notas finais

Capítulo 2: A neurocepção e a busca pelo sentimento de segurança e amor

1. "Para conseguir incorporar uma mudança de comportamento duradoura, eles precisam se sentir seguros e amados": Perry e Szalavitz, *The Boy Who Was Raised as a Dog*, 273.
2. estamos constantemente em busca do sentimento de segurança: Porges, "Neuroception: A Subconscious System for Detecting Threats and Safety".
3. *funções executivas*: Diamond, "Executive Functions".
4. mantendo a alostase: McEwen e Norton Lasley, *The End of Stress as We Know It*.
5. Nosso sistema nervoso: Stanfield, *Principles of Human Physiology*; McEwen e Norton Lasley, *The End of Stress as We Know It*.
6. um notável sistema de monitoramento: Porges, "Neuroception: A Subconscious System for Detecting Threats and Safety".
7. detecta situações de segurança ou ameaça: Porges, *The Polyvagal Theory: Neurophysiological Foundations of Emotions, Attachment, Communication, and Self-Regulation*.
8. neurocepção: Porges, "Neuroception: A Subconscious System for Detecting Threats and Safety".
9. automática e subconscientemente: Porges, "Neuroception: A Subconscious System for Detecting Threats and Safety".
10. *interocepção*: Porges, "The Infant's Sixth Sense: Awareness and Regulation of Bodily Processes"; Craig, *How Do You Feel? An Interoceptive Moment with Your Neurobiological Self.*
11. máquina de previsões dotada de extrema rapidez: Barrett, *How Emotions Are Made.*
12. "Seu cérebro está sempre fazendo previsões, e a missão mais importante que ele tem é prever as necessidades de energia do seu corpo, para que você possa se manter vivo e bem-disposto": Barrett, *How Emotions Are Made*, 66.
13. dizer ao corpo que ação tomar com rapidez e efetividade: Porges, *The Polyvagal Theory: Neurophysiological Foundations of Emotions, Attachment, Communication, and Self-Regulation.*
14. sistema de vigilância subconsciente do nosso corpo: Porges, "Neuroception: A Subconscious System for Detecting Threats and Safety".

15. transformar em *percepção* essa sensação subconsciente de desconforto: Dana, *The Polyvagal Theory in Therapy: Engaging the Rhythm of Regulation*.
16. Experiências anteriores influenciam as crianças e as ajudam a prever: Barrett, *How Emotions Are Made*.
17. graças aos instintos de sobrevivência do corpo: Porges, *The Polyvagal Theory: Neurophysiological Foundations of Emotions, Attachment, Communication, and Self-Regulation*.
18. despertar no sistema nervoso a lembrança de algo que o sistema de detecção de segurança inicialmente codificou como ameaçador: Porges, "Neuroception: A Subconscious System for Detecting Threats and Safety"; Barrett, *How Emotions Are Made*.
19. Precisamos de certa dose de estresse para que o cérebro consiga perceber: Perry e Szalavitz, *The Boy Who Was Raised as a Dog*.
20. estresse *previsível, moderado* e *controlado*: Perry e Szalavitz, *The Boy Who Was Raised as a Dog*, 314.
21. quando esse estresse é *imprevisível, intenso* ou *duradouro*: Perry e Szalavitz, *The Boy Who Was Raised as a Dog*, 314.
22. o orçamento corporal pode se tornar deficitário: Barrett, *Seven and a Half Lessons about the Brain*; Barrett, *How Emotions Are Made*.
23. carga alostática: McEwen, "Protective and Damaging Effects of Stress Mediators".
24. pode contribuir para o surgimento de doenças com forte relação ao estresse: McEwen e Norton Lasley, *The End of Stress as We Know It*.
25. a forma mais importante pela qual todos os seres humanos podem manter seu orçamento corporal é a quantidade suficiente de sono: Goldstein e Walker, "The Role of Sleep in Emotional Brain Function".
26. O sono estabelece a base: Walker, *Why We Sleep: Unlocking the Power of Sleep and Dreams*.
27. influenciada por suas experiências passadas e presentes: Barrett, *How Emotions Are Made*.
28. *eliminar ou reduzir* os sinais da ameaça detectada que estão suscitando a reação da criança (se possível e adequado à situação) e (2) *proporcionar* sinais de segurança: Dana, *The Polyvagal Theory in Therapy: Engaging the Rhythm of Regulation*, 42.

Notas finais

29. uma criança com o semblante carrancudo pode estar brava, frustrada ou concentrada – ou estar vivenciando alguma outra emoção ou sensação: Barrett, *How Emotions Are Made*.
30. A neurocepção: Porges, "Neuroception: A Subconscious System for Detecting Threats and Safety".

Capítulo 3: Os três caminhos e a avaliação

1. "Nosso corpo está sempre fazendo o que considera melhor para nós": Porges, "Polyvagal Theory and Regulating Our Bodily State".
2. *o corpo e o cérebro interagem entre si*: Price e Hooven, "Interoceptive Awareness Skills for Emotion Regulation: Theory and Approach of Mindful Awareness in Body-Oriented Therapy (MABT)"; Porges e Dana, *Clinical Applications of the Polyvagal Theory: The Emergence of Polyvagal-Informed Therapies*.
3. leem continuamente o ambiente interno e externo e as interações com outras pessoas: Porges, *The Polyvagal Theory: Neurophysiological Foundations of Emotions, Attachment, Communication, and Self-Regulation*.
4. como você se sente ("manifestação") tem duas características principais: a *sensação de agradável* ou *desagradável* (conhecida como "valência") e o grau de *calma* ou *agitação* (conhecido como "excitação"): Posner, Russell e Peterson, "The Circumplex Model of Affect: An Integrative Approach to Affective Neuroscience, Cognitive Development, and Psychopathology"; Russell e Barrett, "Core Affect, Prototypical Emotional Episodes, and Other Things Called Emotion: Dissecting the Elephant".
5. "sempre uma combinação de valência e excitação": Barrett, *How Emotions Are Made*, 74.
6. *equilíbrio de seu orçamento corporal por meio de nossas interações afetuosas*: Barrett, *How Emotions Are Made*.
7. *sistema nervoso central*: Stanfield, *Principles of Human Physiology*.
8. *sistema nervoso periférico*, que contém o *sistema nervoso somático* – envolvido no movimento de nossos músculos esqueléticos: Stanfield, *Principles of Human Physiology*.
9. homeostase: Stanfield, *Principles of Human Physiology*.

10. o *simpático* e o *parassimpático*, que produzem efeitos diferentes em nossos órgãos: Stanfield, *Principles of Human Physiology.*
11. teoria Polivagal: Porges, *The Polyvagal Theory: Neurophysiological Foundations of Emotions, Attachment, Communication, and Self-Regulation.*
12. *sistema nervoso simpático*: Porges, *The Polyvagal Theory: Neurophysiological Foundations of Emotions, Attachment, Communication, and Self-Regulation.*
13. fazer inferências baseadas no tom de voz, nos movimentos musculares, na atividade cardíaca e pulmonar, nos gestos corporais e comportamentos: Porges, *The Polyvagal Theory: Neurophysiological Foundations of Emotions, Attachment, Communication, and Self-Regulation*; Lillas e Turnbull, *Infant/Child Mental Health, Early Intervention, and Relationship-Based Therapies: A Neurorelational Framework for Interdisciplinary Practice.*
14. comportamentos que se relacionam e fornecem pistas sobre o estado da fisiologia de uma criança: Lillas e Turnbull, *Infant/Child Mental Health, Early Intervention, and Relationship-Based Therapies: A Neurorelational Framework for Interdisciplinary Practice.* Esses grupos de comportamentos foram descritos primeiramente como estados de consciência pelos primeiros desbravadores da pesquisa infantil, incluindo Kathryn Barnard, T. Berry Brazelton, Georgia DeGangi e Porges. Eles são diretamente influenciados pelo sistema nervoso autônomo e refletem respostas a estímulos sensoriais internos e externos. Os marcadores desses grupos de comportamentos foram refinados posteriormente por Lillas. Ver Lillas, "Handouts".
15. *sensores vestíveis*: Taj-Eldin et al., "A Review of Wearable Solutions for Physiological and Emotional Monitoring for Use by People with Autism Spectrum Disorder and Their Caregivers".
16. o primeiro dispositivo clinicamente validado e aprovado pelo FDA, que fornece indicativos valiosos para indivíduos que sofrem de epilepsia, e seus cuidadores: "Embrace2".
17. O caminho verde: As cores e descrições dos caminhos autônomos foram adaptadas de Lillas e Turnbull, *Infant/Child Mental Health, Early Intervention, and Relationship-Based Therapies: A Neurorelational Framework for Interdisciplinary Practice.*
18. a pessoa se sente segura e sociável, conectada com os outros e com o mundo ao seu redor: Dana, *The Polyvagal Theory in Therapy: Engaging the Rhythm of Regulation.*

Notas finais

19. enviamos às outras pessoas sinais de conexão e comunicação: Dana, *The Polyvagal Theory in Therapy: Engaging the Rhythm of Regulation*.

20. Em nosso *corpo*, podemos observar: Lillas e Turnbull, *Infant/Child Mental Health, Early Intervention, and Relationship-Based Therapies: A Neurorelational Framework for Interdisciplinary Practice*.

21. "brilho no olhar": Greenspan, "The Greenspan Floortime Approach: Interaction".

22. entrar e sair de cada um dos caminhos: Dana, *The Polyvagal Theory in Therapy: Engaging the Rhythm of Regulation*.

23. mais custoso para o orçamento corporal: Barrett, *How Emotions Are Made*.

24. reação *biocomportamental*: Dana, *The Polyvagal Theory in Therapy: Engaging the Rhythm of Regulation*.

25. necessidade de se movimentar: Dana, *The Polyvagal Theory in Therapy: Engaging the Rhythm of Regulation*.

26. Quando nosso sistema nervoso detecta uma ameaça: Porges, *The Pocket Guide to the Polyvagal Theory: The Transformative Power of Feeling Safe*.

27. Em nosso *corpo*, podemos observar: Lillas e Turnbull, *Infant/Child Mental Health, Early Intervention, and Relationship-Based Therapies: A Neurorelational Framework for Interdisciplinary Practice*.

28. *O corpo guarda as marcas*: Van der Kolk, *The Body Keeps the Score: Brain, Mind, and Body in the Healing of Trauma*.

29. O caminho vermelho é o caminho da "mobilização": Porges, *The Polyvagal Theory: Neurophysiological Foundations of Emotions, Attachment, Communication, and Self-Regulation*.

30. Daí a expressão "lutar ou fugir": Porges, *The Polyvagal Theory: Neurophysiological Foundations of Emotions, Attachment, Communication, and Self-Regulation*.

31. ajudando as crianças a se protegerem por meio de comportamentos *instintivos* e não *deliberados* ou rudes: Porges, "Neuroception: A Subconscious System for Detecting Threats and Safety".

32. distinguir os sons da voz humana: Porges, "Stephen Porges (Polyvagal Perspective and Sound Sensitivity Research)".

33. os músculos do ouvido médio da criança deixam de distinguir as nuances das vozes humanas: Porges, "Stephen Porges (Polyvagal Perspective and Sound Sensitivity Research)".

34. Quando uma criança está no caminho vermelho, ela pode registrar uma expressão facial neutra como zangada: Porges, "Neuroception: A Subconscious System for Detecting Threats and Safety"; Porges e Furman, "The Early Development of the Autonomic Nervous System Provides a Neural Platform for Social Behavior: A Polyvagal Perspective".

35. uma pessoa se desconecta do mundo a fim de conservar energia: Dana, *The Polyvagal Theory in Therapy: Engaging the Rhythm of Regulation*.

36. Em nosso *corpo*, podemos observar: Lillas e Turnbull, *Infant/Child Mental Health, Early Intervention, and Relationship-Based Therapies: A Neurorelational Framework for Interdisciplinary Practice*.

37. o sistema nervoso de uma pessoa está detectando níveis muito elevados de ameaça e procura conservar sua energia como forma de proteção: Dana, *The Polyvagal Theory in Therapy: Engaging the Rhythm of Regulation*.

38. três estados do sistema nervoso autônomo: Porges, "The Polyvagal Theory: New Insights into Adaptive Reactions of the Autonomic Nervous System".

39. os diversos caminhos se misturam ou se sobrepõem: Berntson e Cacioppo, "Heart Rate Variability: Stress and Psychiatric Conditions"; Christensen et al., "Diverse Autonomic Nervous System Stress Response Patterns in Childhood Sensory Modulation".

40. a meditação seria um exemplo de quietude sem medo: Dana, *The Polyvagal Theory in Therapy: Engaging the Rhythm of Regulation*.

41. Provavelmente, também uma situação de diversão envolve um estado combinado: Porges, "Reciprocal Influences between Body and Brain in the Perception and Expression of Affect: A Polyvagal Perspective"; Dana, *The Polyvagal Theory in Therapy: Engaging the Rhythm of Regulation*.

42. a principal função do cérebro é manter o orçamento corporal: Barrett, *How Emotions Are Made*.

43. qualquer uma das alternativas seria metabolicamente custosa: Barrett, *How Emotions Are Made*.

44. *com que frequência*, *com que intensidade* e *por quanto tempo*: McEwen e Norton Lasley, *The End of Stress as We Know It*; Perry and Szalavitz, *The Boy Who Was Raised as a Dog*.

45. registro semanal: adaptado de Lillas e Turnbull, *Infant/Child Mental Health, Early Intervention, and Relationship-Based Therapies: A Neurorelational Framework for Interdisciplinary Practice*.

Notas finais

46. Qual era o nível de angústia, de 1 a 5?: adaptado de Joseph Wolpe, que desenvolveu a Escala de Unidades Subjetivas de Angústia (SUDS, na sigla em inglês). Ver Wolpe, *The Practice of Behavior Therapy*; e Lillas, "NRF Foundations Manual" (forthcoming).

47. cerca de 30% do tempo: essa diretriz é fundamentada no consenso clínico em conversa privada com a Dra. Connie Lillas, tendo como base nossos anos conjuntos de experiência clínica. Nós apoiamos a necessidade de pesquisa nessa área para confirmação ou discordância dessa sugestão.

48. a criança sente segurança ou ameaça primeiramente em um nível *não verbal*: Porges, "Neuroception: A Subconscious System for Detecting Threats and Safety".

Capítulo 4: Nutrir a capacidade das crianças de se autorregular

1. "Ter conexão e corregulação com os outros é nosso imperativo biológico": Porges, *The Pocket Guide to the Polyvagal Theory: The Transformative Power of Feeling Safe*, 51.

2. elas contam com uma base sólida sobre a qual desenvolver sua resiliência: Porges e Furman, "The Early Development of the Autonomic Nervous System Provides a Neural Platform for Social Behavior: A Polyvagal Perspective".

3. uma parentalidade sensível e sintonizada ajuda a formar uma estrutura cerebral: Harvard University, Center on the Developing Child, "Resilience".

4. controle deliberado (regulação) dos próprios pensamentos, emoções e comportamento: McClelland et al., "Self-Regulation: The Integration of Cognition and Emotion".

5. administrar nosso modo de agir e sentir: Mahler, *Interoception: The Eighth Sensory System*.

6. se saem melhor acadêmica e socialmente: Duckworth e Carlson, "Self--Regulation and School Success"; Montroy et al., "The Development of Self-Regulation across Early Childhood"; Artuch-Garde et al., "Relationship between Resilience and Self-Regulation: A Study of Spanish Youth at Risk of Social Exclusion".

7. lacuna de expectativas: Zero to Three, "Parent Survey Reveals Expectation Gap for Parents of Young Children".

8. continua no início da idade adulta: Harvard University, Center on the Developing Child, "The Science of Adult Capabilities".

9. nutre a progressiva capacidade de autorregulação das crianças: Tronick, *The Neurobehavioral and Social-Emotional Development of Infants and Children*; Tronick e Beeghly, "Infants' Meaning-Making and the Development of Mental Health Problems"; Feldman, "The Adaptive Human Parental Brain: Implications for Children's Social Development"; Feldman, "Infant–Mother and Infant–Father Synchrony: The Coregulation of Positive Arousal"; Fogel, *Developing through Relationships: Origins of Communication, Self, and Culture*.

10. *ajudamos a regular o orçamento corporal de nossos filhos*: Barrett, *How Emotions Are Made*.

11. quando percebemos suas necessidades físicas: Zero to Three, "It Takes Two: The Role of Co-Regulation in Building Self-Regulation Skills".

12. interações *responsivas*: Zero to Three, "It Takes Two: The Role of Co-Regulation in Building Self-Regulation Skills".

13. "um estado compartilhado de tranquilidade se manifesta quando remodelamos o comportamento de outra pessoa e identificamos e reduzimos seu estresse": Shanker, *Reframed: Self-Reg for a Just Society*, 274.

14. podem ser mais vulneráveis fisiologicamente: Bush et al., "Effects of Pre- and Postnatal Maternal Stress on Infant Temperament and Autonomic Nervous System Reactivity and Regulation in a Diverse, Low-Income Population"; Gray et al., "Thinking across Generations: Unique Contributions of Maternal Early Life and Prenatal Stress to Infant Physiology".

15. nosso cérebro detecta: Porges, *The Polyvagal Theory: Neurophysiological Foundations of Emotions, Attachment, Communication, and Self-Regulation*.

16. pedra fundamental: Fogel, *Developing through Relationships: Origins of Communication, Self, and Culture*; Tronick, *The Neurobehavioral and Social--Emotional Development of Infants and Children*; Zero to Three, "It Takes Two: The Role of Co-Regulation in Building Self-Regulation Skills".

17. *regulação mútua*: Tronick, *The Neurobehavioral and Social-Emotional Development of Infants and Children*.

Notas finais

18. Apenas cerca de 30 por cento das interações mãe-bebê são bem acertadas ou coordenadas logo na primeira vez: Tronick, "Emotions and Emotional Communication in Infants".

19. "a confusão é uma qualidade inerente às interações bebê-cuidador, e, portanto, a tarefa de criar significados compartilhados é igualmente intimidadora para bebês, crianças e adultos": Tronick e Beeghly, "Infants' Meaning-Making and the Development of Mental Health Problems", 7.

20. *processo de reparação*: Tronick, *The Neurobehavioral and Social-Emotional Development of Infants and Children*.

21. desenvolvem resistência e determinação: Duckworth, *Grit: The Power of Passion and Perseverance*.

22. *apenas* as divergências e rupturas, e não as reparações: Perry e Szalavitz, *The Boy Who Was Raised as a Dog*.

23. o estresse se torna tóxico ou traumático quando a criança não conta com a presença de adultos capazes de oferecer apoio: Perry e Szalavitz, *The Boy Who Was Raised as a Dog*.

24. *sem níveis toleráveis de estresse*: Perry e Szalavitz, *The Boy Who Was Raised as a Dog*.

25. "quando moderado, previsível e padronizado, é o estresse que torna um sistema mais forte e mais capaz funcionalmente": Perry e Szalavitz, *The Boy Who Was Raised as a Dog*, 40.

26. *frequência, intensidade e duração*: Perry e Szalavitz, *The Boy Who Was Raised as a Dog*.

27. pesquisadores italianos: Di Pellegrino et al., "Understanding Motor Events: A Neurophysiological Study"; Iacoboni, *Mirroring People: The Science of Empathy and How We Connect with Others*.

28. o rosto de uma mãe "espelha" naturalmente os sentimentos e as necessidades de seu bebê: Winnicott, "Mirror-Role of Mother and Family in Child Development".

29. sofre mudanças no *próprio* sistema nervoso: Ebisch et al., "Mother and Child in Synchrony: Thermal Facial Imprints of Autonomic Contagion".

30. interações de "saques e devoluções": Harvard University, Center on the Developing Child, "Serve and Return".

31. com base nas ações esperadas do outro jogador: Fogel, *Developing through Relationships: Origins of Communication, Self, and Culture*.

32. "A energia da reciprocidade está na comunicação de cuidados de um lado ao outro": Dana, *The Polyvagal Theory in Therapy: Engaging the Rhythm of Regulation*, 125.
33. Ele usa palavras ou gestos: Greenspan e Breslau Lewis, *Building Healthy Minds: The Six Experiences That Create Intelligence and Emotional Growth in Babies and Young Children.*
34. Um olhar terno: Kendo Notes Blog, "'Soft Eyes,' a Way of Seeing and Being–Quotes and Resources".
35. "As crianças se saem bem se assim conseguirem": Greene, *The Explosive Child.*

Capítulo 5: Cuide-se

1. "Nutrir seu próprio desenvolvimento não é egoísmo. Na verdade, é uma notável dádiva para outras pessoas": Hanson, *Buddha's Brain: The Practical Neuroscience of Happiness, Love, and Wisdom.*
2. viés de negatividade: Rozin e Royzman, "Negativity Bias, Negativity Dominance, and Contagion".
3. as más experiências grudam em nós como Velcro®: Hanson, *Hardwiring Happiness: The New Brain Science of Contentment, Calm, and Confidence.*
4. as experiências negativas são simplesmente mais "pegajosas": Hanson, *Hardwiring Happiness: The New Brain Science of Contentment, Calm, and Confidence.*
5. retardar o envelhecimento celular: Epel et al., "Can Meditation Slow Rate of Cellular Aging? Cognitive Stress, Mindfulness, and Telomeres".
6. *From Neurons to Neighborhoods: The Science of Early Childhood Development* (Dos neurônios à proximidade: a ciência do desenvolvimento na primeira infância), trabalho que traduziu a ciência em prática: Shonkoff e Phillips, eds., *From Neurons to Neighborhoods: The Science of Early Childhood Development.*
7. *Vibrant and Healthy Kids* (Crianças vibrantes e saudáveis): National Academies of Sciences, Engineering, and Medicine, *Vibrant and Healthy Kids: Aligning Science, Practice, and Policy to Advance Health Equity.*

Notas finais

8. "Garantir o bem-estar dos cuidadores, por meio de apoio e cuidado, é fundamental para o desenvolvimento saudável das crianças": National Academies of Sciences, Engineering, and Medicine, *Vibrant and Healthy Kids: Aligning Science, Practice, and Policy to Advance Health Equity*, 27.
9. "os inegáveis efeitos do racismo em nossa sociedade": Associated Press, "Fauci Says Pandemic Exposed 'Undeniable Effects of Racism'".
10. e se hidratar: Mayo Clinic, "Nutrition and Healthy Eating".
11. "O sono é uma necessidade biológica inegociável. É o sistema de suporte de sua vida": Walker, "Sleep Is Your Superpower".
12. O sono garante suporte a todos os sistemas do nosso corpo: Walker, *Why We Sleep: Unlocking the Power of Sleep and Dreams*.
13. Não vivemos mais em grandes grupos familiares como era a norma em épocas anteriores: Perry e Szalavitz, *The Boy Who Was Raised as a Dog*.
14. *é importante não permitirmos que a privação do sono se torne crônica*: Walker, *Why We Sleep: Unlocking the Power of Sleep and Dreams*.
15. nós sobrevivemos e prosperamos por meio da conexão humana: Luthar e Ciciolla, "Who Mothers Mommy? Factors That Contribute to Mothers' Well-Being"; Perry e Szalavitz, *The Boy Who Was Raised as a Dog*.
16. na qualidade de pais, nós nos sintamos assistidos: National Academies of Sciences, Engineering, and Medicine, *Vibrant and Healthy Kids: Aligning Science, Practice, and Policy to Advance Health Equity*; Luthar e Ciciolla, "Who Mothers Mommy? Factors That Contribute to Mothers' Well-Being".
17. *"Quem cuida da mamãe??"*: Luthar e Ciciolla, "Who Mothers Mommy? Factors That Contribute to Mothers' Well-Being".
18. a solidão e o isolamento social: Cacioppo e Cacioppo, "The Growing Problem of Loneliness".
19. Um estudo abrangente conduzido pela Cigna: Cigna, "Cigna U.S. Loneliness Index".
20. momentos de conexão com outro adulto atencioso: Cacioppo e Cacioppo, "The Growing Problem of Loneliness".
21. o impacto positivo da atenção plena: Baer, Lykins e Peters, "Mindfulness and Self-Compassion as Predictors of Psychological Wellbeing in Long--Term Meditators and Matched Nonmeditators"; Siegel, *The Mindful Brain: Reflection and Attunement in the Cultivation of Well-Being*; Pascoe et al., "Mindfulness Mediates the Physiological Markers of Stress: Systematic Review and Meta-Analysis".

22. prestando atenção ao momento presente: Kabat-Zinn, *Full Catastrophe Living: Using the Wisdom of Your Body and Mind to Face Stress, Pain, and Illness.*

23. nove em cada dez pais se sentem julgados: Zero to Three, "Judgment".

24. a autocompaixão beneficia nossa saúde física e mental, assim como o bem-estar geral: Biber e Ellis, "The Effect of Self-Compassion on the Self-Regulation of Health Behaviors: A Systematic Review"; Zessin, Dickhäuser e Garbade, "The Relationship between Self-Compassion and Well-Being: A Meta-Analysis".

25. autocompaixão consciente: Neff e Germer, *The Mindful Self-Compassion Workbook: A Proven Way to Accept Yourself, Build Inner Strength, and Thrive*; Neff, *Self-Compassion: The Proven Power of Being Kind to Yourself.*

26. o estudo-piloto revelou: Neff e Germer, "A Pilot Study and Randomized Controlled Trial of the Mindful Self-Compassion Program".

27. admitindo que as dificuldades são experiências humanas compartilhadas e que não estamos sozinhos: Neff e Germer, *The Mindful Self-Compassion Workbook: A Proven Way to Accept Yourself, Build Inner Strength, and Thrive*, 35.

28. a pausa da autocompaixão: Neff e Germer, *The Mindful Self-Compassion Workbook: A Proven Way to Accept Yourself, Build Inner Strength, and Thrive*, 35.

29. as pesquisas mostram que ela pode melhorar sua saúde física e mental: Neff e Germer, *The Mindful Self-Compassion Workbook: A Proven Way to Accept Yourself, Build Inner Strength, and Thrive*, 35.

30. "a respiração é um caminho direto para o sistema nervoso autônomo": Dana, *The Polyvagal Theory in Therapy: Engaging the Rhythm of Regulation*, 134.

31. reduzem a ansiedade, o estresse e a depressão: Streeter et al., "Treatment of Major Depressive Disorder with Iyengar Yoga and Coherent Breathing: A Randomized Controlled Dosing Study"; Twal, Wahlquist e Balasubramanian, "Yogic Breathing When Compared to Attention Control Reduces the Levels of Pro-Inflammatory Biomarkers in Saliva: A Pilot Randomized Controlled Trial"; Ma Xiao et al., "The Effect of Diaphragmatic Breathing on Attention, Negative Affect, and Stress in Healthy Adults".

32. reduzindo a ansiedade: Jerath et al., "Self-Regulation of Breathing as a Primary Treatment for Anxiety"; Brown e Gerbarg, *The Healing Power of the Breath: Simple Techniques to Reduce Stress and Anxiety, Enhance Concentration, and Balance Your Emotions.*

Notas finais

33. a respiração lenta e suave é calmante e ajuda a reduzir a ansiedade, a insônia, a depressão, o estresse e os efeitos do trauma: Gerberg e Brown, "Neurobiology and Neurophysiology of Breath Practices in Psychiatric Care".
34. Para conseguir uma sensação maior de calma: Gerberg e Brown, "Neurobiology and Neurophysiology of Breath Practices in Psychiatric Care"; Dana, *The Polyvagal Theory in Therapy: Engaging the Rhythm of Regulation*.
35. *granularidade emocional*: Barrett, *How Emotions Are Made*.
36. Experiências adversas do passado, como ser maltratado ou viver circunstâncias difíceis: Perry e Szalavitz, *The Boy Who Was Raised as a Dog*.
37. *como interpretamos nossa vida*: Siegel e Hartzell, *Parenting from the Inside Out: How a Deeper Self-Understanding Can Help You Raise Children Who Thrive*.
38. o viés de negatividade: Rozin e Royzman, *"Negativity Bias, Negativity Dominance, and Contagion"*; Hanson, *Hardwiring Happiness: The New Brain Science of Contentment, Calm, and Confidence*.

Capítulo 6: Decifrar as sensações

1. "Nunca mais haverá outro você": Eger, "There Will Never Be Another YOU!"
2. *sistema nervoso central*: Stanfield, *Principles of Human Physiology*.
3. *sistema nervoso periférico*: Stanfield, *Principles of Human Physiology*.
4. conversa constante e bidirecional: Craig, *How Do You Feel? An Interoceptive Moment with Your Neurobiological Self*.
5. O corpo envia informações para o cérebro: Stanfield, *Principles of Human Physiology*. As vias que vão do corpo para o cérebro, conhecidas como vias neuronais *aferentes*, fornecem para o cérebro informações sensoriais, como o som ou o toque. O cérebro integra então essas informações e as processa, conferindo sentido a elas, e envia uma resposta por meio das vias neuronais *eferentes* do nervo vago de volta para o resto do corpo.
6. nosso cérebro processa essas informações e transmite sinais de volta para o corpo, o que resulta em nossas ações: Stanfield, *Principles of Human Physiology*.

Ler o corpo para entender a mente

7. cerca de 80% das fibras transportam sinais *para* o cérebro e apenas 20% transportam sinais de volta *do* cérebro para o corpo: Breit et al., "Vagus Nerve as Modulator of the Brain-Gut Axis in Psychiatric and Inflammatory Disorders"; Howland, "Vagus Nerve Stimulation"; Porges, "The Infant's Sixth Sense: Awareness and Regulation of Bodily Processes".

8. responder de maneira adaptativa às demandas: Ayres, *Sensory Integration and the Child: Understanding Hidden Sensory Challenges*.

9. "Você pode entender as sensações como um 'alimento para o cérebro'; elas proporcionam o conhecimento necessário para o controle do corpo e da mente": Ayres, *Sensory Integration and the Child: Understanding Hidden Sensory Challenges*, 6.

10. "As experiências sensoriais são a força propulsora de nosso comportamento e contribuem para a organização de nossos pensamentos e nossas emoções": Porges, "The Infant's Sixth Sense: Awareness and Regulation of Bodily Processes", 12.

11. determinam nossas reações a experiências semelhantes no futuro: Barrett, *How Emotions Are Made*.

12. "experiências passadas para criar uma hipótese – a simulação – e [compará-la] com a cacofonia proveniente de nossas sensações": Barrett, *How Emotions Are Made*, 27.

13. Algumas crianças são *excessivamente reativas* e experimentam uma sensação com intensidade muito maior do que a maioria delas, enquanto outras são *pouco reativas*: Miller, *Sensational Kids: Hope and Help for Children with Sensory Processing Disorder*.

14. Algumas têm *forte desejo sensorial*: Miller, *Sensational Kids: Hope and Help for Children with Sensory Processing Disorder*.

15. experiência *multissensorial*: Miller, *Sensational Kids: Hope and Help for Children with Sensory Processing Disorder*.

16. nosso cérebro está constantemente assimilando fragmentos de informações, comparando-os com experiências passadas, conectando-os e *integrando-os – tudo* ao mesmo tempo: Ayres, *Sensory Integration and the Child: Understanding Hidden Sensory Challenges*; Barrett, *How Emotions Are Made*.

17. *integração sensorial*: Ayres, *Sensory Integration and the Child: Understanding Hidden Sensory Challenges*.

18. vinculava as emoções e o comportamento das crianças às complexas experiências sensoriais vividas por elas: Greenspan e Wieder, *Infant and*

Early Childhood Mental Health: A Comprehensive Developmental Approach to Assessment and Intervention.

19. nos ajuda a compreender como o universo que temos *dentro* de nosso corpo provoca nossos sentimentos mais básicos, com impacto sobre nossas emoções e nosso comportamento: Craig, *How Do You Feel? An Interoceptive Moment with Your Neurobiological Self,* 12; Harshaw, "Interoceptive Dysfunction: Toward an Integrated Framework for Understanding Somatic and Affective Disturbance in Depression"; Price e Hooven, "Interoceptive Awareness Skills for Emotion Regulation: Theory and Approach of Mindful Awareness in Body-Oriented Therapy (MABT)"; Mehling et al., "The Multidimensional Assessment of Interoceptive Awareness".

20. Sensores internos enviam ao cérebro informações: Craig, *How Do You Feel? An Interoceptive Moment with Your Neurobiological Self.*

21. sensações que fornecem informações: Craig, *How Do You Feel? An Interoceptive Moment with Your Neurobiological Self.*

22. *consciência interoceptiva*: Craig, *How Do You Feel? An Interoceptive Moment with Your Neurobiological Self.*

23. A interocepção: Craig, *How Do You Feel? An Interoceptive Moment with Your Neurobiological Self*; Craig, "How Do You Feel? Interoception: The Sense of the Physiological Condition of the Body"; Barrett, *How Emotions Are Made.*

24. consciência interoceptiva das emoções e da regulação emocional: Craig, *How Do You Feel? An Interoceptive Moment with Your Neurobiological Self*; Barrett, *How Emotions Are Made*; Price and Hooven, "Interoceptive Awareness Skills for Emotion Regulation: Theory and Approach of Mindful Awareness in Body-Oriented Therapy (MABT)"; Mahler, *Interoception: The Eighth Sensory System.*

25. que as sensações interoceptivas *geram* nossos estados emocionais e humores mais básicos e também, algumas vezes, aquilo que passamos a rotular ou identificar como emoções: Craig, "How Do You Feel? Interoception: The Sense of the Physiological Condition of the Body"; Barrett, *How Emotions Are Made*; Price e Hooven, "Interoceptive Awareness Skills for Emotion Regulation: Theory and Approach of Mindful Awareness in Body-Oriented Therapy (MABT)".

26. nomear essas sensações com palavras que traduzam emoções ou por meio de outras palavras descritivas: Barrett, *How Emotions Are Made;* Price and

Hooven, "Interoceptive Awareness Skills for Emotion Regulation: Theory and Approach of Mindful Awareness in Body-Oriented Therapy (MABT)"; Mahler, *Interoception: The Eighth Sensory System*.

27. granularidade emocional: Barrett, *How Emotions Are Made*.
28. os sensores do ouvido interno: Ayres, *Sensory Integration and the Child: Understanding Hidden Sensory Challenges*.
29. O tom de voz suave e melódico: Porges, *The Pocket Guide to the Polyvagal Theory: The Transformative Power of Feeling Safe*.
30. O timbre da voz nos ajuda a avaliar: Porges, "The Infant's Sixth Sense: Awareness and Regulation of Bodily Processes".
31. cones e bastonetes: Stanfield, *Principles of Human Physiology*; Ayres, *Sensory Integration and the Child: Understanding Hidden Sensory Challenges*.
32. envia informações dos receptores sensoriais para o cérebro: Ayres, *Sensory Integration and the Child: Understanding Hidden Sensory Challenges*.
33. receptores gustativos: Ayres, *Sensory Integration and the Child: Understanding Hidden Sensory Challenges*.
34. impregnado de memórias emocionais: Greenspan and Wieder, *Infant and Early Childhood Mental Health: A Comprehensive Developmental Approach to Assessment and Intervention*; Barrett, *How Emotions Are Made*.
35. Receptores químicos existentes na estrutura nasal: Ayres, *Sensory Integration and the Child: Understanding Hidden Sensory Challenges*.
36. se determinado alimento é seguro para ser consumido: Ayres, *Sensory Integration and the Child: Understanding Hidden Sensory Challenges*.
37. comunica ao cérebro as posições do nosso corpo: Ayres, *Sensory Integration and the Child: Understanding Hidden Sensory Challenges*.
38. "ao cérebro sobre quando e como os músculos estão se contraindo ou alongando, e quando e como as articulações estão se dobrando, estendendo ou sendo distendidas ou comprimidas": Ayres, *Sensory Integration and the Child: Understanding Hidden Sensory Challenges*, 201.
39. enviam informações ao cérebro sobre a posição do nosso corpo: Ayres, *Sensory Integration and the Child: Understanding Hidden Sensory Challenges*.
40. nosso senso de identidade: Lopez, "Making Sense of the Body: The Role of Vestibular Signals".
41. Os sensores existentes no ouvido interno enviam informações ao cérebro: Ayres, *Sensory Integration and the Child: Understanding Hidden Sensory Challenges*.

Notas finais

42. Esse sistema fundamental permite que você saiba a posição de seu corpo no espaço, perceba se está se movendo ou parado, a que velocidade está andando e onde está em relação à força de gravidade terrestre: Ayres, *Sensory Integration and the Child: Understanding Hidden Sensory Challenges.*

43. o *próprio fundamento de nossos sentimentos básicos, nossas sensações corporais*: Price e Hooven, "Interoceptive Awareness Skills for Emotion Regulation: Theory and Approach of Mindful Awareness in Body-Oriented Therapy (MABT)"; Barrett, *How Emotions Are Made.*

44. uma forte conexão entre nossa capacidade de detectar as sensações do corpo e a de regular as emoções: Price e Hooven, "Interoceptive Awareness Skills for Emotion Regulation: Theory and Approach of Mindful Awareness in Body-Oriented Therapy (MABT)"; Barrett, *How Emotions Are Made.*

45. um número maior de experiências positivas para neutralizar as memórias negativas: Hanson, *Hardwiring Happiness: The New Brain Science of Contentment, Calm, and Confidence.*

Capítulo 7: O primeiro ano

1. "Toda vez que um pai ou uma mãe olha para aquele bebê e diz: 'Ah, você é tão encantador', o bebê simplesmente explode de felicidade": Brazelton, "T. Berry Brazelton Quotes".

2. hormônio do amor – a oxitocina: Carter, "Oxytocin Pathways and the Evolution of Human Behavior".

3. a mais significativa transformação: Brazelton e Sparrow, *Touchpoints: Birth to Three: Your Child's Emotional and Behavioral Development.*

4. pais que eram os cuidadores principais sofriam alterações dos hormônios cerebrais: Feldman, "The Adaptive Human Parental Brain: Implications for Children's Social Development"; Abraham et al., "Father's Brain Is Sensitive to Childcare Experiences".

5. encontrar um ritmo compartilhado: Tronick, *The Neurobehavioral and Social-Emotional Development of Infants and Children.*

6. pais afetuosos e sintonizados: Shonkoff e Phillips, eds., *From Neurons to Neighborhoods: The Science of Early Childhood Development*; Eshel et al., "Responsive Parenting: Interventions and Outcomes".

7. ajudar os bebês a manter seu orçamento corporal: Barrett, *Seven and a Half Lessons about the Brain*.
8. Pais responsivos: Shonkoff e Phillips, eds., *From Neurons to Neighborhoods: The Science of Early Childhood Development*; Eshel et al., "Responsive Parenting: Interventions and Outcomes"; Landry et al., "A Responsive Parenting Intervention: The Optimal Timing across Early Childhood for Impacting Maternal Behaviors and Child Outcomes".
9. Eles tendem a empregar *três estratégias*: Eshel et al., "Responsive Parenting: Interventions and Outcomes"; Landry et al., "A Responsive Parenting Intervention: The Optimal Timing across Early Childhood for Impacting Maternal Behaviors and Child Outcomes".
10. Coerentemente com essas observações, as descobertas dos pesquisadores mostram: Eshel et al., "Responsive Parenting: Interventions and Outcomes"; Paul et al., "INSIGHT Responsive Parenting Intervention and Infant Sleep"; Savage et al., "INSIGHT Responsive Parenting Intervention and Infant Feeding Practices: Randomized Clinical Trial"; Hohman et al., "INSIGHT Responsive Parenting Intervention Is Associated with Healthier Patterns of Dietary Exposures in Infants"; Loman e Gunnar, "Early Experience and the Development of Stress Reactivity and Regulation in Children"; Doom e Gunnar, "Stress in Infancy and Early Childhood: Effects on Development"; Gartstein, Hancock e Iverson, "Positive Affectivity and Fear Trajectories in Infancy: Contributions of Mother--Child Interaction Factors".
11. mais facilidade na pré-escola: Eshel et al., "Responsive Parenting: Interventions and Outcomes".
12. criando, juntos, significados compartilhados: Tronick, *The Neurobehavioral and Social-Emotional Development of Infants and Children*.
13. Nós somos os arquitetos das experiências de nosso bebê. Nossas atitudes definem a maneira como ele descobre o mundo: Tronick e Beeghly, "Infants' Meaning-Making and the Development of Mental Health Problems".
14. o modo como o cérebro do seu bebê fará suposições no futuro: Barrett, *Seven and a Half Lessons about the Brain*.
15. O crescimento acontece quando tentamos abordagens diferentes: Tronick, *The Neurobehavioral and Social-Emotional Development of Infants and Children*.
16. comparando as novas experiências com as antigas: Barrett, *How Emotions Are Made*.

Notas finais

17. atualizando constantemente o que nossos filhos esperam de nós e do mundo: Barrett, *How Emotions Are Made*.
18. nosso *ritmo cardíaco* se sincroniza: Feldman, "Parent–Infant Synchrony: Biological Foundations and Developmental Outcomes"; Feldman et al., "Mother and Infant Coordinate Heart Rhythms through Episodes of Interaction Synchrony".
19. aproximar as mãos da boca: Pearson, "Pathways to Positive Parenting: Helping Parents Nurture Healthy Development in the Earliest Months".
20. nosso sistema de suporte à vida: Walker, *Why We Sleep: Unlocking the Power of Sleep and Dreams*.
21. você tende a ter um tom de voz mais ritmado e musical: Porges, "Stephen Porges (Polyvagal Perspective and Sound Sensitivity Research)".
22. os bebês adoram o som ameno da voz dos pais: Porges, "Stephen Porges (Polyvagal Perspective and Sound Sensitivity Research)".
23. relacionada ao sistema gastrintestinal: Johnson, Cocker e Chang, "Infantile Colic: Recognition and Treatment".
24. mais êxito no desenvolvimento da linguagem, na relação com outras pessoas, na alfabetização futura, além de melhor regulação comportamental e emocional: Mindell e Williamson, "Benefits of a Bedtime Routine in Young Children: Sleep, Development, and Beyond".
25. "nos primeiros seis meses": Força-tarefa de estudo sobre a síndrome da morte súbita infantil.
26. após ciclos de 90 a 110 minutos de sono: National Center for Biotechnology Information, "What Is 'Normal' Sleep?"
27. "as atividades previsíveis que ocorrem no intervalo de mais ou menos uma hora antes de as luzes serem apagadas e antes de a criança adormecer": Mindell e Williamson, "Benefits of a Bedtime Routine in Young Children: Sleep, Development, and Beyond", 2.
28. Bebês e crianças que seguem rotinas previsíveis na hora de ir para a cama dormem melhor: Mindell et al., "Bedtime Routines for Young Children: A Dose-Dependent Association with Sleep Outcomes".
29. *quatro componentes básicos*: Mindell e Williamson, "Benefits of a Bedtime Routine in Young Children: Sleep, Development, and Beyond".
30. pois o cérebro desenvolve um milhão de conexões entre os neurônios: Harvard University, Center on the Developing Child, "Brain Architecture".

31. Deixe que eles conduzam: Greenspan e Wieder, *Infant and Early Childhood Mental Health: A Comprehensive Developmental Approach to Assessment and Intervention.*

32. um poderoso elemento básico que define a capacidade de resolver problemas ao longo da vida: Greenspan e Breslau Lewis, *Building Healthy Minds: The Six Experiences That Create Intelligence and Emotional Growth in Babies and Young Children.*

33. É por essa razão que uma brincadeira é denominada *exercício neural ou cerebral*: Porges, *The Pocket Guide to the Polyvagal Theory: The Transformative Power of Feeling Safe.*

Capítulo 8: Crianças pequenas fazendo birra

1. "Apoie serenamente as crianças em seus momentos de frustração, decepção e até mesmo fracasso, para que possamos normalizar essas experiências de vida difíceis, mas saudáveis": Lansbury, *Elevating Child Care: A Guide to Respectful Parenting.*

2. *começa* na primeira infância e continua até a faixa dos 20 anos: Harvard University, Center on the Developing Child, "The Science of Adult Capabilities".

3. aprendizado estatístico: Barrett, *How Emotions Are Made*, 94.

4. estão ainda aprendendo a fazer previsões precisas: Barrett, *How Emotions Are Made.*

5. a lacuna de expectativas: Zero to Three, "Parent Survey Reveals Expectation Gap for Parents of Young Children".

6. elevados índices de suspensões e expulsões de crianças da pré-escola nos Estados Unidos: Malik, "New Data Reveal 250 Preschoolers Are Suspended or Expelled Every Day".

7. regular ou moderar em função de uma medida ou proporção: *Merriam-Webster*, online, s.v. "modulation".

8. muito mais passível de ser punido por seus problemas de comportamento: United States Department of Education Office for Civil Rights, "Data Snapshot: Early Childhood Education"; Malik, "New Data Reveal 250 Preschoolers Are Suspended or Expelled Every Day".

Notas finais

9. não existe uma correspondência integral entre as expressões faciais e os estados emocionais: Barrett, *How Emotions Are Made*; Fox et al., *The Nature of Emotion: Fundamental Questions*.

10. é desenvolvida principalmente por meio de relacionamentos: Shonkoff e Phillips, eds., *From Neurons to Neighborhoods: The Science of Early Childhood Development*.

11. ajudando as crianças a prestarem atenção às sensações de seu corpo: Barrett, *How Emotions Are Made*; Mahler, *Interoception: The Eighth Sensory System*.

12. *usar palavras e conceitos para compreender nossas experiências e compartilhá-las com outras pessoas*: Greenspan e Wieder, *Infant and Early Childhood Mental Health: A Comprehensive Developmental Approach to Assessment and Intervention*; Barrett, *How Emotions Are Made*.

13. irradiamos empatia ou vibramos metaforicamente com uma energia ou um nível emocional semelhante ao da criança: Stanford Medicine, The Center for Compassion and Altruism Research and Education, "Emotion Resonance".

14. *amarra para a estabilidade do sistema nervoso*: Dana, "Reaching Out in Nervous Times: Polyvagal Theory Encounters Teletherapy".

15. "Não se trata do que você diz, mas de como você diz": Porges, "The Neurophysiology of Safety and How to Feel Safe".

16. começar a usar conceitos: Barrett, *How Emotions Are Made*.

17. construímos pontes entre nossas ideias e as dos outros: Greenspan e Wieder, *Infant and Early Childhood Mental Health: A Comprehensive Developmental Approach to Assessment and Intervention*.

Capítulo 9: Crianças do ensino fundamental I

1. "A alfabetização emocional ajuda suas emoções a trabalharem por você e não contra você": Steiner, em "What Is Emotional Literacy?"

2. recomendou recentemente que os pediatras prescrevam brincadeiras: Yogman et al., "The Power of Play: A Pediatric Role in Enhancing Development in Young Children".

3. "a pesquisa demonstra que atividades lúdicas adequadas ao desenvolvi-

mento, realizadas com pais e colegas, são uma oportunidade única de estímulo das habilidades socioemocionais, cognitivas e também de linguagem e autorregulação, que desenvolvem a função executiva e um cérebro pró-social": Yogman et al., "The Power of Play: A Pediatric Role in Enhancing Development in Young Children", 1.

4. um recreio escolar de alta qualidade contribui significativamente para o desempenho executivo das crianças: Massey e Geldhof, "High Quality Recess Contributes to the Executive Function, Emotional Self-Control, Resilience, and Positive Classroom Behavior in Elementary School Children".

5. *brincadeira simbólica*: Greenspan e Wieder, *Infant and Early Childhood Mental Health: A Comprehensive Developmental Approach to Assessment and Intervention*.

6. as atividades lúdicas revelam os problemas e as preocupações presentes na mente da criança: Greenspan e Wieder, *Infant and Early Childhood Mental Health: A Comprehensive Developmental Approach to Assessment and Intervention*.

7. estímulo ao desenvolvimento cognitivo em crianças em idade pré-escolar: Ngan Kuen Lai et al., "The Impact of Play on Child Development – A Literature Review".

8. *Deixe eles conduzirem*: Greenspan e Wieder, *Infant and Early Childhood Mental Health: A Comprehensive Developmental Approach to Assessment and Intervention*.

9. *expandindo* a brincadeira: Greenspan e Wieder, *Infant and Early Childhood Mental Health: A Comprehensive Developmental Approach to Assessment and Intervention*; Greenspan, *Infancy and Early Childhood: The Practice of Clinical Assessment and Intervention with Emotional and Developmental Challenges*.

10. rivalidade, ciúme, raiva e tristeza: Greenspan e Wieder, *Infant and Early Childhood Mental Health: A Comprehensive Developmental Approach to Assessment and Intervention*.

11. *exercício neural ou cerebral*: Porges, *The Pocket Guide to the Polyvagal Theory: The Transformative Power of Feeling Safe*.

12. serem complacentes com seu sistema nervoso: Dana, *The Polyvagal Theory in Therapy: Engaging the Rhythm of Regulation*.

Notas finais

13. percepção das sensações dentro do corpo: Craig, *How Do You Feel? An Interoceptive Moment with Your Neurobiological Self*; Porges, "The Infant's Sixth Sense: Awareness and Regulation of Bodily Processes".

14. "uma emoção é a forma como seu cérebro interpreta o *significado de suas sensações corporais*, em relação ao que está acontecendo ao seu redor no mundo": Barrett, *How Emotions Are Made*, 30.

15. promove uma regulação emocional mais favorável: Price e Hooven, "Interoceptive Awareness Skills for Emotion Regulation: Theory and Approach of Mindful Awareness in Body-Oriented Therapy (MABT)"; Craig, *How Do You Feel? An Interoceptive Moment with Your Neurobiological Self*; Barrett, *How Emotions Are Made*.

16. "Como você se sente?": Craig, *How Do You Feel? An Interoceptive Moment with Your Neurobiological Self*.

17. *ajudando-as a entrar em sintonia com suas sensações corporais e entendê-las com autocompaixão*: Price e Hooven, "Interoceptive Awareness Skills for Emotion Regulation: Theory and Approach of Mindful Awareness in Body-Oriented Therapy (MABT)"; Mahler, *Interoception: The Eighth Sensory System*.

18. redefine a maneira como entendemos nossas emoções e ações: Barrett, *How Emotions Are Made*.

19. conexão de uma experiência ou sensação física com uma palavra: Barrett, *How Emotions Are Made*.

20. *da sensação para o sentimento e para a emoção*: Price e Hooven, "Interoceptive Awareness Skills for Emotion Regulation: Theory and Approach of Mindful Awareness in Body-Oriented Therapy (MABT)".

21. *inteligência emocional*: Salovey e Mayer, "Emotional Intelligence".

22. *reformular as sensações*: Mahler, *Interoception: The Eighth Sensory System*.

23. *granularidade emocional*: Barrett, *How Emotions Are Made*.

24. sinais de seu corpo: adaptado de Delahooke, *Beyond Behaviors: Using Brain Science and Compassion to Understand and Solve Children's Behavioral Challenges*.

Capítulo 10: O florescimento

1. "Minha missão na vida não é apenas sobreviver, mas também florescer; e fazê-lo com certa dose de paixão, compaixão, humor e algum estilo": Angelou, "Maya Angelou: In Her Own Words".
2. a palavra dinamarquesa que significa aconchego, *hygge*: Wiking, *The Little Book of Hygge: Danish Secrets to Happy Living*.
3. "O tempo passado na companhia de outras pessoas gera uma atmosfera cordial, descontraída, amigável, realista, íntima, agradável, confortável e acolhedora. Ela se assemelha, de muitas formas, a um abraço reconfortante, mas sem o contato físico. É nessa situação que você consegue estar completamente sereno e ser você mesmo": Wiking, *The Little Book of Hygge: Danish Secrets to Happy Living*, 39.
4. *gezellig*: Phillips, "Move Over, Hygge, Gezellig Is the Trendy Danish Lifestyle Philosophy to Try".
5. se desenvolveu por meio de quatro grandes ondas: Al-Taher, "The 5 Founding Fathers and a History of Positive Psychology".
6. Skinner, que acreditava na possibilidade de modificação de todos os comportamentos humanos mediante o uso de recompensas e punições, ou consequências: Al-Taher, "The 5 Founding Fathers and a History of Positive Psychology".
7. o movimento da psicologia positiva: Al-Taher, "The 5 Founding Fathers and a History of Positive Psychology".
8. O termo tornou-se popular: Fishman, "Positive Psychology: The Benefits of Living Positively".
9. pelo modo como se sentem *no momento em que respondem à pesquisa*: Seligman, *Flourish: A Visionary New Understanding of Happiness and Well-Being*.
10. O modelo denominado PERMA: Seligman, *Flourish: A Visionary New Understanding of Happiness and Well-Being*.
11. A mesma coisa se diz do *engajamento*: Seligman, *Flourish: A Visionary New Understanding of Happiness and Well-Being*.
12. esse estado é denominado *fluxo*: Ackerman, "Flourishing in Positive Psychology: Definition + 8 Practical Tips".

13. estar "em estado de completa obsorção", para se referir à situação em que alguém está tão envolvido em uma atividade que é capaz de perder a noção do tempo: Seligman, *Flourish: A Visionary New Understanding of Happiness and Well-Being*.
14. experimentar a sensação de realização e de que as coisas que fazemos são importantes: Seligman, *Flourish: A Visionary New Understanding of Happiness and Well-Being*.

Bibliografia

Abraham, Eyal, Talma Hendler, Irit Shapira-Lichter, Yaniv Kanat-Maymon, Orna Zagoory-Sharon, and Ruth Feldman. "Father's Brain Is Sensitive to Childcare Experiences." *Proceedings of the National Academy of Sciences* 111, no. 27 (May 2014): 9792-97. https://doi.org/10.1073/pnas.1402569111.

Ackerman, Courtney E. "Flourishing in Positive Psychology: Definition + 8 Practical Tips." PositivePsychology.com, January 25, 2021. https://positive psychology.com/flourishing/.

Al-Taher, Reham. "The 5 Founding Fathers and a History of Positive Psychology." PositivePsychology.com, May 7, 2021. https://positivepsychology.com/founding-fathers/.

Angelou, Maya. "Maya Angelou: In Her Own Words." BBC News, May 28, 2014. https://www.bbc.com/news/world-us-canada-27610770.

APA Dictionary of Psychology. "Frustration Tolerance." American Psychological Association. Acessado em maio 13, 2021. https://dictionary.apa.org/frustration-tolerance.

Artuch-Garde, Raquel, Maria del Carmen Gonzalez-Torres, Jesus de la Fuente, M. Mariano Vera, Maria Fernandez-Cabezas, and Mireia Lopez-Garcia. "Relationship between Resilience and Self-Regulation: A Study of Spanish Youth at Risk of Social Exclusion." *Frontiers in Psychology* (April 2017). https://dx.doi.org/10.3389%2Ffpsyg.2017.00612.

Associated Press. "Fauci Says Pandemic Exposed 'Undeniable Effects of Racism.'" *Los Angeles Times*, May 16, 2021. https://www.latimes.com/world-nation/story/2021-05-16/fauci-covid19-pandemic-racism.

Ayres, A. Jean. *Sensory Integration and the Child: Understanding Hidden Sensory Challenges.* 25th anniversary ed. Los Angeles: Western Psychological Services, 2005.

Baer, Ruth A., Emily L. B. Lykins, and Jessica R. Peters. "Mindfulness and Self-Compassion as Predictors of Psychological Wellbeing in Long-Term Meditators and Matched Nonmeditators." *Journal of Positive Psychology* 7, no. 3 (2012): 230-38. https://doi.org/10.1080/17439760.2012.674548.

Bibliografia

Barrett, Lisa Feldman. "Bloom Where You Are Rooted: What Neuroscience Can Teach Us about Harnessing Passion and Productivity." Interview by Lisa Cypers Kamen. *Harvesting Happiness* podcast, November 25, 2020. https://soundcloud.com/lisa-cypers-kamen/bloom-where-you-are-rooted-what-neuroscience-can-teach-us-about-harnessing-passion-and-productivity.

Barrett, Lisa Feldman. *How Emotions Are Made: The Secret Life of the Brain.* New York: Houghton Mifflin Harcourt, 2017.

Barrett, Lisa Feldman. "Neuroscientist Reveals Your Brain Is Just 'Guessing' & Doesn't Know Anything." Interview by Tom Bilyeu. *Impact Theory* podcast, November 12, 2020. https://podcasts.google.com/feed/aHR0cHM6Ly9pbXBhY3R0aGVvcnkububGlic3luLmNvbS9yc3M/episode/ZGQzODcwNzAtZDdhNS00ZjlkLW-FkYTEtNDJhMjY0ZGRhY2Fh.

Barrett, Lisa Feldman. *Seven and a Half Lessons about the Brain.* New York: Houghton Mifflin Harcourt, 2020.

Barrett, Lisa Feldman. "The Theory of Constructed Emotion: An Active Inference Account of Interoception and Categorization." *Social Cognitive and Affective Neuroscience* 12, no. 11 (January 2017): 1-23. https://doi.org/10.1093/scan/nsw154.

Benjamin, Courtney L., Kelly A. O'Neil, Sarah A. Crawley, Rinad S. Beidas, Meredith Coles, and Philip C. Kendall. "Patterns and Predictors of Subjective Units of Distress in Anxious Youth." *Behavioural and Cognitive Psychotherapy* 38, no. 4 (July 2010): 497-504. https://doi.org/10.1017/s1352465810000287.

Berntson, Gary G., and John T. Cacioppo. "Heart Rate Variability: Stress and Psychiatric Conditions." In *Dynamic Electrocardiography*, edited by Marek Malik and A. John Camm, 57-64. Oxford, UK: Blackwell Publishing, 2004.

Berntson, Gary G., John T. Cacioppo, and Karen S. Quigley. "Autonomic Determinism: The Modes of Autonomic Control, the Doctrine of Autonomic Space, and the Laws of Autonomic Constraint." *Psychological Review* 98, no. 4 (1991): 459-87, https://doi.org/10.1037/0033-295X.98.4.459.

Biber, David D., and Rebecca Ellis. "The Effect of Self-Compassion on the Self-Regulation of Health Behaviors: A Systematic Review." *Journal of Health Psychology* 24, no. 14 (June 2017): 2060-71. https://doi.org/10.1177/1359105317713361.

Brazelton, T. Berry. "T. Berry Brazelton Quotes." Quote Fancy. Acessado em 18 de maio, 2021. https://quotefancy.com/t-berry-brazelton-quotes.

Brazelton, T. Berry, and Joshua D. Sparrow. *Touchpoints: Birth to Three: Your Child's Emotional and Behavioral Development.* 2nd ed. Cambridge, MA: Perseus Group, 2006.

Breit, S., A. Kupferberg, G. Rogler, and G. Hasler. "Vagus Nerve as Modulator of the Brain-Gut Axis in Psychiatric and Inflammatory Disorders." *Frontiers in Psychiatry* 9, no. 44 (2018). doi:10.3389/fpsyt.2018.00044.

Brooks, A. W. "Get Excited: Reappraising Pre-Performance Anxiety as Excitement." *Journal of Experimental Psychology: General* 143, no. 3 (2014): 1144-58. https://doi.org/10.1037/a0035325.

Brown, Richard, and Patricia Gerberg. *The Healing Power of the Breath: Simple Techniques to Reduce Stress and Anxiety, Enhance Concentration, and Balance Your Emotions.* Boston: Shambhala, 2012.

Bush, Nicole R., Karen Jones-Mason, Michael Coccia, Zoe Caron, Abbey Alkon, Melanie Thomas, Elissa Epel, et al. "Effects of Pre-and Postnatal Maternal Stress on Infant Temperament and Autonomic Nervous System Reactivity and Regulation in a Diverse, Low-Income Population." *Development and Psychopathology* 29, no. 5 (December 2017): 1553-71. https://doi.org/10.1017/s0954579417001237.

Cacioppo, John T., and Stephanie Cacioppo. "The Growing Problem of Loneliness." *The Lancet* 391, no. 10119 (February 2018): 426. https://doi.org/10.1016/S0140-6736(18)30142-9.

Carter, C. Sue. "Oxytocin Pathways and the Evolution of Human Behavior." *Annual Review of Psychology* 65, no. 1 (September 2013): 17-39. https://doi.org/10.1146/annurev-psych-010213-115110.

Christensen, Jacquelyn S., Heather Wild, Erin S. Kenzie, Wayne Wakeland, Deborah Budding, and Connie Lillas. "Diverse Autonomic Nervous System Stress Response Patterns in Childhood Sensory Modulation." *Frontiers in Integrative Neuroscience* (February 2020). https://doi.org/10.3389/fnint.2020.00006.

Cigna. "Cigna U.S. Loneliness Index." May 2018. Acessado em 18 de maio, 2021. https://www.cigna.com/assets/docs/newsroom/loneliness-survey-2018-full--report.pdf.

Clark, Andy. "Whatever Next? Predictive Brains, Situated Agents, and the Future of Cognitive Science." *Behavioral and Brain Sciences* 36, no. 3 (June 2013): 181-204. https://doi.org/10.1017/S0140525X12000477.

Cleveland Clinic. "Stress." Last reviewed January 28, 2021. Acessado em 13 de maio, 2021. https://my.clevelandclinic.org/health/articles/11874-stress.

Craig, A. D. How Do You Feel? *An Interoceptive Moment with Your Neurobiological Self.* Princeton, NJ: Princeton University Press, 2014.

Craig, A. D. "How Do You Feel? Interoception: The Sense of the Physiological Condition of the Body." *Nature Reviews Neuroscience* 3 (August 2002): 655-66. https://doi.org/10.1038/nrn894.

Crosswell, Alexandra D., Michael Coccia, and Elissa Epel. "Mind Wandering and Stress: When You Don't Like the Present Moment." *Emotion* 20, no. 3 (April 2020): 403-12. https://doi.org/10.1037/emo0000548.

Dana, Deb. *The Polyvagal Theory in Therapy: Engaging the Rhythm of Regulation.* New York: W. W. Norton, 2018.

Dana, Deb. "Reaching Out in Nervous Times: Polyvagal Theory Encounters Teletherapy." *Psychotherapy Networker*, November/December 2020. https://www.psychotherapynetworker.org/magazine/article/2507/reaching-out-in--nervous-times.

DeGangi, Georgia A., Janet A. Dipietro, Stanley I. Greenspan, and Stephen Porges. "Psychophysiological Characteristics of the Regulatory Disordered Infant." *Infant Behavior and Development* 14, no. 1 (1991): 37-50. https://doi.org/10.1016/0163-6383(91)90053-U.

Delahooke, Mona. *Beyond Behaviors: Using Brain Science and Compassion to Understand and Solve Children's Behavioral Challenges.* Eau Claire, WI: PESI Publishing and Media, 2019.

Diamond, Adele. "Executive Functions." *Annual Review of Psychology* 64(2013): 135-68. https://doi.org/10.1146/annurev-psych-113011-143750.

Di Pellegrino, G., L. Fadiga, L. Fogassi, V. Gallese, and G. Rizzolatti. "Understanding Motor Events: A Neurophysiological Study." *Experimental Brain Research* 91 (October 1992): 176-80. https://doi.org/10.1007/BF00230027.

Doom, J. R., and M. R. Gunnar. "Stress in Infancy and Early Childhood: Effects on Development." In *International Encyclopedia of the Social & Behavioral Sciences.* 2nd ed. Edited by James D. Wright, 577-82. Oxford: Elsevier, 2015.

Duckworth, Angela. *Grit: The Power of Passion and Perseverance.* New York: Simon & Schuster, 2016.

Duckworth, Angela, and Stephanie M. Carlson. "Self-Regulation and School Success." In *Self-Regulation and Autonomy: Social and Developmental Dimensions of Human Conduct.* Edited by Bryan W. Sokol, Frederick M. E. Grouzet, and Ulrich Müller, 208-30. New York: Cambridge University Press, 2013.

Ebisch, Sjoerd J., Tiziana Aureli, Daniela Bafunno, Daniela Cardone, Gian Luca Romani, and Arcangelo Merla. "Mother and Child in Synchrony: Thermal Facial Imprints of Autonomic Contagion." *Biological Psychology* 89, no. 1 (January 2012): 123-29. https://doi.org/10.1016/j.biopsycho.2011.09.018.

Eger, Edith. "There Will Never Be Another YOU!" Video. Posted September 29, 2019. https://www.facebook.com/GenWNow/videos/807562599641758.

"Embrace2." Empatica. Acessado em 25 de maio, 2021. https://www.empatica.com/embrace2/.

Epel, Elissa, Jennifer Daubenmier, Judith T. Moskowitz, Susan Folkman, and Elizabeth Blackburn. "Can Meditation Slow Rate of Cellular Aging? Cognitive Stress, Mindfulness, and Telomeres." *Annals of the New York Academy of*

Sciences 1172, no. 1 (August 2009): 34-53. https://dx.doi.org/10.1111%2Fj. 1749-6632.2009.04414.x.

Epel, Elissa, Eli Puterman, Jue Lin, Elizabeth Blackburn, Alanie Lazaro, and Wendy Berry Mendes. "Wandering Minds and Aging Cells." *Clinical Psychological Science* 1, no. 1 (November 2012): 75-83. https://doi. org/10.1177/2167702612460234.

Eshel, Neir, Bernadette Daelmans, Meena Cabral de Mello, and Jose Martines. "Responsive Parenting: Interventions and Outcomes." *Bulletin of the World Health Organization* 84 (2006): 992-99. https://doi.org/10.2471/blt.06.030163.

Feldman, Ruth. "The Adaptive Human Parental Brain: Implications for Children's Social Development." *Trends in Neurosciences* 38, no. 6 (June 2015): 387-99. https://doi.org/10.1016/j.tins.2015.04.004.

Feldman, Ruth. "Infant-Mother and Infant-Father Synchrony: The Coregulation of Positive Arousal." *Infant Mental Health Journal* 24, no. 1 (January /February 2003): 1-23. https://doi.org/10.1002/imhj.10041.

Feldman, Ruth. "Parent-Infant Synchrony: Biological Foundations and Developmental Outcomes." *Current Directions in Psychological Science* 16, no. 6 (December 2007): 340-45. https://doi.org/10.1111/j.1467-8721.2007. 00532.x.

Feldman, Ruth, Romi Magori-Cohen, Giora Galili, Magi Singer, and Yoram Louzoun. "Mother and Infant Coordinate Heart Rhythms through Episodes of Interaction Synchrony." *Infant Behavior and Development* 34, no. 4 (December 2011): 569-77. https://doi.org/10.1016/j.infbeh.2011.06.008.

Fishman, Joanna. "Positive Psychology: The Benefits of Living Positively." PsychCentral, March 11, 2013. https://psychcentral.com/blog/positive-psychology--the-benefits-of-living-positively#1.

Fogel, Alan. Developing through Relationships: *Origins of Communication, Self, and Culture.* Chicago: University of Chicago Press, 1993.

Fox, Andrew S., Regina C. Lapate, Alexander J. Shackman, and Richard J. Davidson, eds. *The Nature of Emotion: Fundamental Questions.* New York: Oxford University Press, 2018.

Fraley, Chris R., Glenn I. Roisman, and John D. Haltigan. "The Legacy of Early Experiences in Development: Formalizing Alternative Models of How Early Experiences Are Carried Forward over Time." *Developmental Psychology* 49, no. 1 (January 2013): 109-26. https://doi.org/10.1037/a0027852.

Garber, Benjamin D. "For the Love of Fluffy: Respecting, Protecting, and Empowering Transitional Objects in the Context of High-Conflict Divorce." *Journal of Divorce & Remarriage* 60, no. 7 (2019): 552-65. https://doi.org/10.1 080/10502556.2019.1586370.

Gartstein, Maria A., Gregory R. Hancock, and Sydney L. Iverson. "Positive Affectivity and Fear Trajectories in Infancy: Contributions of Mother-Child Interaction Factors." *Child Development* 89, no. 5 (September 2018): 1519-34. https://doi.org/10.1111/cdev.12843.

Gerbarg, Patricia, and Richard Brown. "Neurobiology and Neurophysiology of Breath Practices in Psychiatric Care." *Psychiatric Times* 33, no. 11 (November 2016). https://www.psychiatrictimes.com/view/neurobiology-and-neurophysiology-breath-practices-psychiatric-care.

Gianino, A., and E. Z. Tronick. "The Mutual Regulation Model: The Infant's Self and Interactive Regulation and Coping and Defensive Capacities." In *Stress and Coping across Development*. Edited by Tiffany M. Field, Philip McCabe, and Neil Schneiderman, 47-68. Hillsdale, NJ: Erlbaum, 1988.

Gillespie, Linda. "It Takes Two: The Role of Co-Regulation in Building Self-Regulation Skills." Zero to Three. https://www.zerotothree.org/resources/1777-it-takes-two-the-role-of-co-regulation-in-building-self-regulation-skills.

Goldstein, Andrea N., and Matthew P. Walker. "The Role of Sleep in Emotional Brain Function." *Annual Review of Clinical Psychology* 10 (March 2014): 679-708. https://dx.doi.org/10.1146%2Fannurev-clinpsy-032813-153716.

Gray, Sarah A. O., Christopher W. Jones, Katherine P. Theall, Erin Glackin, and Stacy S. Drury. "Thinking across Generations: Unique Contributions of Maternal Early Life and Prenatal Stress to Infant Physiology." *Journal of the American Academy of Child and Adolescent Psychiatry* 56, no. 11 (November 2017): 922-29. https://doi.org/10.1016/j.jaac.2017.09.001.

Greene, Ross. *The Explosive Child: A New Approach for Understanding and Parenting Easily Frustrated, Chronically Inflexible Children*. New York: HarperCollins, 1998.

Greenspan, Stanley. "The Greenspan Floortime Approach: Interaction." The Greenspan Floortime Approach. Acessado em 13 de maio, 2021. https://www.stanleygreenspan.com/tags/interaction.

Greenspan, Stanley. *Infancy and Early Childhood: The Practice of Clinical Assessment and Intervention with Emotional and Developmental Challenges*. Madison, CT: International Universities Press, 1992.

Greenspan, Stanley, and Nancy Breslau Lewis. *Building Healthy Minds: The Six Experiences That Create Intelligence and Emotional Growth in Babies and Young Children*. New York: Da Capo Press, 1999.

Greenspan, Stanley, and Serena Wieder. *Infant and Early Childhood Mental Health: A Comprehensive Developmental Approach to Assessment and Intervention*. Washington, DC: American Psychiatric Publishing, 2006.

Hanson, Rick. *Buddha's Brain: The Practical Neuroscience of Happiness, Love, and Wisdom*. Oakland, CA: New Harbinger Publications, 2009.

Hanson, Rick. *Hardwiring Happiness: The New Brain Science of Contentment, Calm, and Confidence*. New York: Random House, 2013.

Harshaw, Christopher. "Interoceptive Dysfunction: Toward an Integrated Framework for Understanding Somatic and Affective Disturbance in Depression." *Psychological Bulletin* 141, no. 2 (March 2015): 311-63. https://doi.org/10.1037/a0038101.

Harvard University, Center on the Developing Child. "Brain Architecture." Acessado em 18 de maio, 2021. https://developingchild.harvard.edu/science/key-concepts/brain-architecture/#neuron-footnote.

Harvard University, Center on the Developing Child. "Resilience." Acessado em 17 de maio, 2021. https://developingchild.harvard.edu/science/key-concepts/resilience/.

Harvard University, Center on the Developing Child. "The Science of Adult Capabilities." Acessado em 17 de maio, 2021. https://developingchild.harvard.edu/science/deep-dives/adult-capabilities/.

Harvard University, Center on the Developing Child. "Serve and Return." Acessado em 17 de maio, 2021. https://developingchild.harvard.edu/science/key-concepts/serve-and-return/.

Hatfield, Elaine, Lisamarie Bensman, Paul Thornton, and Richard Rapson. "New Perspectives on Emotional Contagion: A Review of Classic and Recent Research on Facial Mimicry and Contagion." *Interpersona: An International Journal on Personal Relationships* 8, no. 2 (December 2014): 159-79. https://doi.org/10.5964/ijpr.v8i2.162.

Hohman, Emily E., Ian M. Paul, Leann L. Birch, and Jennifer S. Savage. "INSIGHT Responsive Parenting Intervention Is Associated with Healthier Patterns of Dietary Exposures in Infants." *Obesity* 25, no. 1 (2017): 185-91. https://dx.doi.org/10.1002%2Foby.21705.

Hong-feng Gu, Chao-ke Tang, and Yong-zong Yang. "Psychological Stress, Immune Response, and Atherosclerosis." *Atherosclerosis* 223, no. 1 (July 2012): 69-77. https://doi.org/10.1016/j.atherosclerosis.2012.01.021.

Howland, Robert. "Vagus Nerve Stimulation." *Current Behavioral Neuroscience Reports* 1, no. 2 (June 2014): 64-73. https://doi.org/10.1007/s40473-014-0010-5.

Iacoboni, Marco. *Mirroring People: The Science of Empathy and How We Connect with Others*. New York: Picador, 2008.

Immordino-Yang, Mary Helen, Linda Darling-Hammond, and Christina R. Krone. "Nurturing Nature: How Brain Development Is Inherently Social and Emotional, and What This Means for Education." *Educational Psychologist* 54, no. 3 (2019): 185-204. https://doi.org/10.1080/00461520.2019.1633924.

Bibliografia

Jerath, Ravinder, Molly W. Crawford, Vernon A. Barnes, and Kyler Harden. "Self-Regulation of Breathing as a Primary Treatment for Anxiety." *Applied Psychophysiology and Biofeedback* 40, no. 2 (2015): 107-15. https://doi.org/10.1007/s10484-015-9279-8.

Johnson, Jeremy D., Katherine Cocker, and Elisabeth Chang. "Infantile Colic: Recognition and Treatment." *American Family Physician* 92, no. 7 (October 2015): 577-82. https://www.aafp.org/afp/2015/1001/p577.html.

Kabat-Zinn, Jon. *Full Catastrophe Living: Using the Wisdom of Your Body and Mind to Face Stress, Pain, and Illness.* New York: Random House, 1990.

Kendo Notes Blog. "'Soft Eyes,' a Way of Seeing and Being-Quotes and Resources." Posted December 21, 2018. https://kendonotes.wordpress.com/2018/12/21/quotes-on-soft-eyes-a-way-to-see/.

Keysers, Christian, and Valeria Gazzola. "Hebbian Learning and Predictive Mirror Neurons for Actions, Sensations, and Emotions." *Philosophical Transactions of the Royal Society of London, Series B, Biological Sciences* 369, no. 1644 (2014). https://doi.org/10.1098/rstb.2013.0175.

Koulivand, Peir Hossein, Maryam Khaleghi Ghadiri, and Ali Gorji. "Lavender and the Nervous System." *Evidence-Based Complementary and Alternative Medicine* (2013). https://dx.doi.org/10.1155%2F2013%2F681304.

Landry, Susan H., Karen E. Smith, Paul R. Swank, and Cathy Guttentag. "A Responsive Parenting Intervention: The Optimal Timing across Early Childhood for Impacting Maternal Behaviors and Child Outcomes." *Developmental Psychology* 44, no. 5 (December 2008): 1335-53. https://dx.doi.org/10.1037%-2Fa0013030.

Lansbury, Janet. *Elevating Child Care: A Guide to Respectful Parenting.* Los Angeles: JLML Press, 2014.

Levine, Peter. *Healing Trauma: A Pioneering Program for Restoring the Wisdom of Your Body.* Aurora, CA: Sounds True, 2008.

Lillas, Connie. "Handouts." Neurorelational Framework Institute. October 18, 2021. https://nrfr2r.com/for-families/.

Lillas, Connie. "NRF Foundations Manual" (forthcoming). Neurorelational Framework Institute. October 18, 2021. https://nrfr2r.com/nrf-manuals/.

Lillas, Connie, and Janiece Turnbull. *Infant/Child Mental Health, Early Intervention, and Relationship-Based Therapies: A Neurorelational Framework for Interdisciplinary Practice.* New York: W. W. Norton, 2009.

Loman, Michelle M., and Megan R. Gunnar. "Early Experience and the Development of Stress Reactivity and Regulation in Children." *Neuroscience and Biobehavioral Reviews* 34, no. 6 (2010): 867-76. https://doi.org/10.1016/j.neubiorev.2009.05.007.

Lopez, Christophe. "Making Sense of the Body: The Role of Vestibular Signals." *Multisensory Research* 28 no. 5-6 (July 2015): 525-57. https://doi.org/10.1163/22134808-00002490.

Luthar, Suniya S., and Lucia Ciciolla. "Who Mothers Mommy? Factors That Contribute to Mothers' Well-Being." *Developmental Psychology* 51, no. 12 (2015): 1812-23. https://doi.org/10.1037/dev0000051.

Ma Xiao, Yue Zi-Qi, Gong Zhu-Qing, Zhang Hong, Duan Nai-Yue, Shi Yu-Tong, Wei Gao-Xia, and Li You-Fa. "The Effect of Diaphragmatic Breathing on Attention, Negative Affect, and Stress in Healthy Adults." *Frontiers in Psychology* 8, no. 874 (June 2017). https://dx.doi.org/10.3389%2Ffpsyg.2017.00874.

Mahler, Kelly. Interoception: *The Eighth Sensory System*. Shawnee Mission, KS: AAPC Publishing, 2015.

Malik, Rasheed. "New Data Reveal 250 Preschoolers Are Suspended or Expelled Every Day." Center for American Progress, November 6, 2017. https://www.americanprogress.org/issues/early-childhood/news/2017/11/06/442280/new--data-reveal-250-preschoolers-suspended-expelled-every-day/.

Massey, William, and John Geldhof. "High Quality Recess Contributes to the Executive Function, Emotional Self-Control, Resilience, and Positive Classroom Behavior in Elementary School Children." Study by Oregon State University, College of Public Health and Human Sciences, October 2019. https://www.playworks.org/wp-content/uploads/2019/12/Recess-Outcomes-Study--2019-One-Pager-Only-v3.pdf.

Mayo Clinic. "Nutrition and Healthy Eating." Acessado em 17 de maio, 2021. https://www.mayoclinic.org/healthy-lifestyle/nutrition-and-healthy-eating/in-depth/water/art-20044256.

McClelland, Megan M., Claire Cameron Ponitz, Emily E. Messersmith, and Shauna Tominey. "Self-Regulation: The Integration of Cognition and Emotion." In *The Handbook of Life-Span Development, Volume 1: Cognition, Biology, and Methods*. Edited by Richard Lerner and Willis Overton, 509-53. Hoboken, NJ: Wiley, 2010.

McEwen, Bruce. "Protective and Damaging Effects of Stress Mediators." *New England Journal of Medicine* 338, no. 3 (January 1998): 171-79. https://doi.org/10.1056/nejm199801153380307.

McEwen, Bruce. "Protective and Damaging Effects of Stress Mediators: Central Role of the Brain." *Dialogues in Clinical Neuroscience* 8, no. 4 (December 2006): 367-81. https://doi.org/10.31887/DCNS.2006.8.4/bmcewen.

McEwen, Bruce, and Elizabeth Norton Lasley. *The End of Stress as We Know It*. Washington, DC: Joseph Henry Press, 2002.

Mehling, Wolf E., Cynthia Price, Jennifer J. Daubenmier, Mike Acree, Elizabeth Bartmess, and Anita Stewart. "The Multidimensional Assessment of Interoceptive Awareness." PLoS ONE 7, no. 11 (2012). https://doi.org/10.1371/journal.pone.0048230.

Merriam-Webster, online, s.v. "modulation." Acessado em 18 de maio, 2021. https://www.merriam-webster.com/dictionary/modulation.

Miller, Lucy Jane. *Sensational Kids: Hope and Help for Children with Sensory Processing Disorder.* New York: Penguin Books, 2007.

Mindell, Jodi A., Albert M. Li, Avi Sadeh, Robert Kwon, and Daniel Y. T. Goh. "Bedtime Routines for Young Children: A Dose-Dependent Association with Sleep Outcomes." *Sleep* 38, no. 5 (May 2015): 717-22. https://doi.org/10.5665/sleep.4662.

Mindell, Jodi A., and Ariel A. Williamson. "Benefits of a Bedtime Routine in Young Children: Sleep, Development, and Beyond." *Sleep Medicine Reviews* 40, no. 93 (August 2018): 93-108. https://doi.org/10.1016/j.smrv.2017.10.007.

Montroy, J. J., R. P. Bowles, L. E. Skibbe, M. M. McClelland, and F. J. Morrison. "The Development of Self-Regulation across Early Childhood." *Developmental Psychology* 52, no. 11 (2016): 1744-62. https://doi.org/10.1037/dev0000159.

National Academies of Sciences, Engineering, and Medicine. *Vibrant and Healthy Kids: Aligning Science, Practice, and Policy to Advance Health Equity.* Washington, DC: The National Academies Press, 2019. https://doi.org/10.17226/25466.

National Center for Biotechnology Information. "What Is 'Normal' Sleep?" Via InformedHealth.org and Institute for Quality and Efficiency in Health Care. Acessado em 18 de maio, 2021. https://www.ncbi.nlm.nih.gov/books/NBK279322/.

Neff, Kristin. *Self-Compassion: The Proven Power of Being Kind to Yourself.* New York: HarperCollins, 2011.

Neff, Kristin, and Christopher Germer. *The Mindful Self-Compassion Workbook: A Proven Way to Accept Yourself, Build Inner Strength, and Thrive.* New York: Guilford Press, 2018.

Neff, Kristin, and Christopher Germer. "A Pilot Study and Randomized Controlled Trial of the Mindful Self-Compassion Program." *Journal of Clinical Psychology* 69, no. 1 (January 2013). https://doi.org/10.1002/jclp.21923.

Ngan Kuen Lai, Tan Fong Ang, Lip Yee Por, and Chee Sun Liew. "The Impact of Play on Child Development - A Literature Review." *European Early Childhood Education Research Journal* 26, no. 5 (September 2018): 625-43. http://dx.doi.org/10.1080/1350293X.2018.1522479.

Pascoe, Michaela C., David R. Thompson, Zoe M. Jenkins, and Chantal F. Ski. "Mindfulness Mediates the Physiological Markers of Stress: Systematic Review and Meta-Analysis." *Journal of Psychiatric Research* 95 (December 2017): 156-78. https://doi.org/10.1016/j.jpsychires.2017.08.004.

Paul, Ian M., Jennifer S. Savage, Stephanie Anzman-Frasca, Michele E. Marini, Jodi A. Mindell, and Leann L. Birch. "INSIGHT Responsive Parenting Intervention and Infant Sleep." *Pediatrics* 138, no. 1 (July 2016). https://doi.org/10.1542/peds.2016-0762.

Pearson, Jolene. "Pathways to Positive Parenting: Helping Parents Nurture Healthy Development in the Earliest Months." Washington, DC: Zero to Three, 2016.

Perry, Bruce, and Maia Szalavitz. *The Boy Who Was Raised as a Dog: And Other Stories from a Child Psychiatrist's Notebook*. New York: Basic Books, 2006.

Phillips, Lauren. "Move Over, Hygge, Gezellig Is the Trendy Danish Lifestyle Philosophy to Try." *Real Simple*, October 1, 2019. https://www.realsimple . com/work-life/life-strategies/gezellig-meaning.

Porges, Stephen. "The Infant's Sixth Sense: Awareness and Regulation of Bodily Processes." *Zero to Three* 14 (1993): 12-16. https://www.rti.org/publication/ infants-sixth-sense-awareness-and-regulation-bodily-processes.

Porges, Stephen. "Neuroception: A Subconscious System for Detecting Threats and Safety." *Zero to Three* 24, no. 5 (May 2004): 19-24. https://eric.ed.gov/?id=EJ938225.

Porges, Stephen. "The Neurophysiology of Safety and How to Feel Safe." *NourishBalanceThrive* podcast, September 25, 2020. https://nourishbalancethrive. com/podcasts/nourish-balance-thrive/neurophysiology-safety-and-how-feel--safe/.

Porges, Stephen. *The Pocket Guide to the Polyvagal Theory: The Transformative Power of Feeling Safe*. New York: W. W. Norton, 2017.

Porges, Stephen. *The Polyvagal Theory: Neurophysiological Foundations of Emotions, Attachment, Communication, and Self-Regulation*. New York: W. W. Norton, 2011.

Porges, Stephen. "The Polyvagal Theory: New Insights into Adaptive Reactions of the Autonomic Nervous System." *Cleveland Clinic Journal of Medicine* 76, no. 4 suppl. 2 (February 2009): S86-S90. http://doi.org/10.3949/ccjm.76.s2.17.

Porges, Stephen. "Polyvagal Theory and Regulating Our Bodily State." Interview by D. Brown. *Affect Autism* podcast, August 24, 2020. https://affectautism. com/2020/08/24/polyvagal/.

Porges, Stephen. "Reciprocal Influences between Body and Brain in the Perception and Expression of Affect: A Polyvagal Perspective." In *The Healing Power of Emotion: Affective Neuroscience, Development, and Clinical Practice*. Edited by

Diana Fosha, Daniel J. Siegel, and Marion F. Solomon, 27-54. New York: W. W. Norton, 2009.

Porges, Stephen. "Stephen Porges (Polyvagal Perspective and Sound Sensitivity Research)." The International Misophonia Research Network. Acessado em 13 de maio, 2021. https://misophonia-research.com/stephen-porges/.

Porges, Stephen, and Deb Dana, eds. *Clinical Applications of the Polyvagal Theory: The Emergence of Polyvagal-Informed Therapies.* New York: W. W. Norton, 2018.

Porges, Stephen, and Senta A. Furman. "The Early Development of the Autonomic Nervous System Provides a Neural Platform for Social Behavior: A Polyvagal Perspective." *Infant and Child Development* 20, no. 1 (February 2011): 106-18. https://doi.org/10.1002/icd.688.

Posner, Jonathan, James A. Russell, and Bradley S. Peterson. "The Circumplex Model of Affect: An Integrative Approach to Affective Neuroscience, Cognitive Development, and Psychopathology." *Development and Psychopathology* 17, no. 3 (Summer 2005): 715-34. https://doi.org/10.1017/S0954579405050340.

Price, Cynthia J., and Carole Hooven. "Interoceptive Awareness Skills for Emotion Regulation: Theory and Approach of Mindful Awareness in Body-Oriented Therapy (MABT)." *Frontiers in Psychology* 9, no. 798 (May 2018). https://doi.org/10.3389/fpsyg.2018.00798.

Raby, K. Lee, Glenn I. Roisman, R. Chris Fraley, and Jeffry A. Simpson. "The Enduring Predictive Significance of Early Maternal Sensitivity: Social and Academic Competence Through Age 32 Years." *Child Development* 86, no. 3 (May-June 2015): 695-708. https://doi.org/10.1111/cdev.12325.

Rozin, Paul, and Edward B. Royzman. "Negativity Bias, Negativity Dominance, and Contagion." Personality and Social Psychology Review 5, no. 4 (November 2001): 296-320. https://doi.org/10.1207/S15327957PSPR0504_2.

Russell, James A., and Lisa Feldman Barrett. "Core Affect, Prototypical Emotional Episodes, and Other Things Called Emotion: Dissecting the Elephant." *Journal of Personality and Social Psychology* 76, no. 5 (May 1999): 805-19. https://doi.org/10.1037//0022-3514.76.5.805.

Salovey, Peter, and John D. Mayer. "Emotional Intelligence." *Imagination, Cognition and Personality* 9, no. 3 (March 1990): 185-211. https://doi.org/10.2190%-2FDUGG-P24E-52WK-6CDG.

Savage, Jennifer S., Emily E. Hohman, Michele E. Marini, Amy Shelly, Ian M. Paul, and Leann L. Birch. "INSIGHT Responsive Parenting Intervention and Infant Feeding Practices: Randomized Clinical Trial." *International Journal of Behavioral Nutrition and Physical Activity* 15, no. 64 (July 2018). https://doi.org/10.1186/s12966-018-0700-6.

Schaaf, Roseann C., and Lucy Jane Miller. "Occupational Therapy Using a Sensory Integrative Approach for Children with Developmental Disabilities." *Mental Retardation and Developmental Disabilities Research Reviews* 11, no. 2 (April 2005): 143-48. https://doi.org/10.1002/mrdd.20067.

Schnabel, Alexandra, David J. Hallford, Michelle Stewart, Jane A. McGillivray, David Forbes, and David W. Austin. "An Initial Examination of Post-Traumatic Stress Disorder in Mothers of Children with Autism Spectrum Disorder: Challenging Child Behaviors as Criterion A Traumatic Stressors." *Autism Research* 13, no. 9 (September 2020): 1527-36. https://doi.org/10.1002/aur.2301.

Seligman, Martin. *Flourish: A Visionary New Understanding of Happiness and Well-Being.* New York: Simon & Schuster, 2011.

Seligman, Martin, Tracy A. Steen, Nansook Park, and Christopher Peterson. "Positive Psychology Progress: Empirical Validation of Interventions." *American Psychologist* 60, no. 5 (July-August 2005): 410-21. https://doi.org/10.1037/0003-066X.60.5.410.

Shanker, Stuart. *Reframed: Self-Reg for a Just Society.* Toronto: University of Toronto Press, 2020.

Shonkoff, Jack P., and Deborah A. Phillips, eds. *From Neurons to Neighborhoods: The Science of Early Childhood Development.* Washington, DC: The National Academies Press, 2000.

Siegel, Daniel. *The Mindful Brain: Reflection and Attunement in the Cultivation of Well-Being.* New York: W. W. Norton, 2007.

Siegel, Daniel, and Tina Payne Bryson. *The Whole-Brain Child: 12 Revolutionary Strategies to Nurture Your Child's Developing Mind.* New York: Random House, 2011.

Siegel, Daniel, and Mary Hartzell. *Parenting from the Inside Out: How a Deeper Self-Understanding Can Help You Raise Children Who Thrive.* New York: Penguin, 2004.

Southwick, Steven, and Dennis Charney. *Resilience: The Science of Mastering Life's Greatest Challenges.* Cambridge: Cambridge University Press, 2018.

Stanfield, Cindy. *Principles of Human Physiology.* 4th ed. San Francisco: Pearson Education, 2011.

Stanford Medicine, The Center for Compassion and Altruism Research and Education. "Emotion Resonance." Acessado em 18 de maio, 2021. http://ccare.stanford.edu/research/wiki/compassion-definitions/emotion-resonance/.

Steiner, Claude. In "What Is Emotional Literacy?" Habits for Wellbeing. Acessado em 18 de maio, 2021. https://www.habitsforwellbeing.com/what-is-emotional-literacy/.

Streeter, Chris C., Patricia L. Gerbarg, Theodore H. Whitfield, Liz Owen, Jennifer Johnston, Marisa M. Silveri, Marysia Gensler, et al. "Treatment of Major Depressive Disorder with Iyengar Yoga and Coherent Breathing: A Randomized Controlled Dosing Study." *Journal of Alternative and Complementary Medicine* 23, no. 3 (March 2017): 201-7. https://doi.org/10.1089/acm.2016.0140.

Taj-Eldin, Mohammed, Christian Ryan, Brendan O'Flynn, and Paul Galvin. "A Review of Wearable Solutions for Physiological and Emotional Monitoring for Use by People with Autism Spectrum Disorder and Their Caregivers." *Sensors* 18, no. 12 (December 2018): 4271. https://doi.org/10.3390/s18124271.

Task Force on Sudden Infant Death Syndrome. "SIDS and Other Sleep-Related Infant Deaths: Updated 2016 Recommendations for a Safe Infant Sleeping Environment." *Pediatrics* 138, no. 5 (November 2016). https://doi.org/10.1542/peds.2016-2938.

Tronick, Edward. "Emotions and Emotional Communication in Infants." *American Psychologist* 44, no. 2 (February 1989): 112-19. https://doi.org/10.1037//0003-066x.44.2.112.

Tronick, Edward. *The Neurobehavioral and Social-Emotional Development of Infants and Children*. New York: W. W. Norton, 2007.

Tronick, Edward, and Marjorie Beeghly. "Infants' Meaning-Making and the Development of Mental Health Problems." *American Psychologist* 66, no. 2 (February-March 2011): 107-19. https://doi.org/10.1037/a0021631.

Twal, Waleed O., Amy E. Wahlquist, and Sundaravadivel Balasubramanian. "Yogic Breathing When Compared to Attention Control Reduces the Levels of Pro-Inflammatory Biomarkers in Saliva: A Pilot Randomized Controlled Trial." *BMC Complementary and Alternative Medicine* 16, no. 294 (August 2016). https://doi.org/10.1186/s12906-016-1286-7.

United States Department of Education Office for Civil Rights. "Data Snapshot: Early Childhood Education." Issue Brief No. 2, March 2014. https://www2.ed.gov/about/offices/list/ocr/docs/crdc-early-learning-snapshot.pdf.

Van der Kolk, Bessel. *The Body Keeps the Score: Brain, Mind, and Body in the Healing of Trauma*. New York: Penguin Books, 2014.

Vygotsky, Lev S. *Mind in Society: The Development of Higher Psychological Processes*. Edited by Michael Cole, Vera John-Steiner, Sylvia Scribner, and Ellen Souberman. Cambridge, MA: Harvard University Press, 1978.

Walker, Matthew. "Sleep Is Your Superpower." Filmed April 2019 at TED conference. https://www.ted.com/talks/matt_walker_sleep_is_your_superpower.

Walker, Matthew. *Why We Sleep: Unlocking the Power of Sleep and Dreams*. New York: Scribner, 2017.

Waters, Sara F., Tessa V. West, and Wendy Berry Mendes. "Stress Contagion: Physiological Covariation between Mothers and Infants." *Psychological Science* 25, no. 4 (April 2014): 934-42. https://doi.org/10.1177/ 0956797613518352.

Wiking, Meik. *The Little Book of Hygge: Danish Secrets to Happy Living*. New York: HarperCollins, 2017.

Winnicott, Donald W. "Mirror-Role of Mother and Family in Child Development." In *Playing and Reality*. 2nd ed., 149-59. London: Routledge Classics, 2005.

Wolpe, Joseph. *The Practice of Behavior Therapy*. London: Pergamon Press, 1973.

Yogman, Michael, Andrew Garner, Jeffrey Hutchinson, Kathy Hirsh-Pasek, Roberta Michnick Golinkoff, Committee on Psychosocial Aspects of Child and Family Health, and Council on Communications and Media. "The Power of Play: A Pediatric Role in Enhancing Development in Young Children." *Pediatrics* 142, no. 3 (September 2018): 1-17. https://psycnet.apa.org/record/2018-54541-014.

Zero to Three. "Judgment." https://www.zerotothree.org/resources/series/judgment.

Zero to Three. "National Parent Survey Overview and Key Insights." June 6, 2016. https://www.zerotothree.org/resources/1424-national-parent-survey-overview-and-key-insights.

Zero to Three. "Parent Survey Reveals Expectation Gap for Parents of Young Children." Updated October 13, 2016. https://www.zerotothree.org/resources/1612-parent-survey-reveals-expectation-gap-for-parents-of-young-children.

Zero to Three. "Responsive Care: Nurturing a Strong Attachment through Everyday Moments." February 22, 2016. https://www.zerotothree.org/resources/230-responsive-care-nurturing-a-strong-attachment-through-everyday-moments.

Zessin, Ulli, Oliver Dickhäuser, and Sven Garbade. "The Relationship between Self-Compassion and Well-Being: A Meta-Analysis." *Applied Psychology: Health and Well-Being* 7, no. 3 (November 2015): 340-64. https://doi.org/10.1111/ aphw.12051.

Índice remissivo

A

Abordagem(ns) 9
corporal "de baixo para cima" 9
parentais 14
Aborrecimento 9
Abraços 30
Aceitação 201
Acessibilidade 44
Aconchego 242, 249
Ações disciplinadoras 40
Adaptação 9
Administração
da vida 27
de sentimentos de baixo para cima
229
Admiração 226
Afeição 89
Agentes
da parentalidade 15
estressores 81
Agitação 68
Alegria 47
Alfabetização emocional 207
Alimentos 144
saudáveis 103

Alívio 37
Alostase 8, 21
Amamentação 10
Ameaça 7, 33, 34, 38, 49
American Psychological Association
243
Amigos 37, 166
Amizades 28
Amor 19, 87, 160
Angústia 15, 59, 83
Animais de brinquedo 215
Ansiedade 16, 37, 101, 103, 117, 118
Apoio 99
emocional 105, 111, 157
físico 105
intrínseco 110
Aprendizagem 79, 175
Aptidão natural 164
Argumentação 16
Arrependimento 58, 120
Assimilação do mundo 23
Ataques de birra 180
Atenção 169
plena 56
Atitude natural 115
Atividade(s) 50, 55, 59, 64, 120, 123,
190, 240

extracurriculares 67, 103

LOVE 92, 210, 211, 220, 223

lúdica 219

Atos controlados de mau comportamento 202

Atribuição parental 11

Audição 138, 140

Aulas de dança 13

Autocompaixão 101, 114, 116

consciente 115

Autoconsciência 81

Autoconstrução 195

Autocontrole 190, 222, 223

Autocrítica 5

Autocuidado 103, 106, 111

parental 123

Autoculpa 5

Autodiagnóstico 112

Autodisciplina 20

Auto-observação 113

Autorregulação 73-75, 135, 190, 233, 234

da criança 99

Autotranquilização 178

Avaliação 40, 61, 192

Avós 140, 146

B

Bajulação 12

Banho 174

Barulho 129

Base neurocientífica 23

Batalha diária 3

Batimentos cardíacos 26

Bebê(s) 164

prematuro 159

Bem-estar 104, 117, 249

físico e emocional 127

Birra 4, 5, 11, 179, 180, 186

Bom senso 234

Brilho no olhar 47

Brincadeira(s) 47, 108, 174, 175, 204, 205, 209-211, 217

mediada pelos pais 212, 214

terapêuticas 210

Brinquedos 209, 214

Bússola 42

C

Caixa de ferramentas 207, 225

Calma 45, 193

Caminho(s)

azul 53, 54, 59, 64

adaptáveis 48

cérebro-corpo 44

de experiências mistos ou combinados 56

neuronais 130

verde 45, 59, 63, 94, 95, 106

vermelho 48, 49, 52, 59, 65, 95, 134

Capacidade 71

de resiliência 119

Capricho 38

Carência 165

Carga alostática 16

Castigo 35, 61

Cérebro 6, 22, 36, 40, 71, 77, 95, 130, 131, 137, 148, 163, 191, 206

da criança 4

pró-social 211

Cheiro(s) 144, 147

Choro 24, 32, 167, 168

Ciência 116

Como o corpo influencia os comportamentos 129

Compaixão 119, 239

Comportamento(s) 4, 5, 17, 40-44, 73, 129, 131, 180, 183
das crianças 5
de baixo para cima 188
de cima para baixo 188, 190, 200
de plataforma vulnerável 60
desafiadores 61, 71
do corpo para o cérebro 192
humanos 6, 132
intencional 60
negativos 27, 57
perturbadores 55, 95, 121
que testam limites 186
Compreensão 95
da plataforma 12
de cima para baixo 224, 229
Compulsão 136
Comunicação 45, 90, 172
aberta 4
Comunidade 37
Condição(ões)
humanas 234
médica 31
Conexão 45, 71, 73, 101, 247
cérebro-corpo 5, 6, 178
compartilhada 89
humana 110
Confiança 40, 79, 87
relacional 9
Conflito 237
Conhecimento 29
Consciência 21, 24, 111, 125, 154, 227
compassiva 136
corporal 147, 149
interoceptiva 134
Constrangimento 113
Contato 199
físico 172
Contrariedade 5

Controle 200
Cooperação 222
Cores 58, 231
Corpo 10, 40-49, 54, 71, 129, 131
Corregulação 68, 71, 75, 81, 87, 95, 99
Covid-19 79, 123
Crenças 213
Criança(s)
birrentas 184
em idade pré-escolar 189
pequenas 179
Críticas 33, 34
Cuidado(s) 16
médicos 101
parental 26
responsivo 187
Culpa 58, 106
Cultura 109

D

Decepção 179
Decifrar as sensações 128
Decisões 47
Dentição 173
Depressão 16, 28, 101, 117
Desafio(s) 21, 106
do mundo 128
na medida certa 81
Desconexão 53, 54, 58, 68
Desconforto 7, 24
Desejo 132
sensorial 132
Desenvolvimento infantil 78, 130
Determinação 81
Dilemas 8, 147
Discernimento 208
Disputas por poder 180
Distúrbios alimentares 16

Divergências 80
Diversão 248
Doenças
  cardíacas 16, 28
  crônicas 104
Dor 136

E

Efeitos do trauma 117
Efetividade 21
Egoísmo 99
Emancipação 177
Emoção(ões) 4, 14, 23, 35-38, 73, 88,
    122-132, 185, 188, 195, 226,
    230
  negativas 124, 218
  positivas 119, 244
Empatia 188, 193, 196, 197, 235
Encorajamento 4
Energias 54
Enfrentamento dos desafios 81
Engajamento 244
  social 45
Equilíbrio 21, 36, 113, 125, 148, 151,
    152, 175
  do orçamento corporal 58
Escola 3, 14, 37, 56, 211, 217
Escolhas alimentares 145
Esforço consciente 12
Esgotamento 54
Espelhamento das emoções 84
Esperança 58, 166
Estabilidade 99
  do corpo 133
Estado
  defensivo (protetor) 65
  emocional 62, 64
Estimulações 169

Estímulos 151, 198
  físicos 25
Estratégias compassivas 64
Estresse 9, 10, 16, 21, 25-31, 39, 50,
    57, 59, 68, 105, 117, 122, 123,
    158, 177, 192, 213, 231
  no trabalho 27
Estrutura cerebral 71
Eventos inesperados da vida 72
Excitação 42
Exercício
  LOVE 93
  neural ou cerebral 177
Expectativas 183
Experiência(s) 31, 34, 112, 128
  cotidianas 247
  da vida 22, 179
  de movimento 152
  diferentes 29
  humanas 115
  sensoriais 25, 131
  sonoras 139
  vividas 96
Experimentação 194
Explosões impulsivas 74
Expressão(ões)
  dos sentimentos de baixo para cima
    224
  emocionais 100
  faciais 160
Exteriorização de seu mundo interno
  6

F

Fadiga 200
Falta de sono 27
Família 36, 38, 72, 249
Familiares 166

Índice remissivo

Feedback 6
  ao cérebro 137
  cérebro-corpo 23
  dos músculos 148, 149
  proprioceptivo 150
Felicidade 158, 244, 247
Fisiologia 3, 17, 20, 43, 45, 57, 130
Flexibilidade 9
  emocional 5, 81
  mental 208
Florescimento 239, 244, 245
Força da plataforma 27
Fracasso 179
Freud, Sigmund 243
Frustração 11, 179, 184
Funções executivas 20
Futuro 132

G

Gatilhos 57, 58, 196
Genética 5, 26
Gestos 100
  corporais 44
Granularidade emocional 137
Gravidez 158

H

Habilidades
  de cima para baixo 201, 208
  emergentes 183
  executivas 210
  parentais 103, 187
Hábito 19
  alimentares 161
Higiene 172
  do sono 170
Hiper-reatividade sensorial 25

Holofotes 187
Homeostase 43, 130
Hora
  de dormir 83, 170
  do banho 174
Hormônio(s)
  cerebrais 160
  do amor (oxitocina) 160
Humor 239

I

Iceberg 5, 6
Identidade 151
Imobilidade 55
Imperativo biológico 71
Impulsos 161
Incentivos 12
Infância 20, 76, 84, 121, 182
Inflamações 16
Influência 133
Insônia 117
Instintos parentais 40
Integração sensorial 131, 133, 153
Interações 89, 139
  afetuosas 58
  bebê-cuidador 79
  humanas 204
  responsivas 75
Interocepção 21, 22, 42, 134, 136
Intimidade 173
Irradiação não verbal 198
Isolamento social 110

J

Jardim de infância 3
Jogo
  de adivinhação 78

sensorial 205
simbólico ou faz de conta 210
Jornada 246
Julgamentos 62, 191, 229

L

Lacuna de expectativas 74, 183
Lágrimas 105, 165
Lar multigeracional 109
Leite materno 165
Leitura 240
Lembranças 31, 159, 239
Lições 246
  da psicologia positiva 243
Limites 61, 175, 186, 203
Linguagem científica 130
Livros sobre parentalidade 3
Luta ou fuga 58

M

Magia 177
Mal-estar 144
Maternidade 105, 158, 160, 239
Maturidade 19
Mau comportamento 60
Médicos 26, 31
Medo 159
  irracional 35
Medula espinal 130
Memória(s) 122, 163, 240, 245
  parental 246
Mente 50, 92, 236
Mimo 14
Mobilização 50
Modelos de referência 227
Modernidade 116
Modulação 205

Movimento(s) 151, 152, 168, 199
  musculares 44
Mudança(s)
  familiares 20
  inovadora no foco da parentalidade:
    do comportamento ao sistema
    nervoso 17
Músculos 148
  sociais e emocionais 209
Música 167

N

Necessidades físicas 75
Negatividade 123
Negociação 203
Neurocepção 18, 19, 21-23, 40
Neurônios-espelho 84
Nutrição 172
  do sono 171

O

Obesidade 28
Objetos inanimados 215
Observação 92
Olfato 146, 147
Olhar 92
Opressão 5
Orçamento corporal 8, 11, 26, 39, 42,
  46, 57, 58, 62, 77, 94, 102, 107,
  120, 129, 161, 208
Oxitocina 160

P

Paciência 204
Pais
  educadores 5

Índice remissivo

responsivos 161
Paixão 239
Paladar 144, 145
Palavras 199, 226
de conforto 30
Pandemia 79, 126
global 107, 246
Parentalidade 20, 78, 101, 158
cérebro-corpo 1, 65, 89
responsiva 161, 164
Parquinho 152
Passado 123, 144
Paternidade 160
Patologia 38
Pausa 191
da autocompaixão 116
Pediatra 26
Pele 168
Pensamentos 9, 73, 122, 132
Percepção 24
da segurança 21, 24
das sensações corporais 226
do estresse 39
espacial 148
Perspectiva cérebro-corpo 244
Pesadelos 220
Planos 200
Plataforma 6, 7, 12, 20, 27, 36, 45, 65, 84, 93, 99, 106, 172, 200
cérebro-corpo 13
da criança 8
instável 197
neural 6
Positividade 244
Prática 58, 114, 118, 122, 194
Preferências alimentares 145
Preocupações parentais 102
Pressão 114, 168
Previsibilidade 35, 172

Primeira infância 104
Privação de sono 158, 159
Problemas de saúde 16
Processamento multissensorial 133, 156
Processo de reparação 79
Professor 3, 56
Propósito 245
Propriocepção 148
Proteção 110
Proximidade 198
Psicologia 17, 25, 129, 132
positiva 243
Punição 35

R

Reação(ões) 7, 152
biocomportamental 49
corporais 128
explosivas 58
Realização 244
Reatividade 132
Recém-nascido 76
Receptividade 7, 11, 44, 46
Reconhecimento 51
Recordações 242
Redes cerebrais 163
Refeição 174
Reflexo 34
Relacionamentos 244, 247, 249
Relação cérebro-corpo 166
Reparações 80
Repetição 204
Resiliência 9, 11, 18, 31-39, 68, 71, 89, 97, 119, 127, 154, 157, 178, 206, 207, 238
psicológica 155
Resistência 41, 66, 81

Resolução de problemas 203, 208, 209, 220, 234
Respiração 117
  controlada 118, 119
  lenta 118
Responsabilidade 105
Responsividade 165
Respostas 40, 197, 241
  personalizadas 17
Resultados 241
Ritmo cardíaco 164
Rivalidade entre irmãos 11, 208, 209, 222
Roteiro da avaliação 62
Rotina(s) 35, 95
  noturnas 174
Rotular 15

S

Saúde
  física e mental 117
  mental 71, 78, 101, 108
  mental infantil 161
Segurança 19, 21, 27, 47, 68, 110
  relacional 38
Sensação(ões) 22, 35, 128, 153, 225
  corporais 96, 226
  cotidianas 25
  de angústia 15
  de segurança 32
  físicas 51, 122
  internas 134, 136
Sensores vestíveis 45
Sentido proprioceptivo 150
Sentimento(s) 4, 42, 76, 124, 132
  de segurança 19
  interiores 34, 137

interoceptivos 137
parental de culpa 58
Significados 162, 244
Sinais
  do corpo 153, 154, 165, 232
  exteriorizados 161
  não verbais 39
  visuais 199
Sinalizadores de segurança 33, 34, 38
Síndrome da morte súbita infantil 158
Sintonização 195
Sistema
  auditivo 138, 140
  de detecção de segurança 21, 27, 29
  gustativo 144, 145
  nervoso 3, 6, 15, 17, 21, 24, 43, 99, 118, 229
  nervoso autônomo 7, 41, 43, 44
  nervoso central 43, 130
  nervoso humano 5
  nervoso periférico 43, 130
  nervoso simpático 44
  nervoso somático 43
  olfativo 144, 146, 147
  proprioceptivo 147
  sensorial 23, 129
  tátil 142, 143
  vestibular 151, 152
  visual 140, 141
Solidão 110
Soluções 69, 188, 192, 200, 231
  criativas 166
Sondagem 240
Soneca 166
Sono 28, 108, 109, 158, 165, 170-172
Sons 167
Sorrisos 30
Subconsciente 7

Sucesso 227
Super-heróis 215
Suporte 206

T

Temas negativos 218
Tensão 81, 177, 178
Teoria Polivagal 44, 131
Terapeuta ocupacional 154
Terapia ocupacional 153
Ternura 99, 188
Terríveis 2 anos 184
Teste de limites 186
Timbres vocais 139
Tolerância 126
Tom 194
  afetivo 75
  de voz 139, 160
  emocional 139
  vocal e emocional 199
Toque 142, 143, 160, 168, 199
Tranquilidade 56, 68
Treinamento do sono 171

V

Valência 42
Validar 92, 93
Valores culturais 213
Vergonha 120, 163
Via(s)
  autônomas mistas 57
  vagal dorsal 53
Vida
  autônoma 6
  familiar 35
  real 219
Visão 140, 141
Voz(es) 45, 167
  humanas 52
Vulnerabilidade 5, 7, 51

Z

Zona
  de conforto 15
  de desafio 10